SERVIÇO SOCIAL DO COMÉRCIO
Administração Regional no Estado de São Paulo

Presidente do Conselho Regional
Abram Szajman
Diretor Regional
Danilo Santos de Miranda

Conselho Editorial
Ivan Giannini
Joel Naimayer Padula
Luiz Deoclécio Massaro Galina
Sérgio José Battistelli

Edições Sesc São Paulo
Gerente Marcos Lepiscopo
Gerente adjunta Isabel M. M. Alexandre
Coordenação editorial Clívia Ramiro, Cristianne Lameirinha, Francis Manzoni
Produção editorial Thiago Lins
Coordenação gráfica Katia Verissimo
Produção gráfica Fabio Pinotti
Coordenação de comunicação Bruna Zarnoviec Daniel

JUDITH MALINA

NOTAS SOBRE PISCATOR

TEATRO POLÍTICO E ARTE INCLUSIVA

TRADUÇÃO **ILION TROYA**

Título original: The Piscator Notebook
© 2012, Judith Malina
Tradução autorizada da edição no idioma inglês publicada pela Routledge, membro do Taylor & Francis Group
© Edições Sesc São Paulo, 2017
Todos os direitos reservados

Tradução Ilion Troya
Preparação José Ignacio Mendes
Revisão Sílvia Balderama e Silvana Cobucci
Projeto gráfico Bloco Gráfico

Dados Internacionais de Catalogação na Publicação (CIP)

M2953n

Malina, Judith
   Notas sobre Piscator: teatro político e arte inclusiva
   Judith Malina;
   Tradução de Ilion Troya. – São Paulo:
   Edições Sesc São Paulo, 2017. – 320 p.

Inclui bibliografia das obras de Judith Malina
ISBN 978-85-9493-085-9

1. Artes Cênicas. 2.Teatro Político. 3. Teatro Épico. 4. Biografia. 5. Piscator, Erwin. I. Título. II. Troya, Ilion.

CDD-792

Edições Sesc São Paulo
Rua Cantagalo, 74 – 13º/14º andar
03319-000 – São Paulo SP Brasil
Tel. 55 11 2227-6500
edicoes@edicoes.sescsp.org.br
sescsp.org.br/edicoes
/edicoessescsp

NOTA À EDIÇÃO BRASILEIRA

Segundo o dramaturgo alemão Bertolt Brech, Erwin Piscator (1893-1966) foi o homem de teatro mais importante de sua época. Seu amor pela experimentação seria um dos motivos que o alçariam a essa posição.

Para o encenador, o objeto de atenção do artista não seria a cena em si, e sim o que ela provocaria no público. Seu foco no espectador marcou tanto seu trabalho com atores quanto a necessidade de se tornar um inovador nos palcos – seja arquitetando recursos como cenários giratórios e esteiras móveis, seja misturando técnicas de cinema e teatro em seus espetáculos.

Notas sobre Piscator: Teatro político e arte inclusiva é um registo do intensivo estudo de Judith Malina no Dramatic Workshop de Piscator. Mais conhecida pelo Living Theatre, a grande ícone do teatro político analisa aqui o processo do grande diretor, bem como a influência – estética e política – que ele teve em seu teatro.

O teatro e suas múltiplas facetas são temas muito caros ao Sesc, tanto no campo das ações culturais, como na área editorial. *Notas sobre Piscator* é mais um volume que adentra o criterioso panorama teatral de sua editora.

9	PREFÁCIO DA EDIÇÃO INGLESA
15	**PRIMEIRA PARTE:** **DE WEIMAR AO DRAMATIC WORKSHOP**
67	**SEGUNDA PARTE:** **O CADERNO DE NOTAS**
191	**TERCEIRA PARTE:** **O ÉPICO CONTINUA**
285	**CONSIDERAÇÕES FINAIS:** O teatro político, a política teatral e o teatro épico no século XXI
289	POSFÁCIO
299	Bibliografia
304	Índice remissivo
316	Créditos das imagens
318	Agradecimentos
319	Sobre a autora

PREFÁCIO DA EDIÇÃO INGLESA

Richard Schechner

O que caracteriza Judith Malina é que ela é incansável e irrefreável, uma erupção de ideias. Malina vive uma longa vida realizando um extenso trabalho. Muito otimista, nesta segunda década do século XXI, ela é, ao mesmo tempo, idosa e menina. Uma sobrevivente, em ebulição. Judith Malina e Julian Beck fundaram o Living Theatre em Nova York em 1947 (sim, faz muito tempo). Enquanto escrevo isto, em dezembro de 2011, o Living continua forte. O Living é Judith Malina, mas é mais do que ela. O Living inclui também seus parceiros de toda uma vida: Julian Beck, poeta, pintor e ator (1925-1985), e Hanon Reznikov, diretor e dramaturgo (1950--2008), que, depois de ter visto *Paradise Now!* na Universidade Yale em 1968, decidiu entrar para o Living (o que ele fez em 1977). Atualmente, Judith trabalha com Garrick Beck, seu filho com Julian, e Brad Burgess, ator e produtor executivo.

Foram muitos os atores que, no decorrer dos 64 anos de existência da companhia, trabalharam com ela: Rufus Collins, Steven Ben Israel, Nona Howard, Cal Barber, Carl Einhorn, Diana Van Tosh, Mary Mary, Joseph Chaikin, Soraya Broukhim... Ah, não cabe a mim mencionar *todos* aqui, foram centenas. Ou os autores cujas peças e poemas tanto influenciaram o Living, mesmo quando seus textos foram desconstruídos para criar algo de novo: William Carlos Williams, Gertrude Stein, Jack Gelber, Kenneth H. Brown, Bertolt Brecht, Federico García Lorca, Sófocles, Mary Shelley... E o público participante que, em tantos momentos, entrou no palco junto com o Living e depois o seguiu pelas ruas. A lista *inteira* cobriria uma parede enorme. De qualquer modo, o Living não é para ser eternizado em nenhum monumento. Sua bandeira é a bandeira negra do anarquismo, às vezes com tons de vermelho do comunismo, chapada no fumo da erva, retorcida pelo ácido; uma neotribo vociferando poesia, enfurecida contra a demência das autoridades, amando seus inimigos, e seus amigos também, até a morte, cuspindo desprezo, depois, súbita e inesperadamente, sendo afetuosa e compassiva, distribuindo abraços e convites: "Você, sim, VOCÊ, venha conosco! Venha juntar-se a nós!". E muitos o fizeram.

Mas antes do Living havia Judith Malina aluna de Erwin Piscator. Quem era esse Piscator, e o que foi que ele ensinou a ela? Um diretor alemão, de nascimento e idioma, que trabalhou na União Soviética antes de se mudar para os Estados Unidos. Hoje em dia, é menos lembrado por seus próprios méritos do que pela influência que exerceu sobre Bertolt Brecht. Foi de Piscator que Brecht tomou emprestada a ideia do "teatro épico" (*episches Theater*), adaptada de uma expressão do dramaturgo Arnolt Bronnen, outro amigo de Brecht. O teatro épico era uma reação contra o sentimentalismo burguês do naturalismo. Essa forte reação a Stanislavski – expressa no teatro de Vsevolod Meyerhold e Vladimir Maiakóvski – permeou os primeiros anos da Revolução Russa. Como afirma o teórico estadunidense John Fuegi: "Piscator exige [...] que as 'mentiras' da 'arte' sejam substituídas pelo 'verdadeiro' mundo dos fatos. Que o mundo lá fora seja trazido para o teatro com toda sua 'amplidão e plenitude épicas' e que lhe seja permitido contar sua própria história. Obviamente, essa história traz profundas implicações políticas" (1972: 15). Piscator queria que o teatro explodisse para fora do edifício teatral, para as ruas, para absorver a vida real e mergulhar de volta na vida real.

Foi essa a teoria e a prática que Piscator trouxe para Nova York quando abriu o Dramatic Workshop em 1940. O quadro docente do Workshop incluía Maria Ley-Piscator (esposa de Erwin), Lee Strasberg, Stella Adler, Herbert Berghof e John Gassner. Entre os estudantes estavam Harry Belafonte, Marlon Brando, George Bartenieff, Rod Steiger, Walter Matthau, Tennessee Williams... e Judith Malina. A abordagem de Piscator combinava com ela, como ela escreveu em seu *Caderno*: "Segunda-feira, 5 de fevereiro de 1945: No meu primeiro dia como estudante de teatro, tive a extraordinária experiência de encontrar um grande homem. Quando Erwin Piscator entrou na sala, sob o aplauso espontâneo dos estudantes, senti a presença palpável de uma personalidade. [...] Ele disse que as grandes revoluções foram, muitas vezes, inspiradas por obras de grande impacto, como *A cabana do Pai Tomás*, de Harriet Beecher Stowe, ou *Os tecelões*, de Gerhart Hauptmann. Sua informalidade, combinada com o ardor e o poder de suas ideias, levaram-no a fazer uma declaração meio de brincadeira, que me sinto tentada a adotar como lema: 'O teatro é a coisa mais importante que existe, e quem não compreende isso é estúpido'" [Malina, 2012]. Judith tinha 19 anos quando escreveu essas palavras e Piscator, 52. Nascida em Kiel, na Alemanha, ela emigrou com sua família para Nova York em 1928 porque seu pai, fundador da congregação judaica de língua alemã de Nova York, previu o horror que seria o Reich de Hitler.

Piscator escreveu *Das politische Theater* (O teatro político)[1], publicado em 1929, mas, por ser comunista, precisou deixar a Alemanha em 1931 e foi para a União Soviética. Em seguida, mudou-se para os Estados Unidos, chegando a Nova York em 1937. Porém, com a fanática ascensão do anticomunismo nos Estados Unidos, retornou à Alemanha em 1951. Seu trabalho mais significativo,

---

1 Os títulos de obras ou peças não publicadas em português serão mencionados no original seguidos, entre parênteses, de tradução para o português. Os títulos de obras conhecidas serão dados apenas em sua tradução consagrada em português. [N.E.]

nesse último período, foi *O vigário*, de Rolf Hochhuth, no Theater am Kurfürstendamm, em Berlim. A peça condena o papa Pio XII por não ter tomado nenhuma atitude contra o Holocausto, em palavras ou ações. Piscator morreu em 1966.

Como detestava a decadência burguesa, Piscator, na década de 1920, montou peças pró-soviéticas radicais, proclamando "a subordinação de todos os objetivos artísticos ao objetivo revolucionário" (Braun, 1982: 146). Mais tarde, Julian Beck assim reafirmou este princípio: "Os atores do Living Theatre são desajeitados, sem formação, provocam inconscientemente as convenções [...] para fazer algo útil. Nada mais interessa" (*Meditation 7*, 1972). O que Piscator ensinou ou, mais precisamente, transmitiu a Judith Malina é o tema deste livro que você vai ler. Não vou analisar academicamente as experiências vividas por ela, mas insisto obviamente que você as descubra por conta própria. Porém, uma coisa devo dizer: Judith Malina (e Julian Beck) reformularam o fervoroso comunismo de Piscator com seu próprio tipo de anarquismo de esquerda. Sim, Malina acredita na "revolução" e trabalha para realizá-la, mas essa palavra, no léxico do Living, não é unívoca. É uma palavra com muitos sentidos, capaz de gerar inúmeras ideias e ações.

O que o Workshop de Piscator fez por Malina foi despertá-la para tornar-se capaz de transformar-se e transformar todas as pessoas que trabalhassem com ela. "Entrei para o Dramatic Workshop querendo fervorosamente ser atriz, mas, depois de observar o trabalho de Piscator por alguns dias, percebi que eu queria fazer aquele trabalho mais abrangente que é chamado de direção. [...] Piscator olhou-me com frieza. Ele não tem grande consideração pela capacidade de persistência das mulheres nas chamadas 'profissões masculinas'. Implorei a ele, engolindo minha humilhação diante daquela opinião negativa sobre minhas qualidades, apenas por eu ser mulher, e, um tanto relutante, ele me permitiu fazer o curso de direção." Seu trabalho na escola de Piscator, como o *Caderno* de Malina amplamente demonstra, abrange bem mais do que apenas direção. Ela estudou interpretação, voz, figurinos, maquiagem, cenografia, dança, história e sociologia do teatro, dramaturgia clássica e contemporânea – o vasto leque de todas as "artes teatrais". Obviamente, Piscator enfatizava a política. Como Malina escreve em seu *Caderno*: "Em 'Pesquisa Teatral', o sr. Piscator passou duas horas falando de seu 'teatro político'. Foi uma palestra das mais inspiradoras".

Todo esse aprendizado, que Malina relata detalhadamente, foi o que levou o Living Theatre a ser tão extraordinário e único no teatro norte-americano e, ouso dizer, no teatro mundial. Naturalmente, o que não se poderia prever a partir de seus relatos no *Caderno* é o que ela e Julian Beck, e muitos de seus colegas, fariam o Living Theatre se tornar. Internalizando o fervor da dedicação política de Piscator, acrescentaram – possivelmente mais ele do que ela – um estilo altamente poético, inspirado pela estética da pintura de vanguarda. Ela, uma mulher de teatro, ele, pintor e poeta. O casamento de Julian e Judith era romântico e artístico; heterossexual, bissexual, gay: totalmente abrangente, contendo em seus braços não somente Hanon Reznikov (com quem Judith se casou depois da morte de Julian), mas na realidade toda a tribo do Living Theatre. O Living foi o único teatro que envolveu em seu ardente teatro político elementos cubistas, surrealistas, dadaístas, a declamação da poesia (e não a leitura silenciosa) e aquilo que iria ser o *happening* e, mais tarde, a arte da performance. Talvez, na nossa época pós-moderna, isso possa parecer algo "comum", mas não era nem um pouco em Nova York nas décadas de 1940, 1950 e 1960. De 1964 a 1968, o Living se exilou. E, mesmo depois de retornar a Nova York, a companhia continuou itinerante, com filiais e membros trabalhando no Brasil, na Europa, na Índia e em outros lugares. O Living ambicionava uma revolução social enquanto fazia uma revolução na arte.

Malina não somente venceu a antipatia de Piscator, como também encontrou voz própria, às vezes se opondo, às vezes complementando o que dizia o mestre. Como ela escreve em seu *Caderno*: "O importante para Piscator era a intensidade na comunicação, sem emoção. [...] Mas Piscator parou no olhar, no contato pelo olhar. Por quê? Por que o ator não podia falar diretamente com o espectador? E, acima de tudo, por que o espectador não podia responder, exprimir-se, argumentar, gritar... atuar?". E aí ela corrige seu professor: "Porque Piscator, para quem o epicentro era a plateia, também temia a plateia".

Mas não Malina, destemida como é.

REFERÊNCIAS

BECK, Julian. *The Life of the Theatre*. São Francisco: City Lights Books, 1972.

BRAUN, Edward. *The Director and the Stage: From Naturalism to Grotowski*. Londres: Methuen, 1982.

FUEGI, John. *The Essential Brecht*. Los Angeles: Hennesy and Ingalls, 1972.

MALINA, Judith. *The Diaries of Judith Malina: 1947-1957*. Nova York: Grove Press, 1984.

MALINA, Judith. *The Piscator Notebook*. Londres: Routledge, 2012.

MITTER, Shomit and Maria Shevtsova (org.). *Fifty Key Directors*. Londres: Routledge, 2005.

WILLET, John. *The Theatre of Bertolt Brecht*. Nova York: New Directions, 1960.

PRIMEIRA PARTE

DE WEIMAR AO DRAMATIC WORKSHOP

"Piscator é o homem de teatro mais importante de nossa época e, possivelmente, o maior de todos os tempos. Seu amor pela experimentação, suas grandes inovações cênicas existem para servir a humanidade, utilizando todos os recursos teatrais possíveis."
BERTOLT BRECHT

1945 foi um ano de enorme confusão política e cultural. A euforia com o fim da guerra havia se amainado nos Estados Unidos e as manifestações da década de 1960 ainda estavam longe de começar. O pequeno movimento teatral do Provincetown Playhouse havia acabado e o Barter Theatre tinha perdido um pouco de sua força, embora continuasse a nos inspirar. O Group Theatre, que nos dera tanta esperança, tinha fechado em 1941 e o Theatre Guild havia se tornado mais convencional. Com exceção de alguma raríssima nova peça de Eugene O'Neill, nada de extraordinário acontecia na cena teatral de Nova York.

Erwin Piscator carregava o peso do desapontamento devido à sua dificuldade em encontrar espaço no circuito teatral. Nem a rejeição do empresário Gilbert Miller, que havia prometido produzir sua *Guerra e paz* na Broadway, nem a vontade que Piscator tinha de não querer lecionar e sim dirigir peças jamais fizeram-no desistir de sua profunda crença num teatro significativo, com empenho político. Ele lutou por esse teatro e transmitiu esse empenho aos seus alunos.

Piscator não era fácil com os atores: impunha altas exigências que, para alguns, eram inalcançáveis. Exigia atenção absoluta, concentração total, mas acima de tudo queria que o ator mudasse seu foco. Ele chamava isso de atuação objetiva, em que o objeto do foco do ator é o espectador.

O ator fala, de pé sob os refletores, é o objeto da atenção da plateia... Mas o trabalho do ator é comunicar-se com a plateia. Tradicionalmente, isso aconteceria através da relação entre os atores no palco. Porém, no teatro épico de Piscator e Brecht, a relação fictícia entre os personagens, que os atores interpretam, é menos real do que a relação que há, de fato, entre os atores e os espectadores.

Isso requer um tipo especial de dramaturgo, e o teatro épico de Brecht oferece os meios para fazer isso.

Mas Piscator também produziu os clássicos. Destacam-se os exemplos de *Os bandidos*, de Schiller, e *As moscas*, de Sartre, que é uma versão existencialista das *Eumênides*, de Ésquilo. Junto com um estudo das técnicas por ele desenvolvidas nessas produções, Piscator nos fez compreender como dar essa guinada essencial, focando nossa atenção na plateia.

Comecei a manter um caderno de notas em 5 de fevereiro de 1945, dia em que iniciei meus estudos no Dramatic Workshop de Erwin Piscator, na New School for Social Research em Nova York. Eu sabia da reputação de Piscator e fiquei fascinada por ele desde a primeira vez que entrei no Workshop. De certo modo, eu até poderia dizer que havia sido um encontro predestinado.

HISTÓRIA PESSOAL

Minha mãe, Rosel Zamojre, era uma jovem atriz idealista na cidade de Kiel, base naval e centro de construção de submarinos, no norte da Alemanha. Era admiradora de Erwin Piscator, o jovem diretor revolucionário, a luminosa esperança do teatro de vanguarda da República de Weimar. Sua maior ambição era trabalhar com ele assim que ela tivesse terminado a escola. Ela participava das atividades teatrais da cidade e trabalhava na loja de meus avós, vendendo rendas e roupas de cama. Sua família judia praticante provavelmente desaprovava suas aspirações teatrais.

Foi então que ela encontrou Max Malina, um jovem rabino igualmente idealista, que naquela época estava servindo a contragosto como capelão no Exército alemão. Ela se apaixonou... e ele logo encontrou um jeito de deixar o Exército.

Era impensável, naquela época, que uma mulher casada com um rabino pudesse ser atriz. Por isso o jovem casal concordou que Rosel desistiria de seu sonho teatral, mas teria uma filha que seria atriz, sua substituta, por assim dizer, para seguir a carreira que ela havia abandonado.

Nasci em Kiel, em junho de 1926, predestinada a seguir uma vida teatral, preferivelmente no teatro de Piscator. Quando nasci, Piscator tinha 33 anos e era diretor do Volksbühne (Teatro Popular), em Berlim. Tinha acabado de estrear *Os bandidos*, de Schiller, e estava ensaiando *Hoppla, wir leben!* (Opa, estamos vivos!) de Ernst Toller.

Aconteceu, porém, que a Alemanha entrou num período tenebroso e, em 1929, prevendo o desastre que se aproximava para o povo judeu, meu pai emigrou, com minha mãe e comigo, para Nova York, em cuja Sinagoga Central fundou a congregação de língua alemã, dedicando-se a conscientizar a comunidade judaica norte-americana da crescente ameaça na Alemanha.

ERWIN PISCATOR: DA ALEMANHA A NOVA YORK

Quando Piscator deixou a Alemanha, em 1936, para um revolucionário comunista já estava mais do que na hora de partir. Ele não era judeu, mas a escritora Thea Kirfel-Lenk, em seu precioso livro *Erwin Piscator im Exil in den USA* (Erwin Piscator em exílio nos EUA; 1984: 145), reproduz um documento dos arquivos da SS de 1939, no qual Piscator é designado como judeu, apesar de ser amplamente conhecido que era descendente de Johannes Piscator, teólogo protestante que publicou sua importante tradução da *Bíblia* para o alemão em 1600.

A vida de Erwin Piscator é uma história de perseverança heroica. Ele havia sido aprendiz de ator no Hoftheater de

Munique, mas teve uma crise de consciência no campo de batalha em Ypres, na Bélgica, durante a Primeira Guerra Mundial. Estava cavando uma trincheira, com mísseis explodindo ao seu redor, cercado de mortos e feridos. Chegou um sargento e, vendo a inabilidade do soldado no uso da pá, perguntou em tom sarcástico o que ele fazia para ganhar o pão de cada dia, na vida civil. Sentindo vergonha, o jovem Erwin respondeu, encabulado: "Sou... ator". E ficou se perguntando por que se envergonhara disso.

Foi então que ele decidiu tornar significativo o trabalho do ator, renunciando ao tipo de teatro que o fazia sentir-se desonrado ao pronunciar a palavra "ator" para redimir a arte desse estado degradante. Depois da guerra, ele fez do teatro seu campo de batalha. Em fevereiro de 1942, Piscator se lembra disso em seu ensaio "O teatro do futuro", publicado na revista *Tomorrow Magazine*:

> A guerra era odiosa para mim, tão odiosa que, depois da amarga derrota de 1918, me alistei na luta política pela paz permanente.

Em 1919, Piscator participou da formação de um pequeno teatro de vanguarda em Königsberg, chamado O Tribunal, que produziu peças de Frank Wedekind e Georg Kaiser, e *A sonata dos espectros*, de August Strindberg, na qual Piscator fez o papel do jovem herói, Arkenholtz. Talvez a produção mais significativa desse grupo tenha sido *Die Wandlung* (A transformação), uma peça sobre o pacifismo revolucionário, escrita na prisão por Ernst Toller após sua experiência com a República Soviética da Baviera, de cuja breve, porém luminosa história Toller havia participado ativamente.

Em 1919, a Alemanha era um caldeirão de agitação política. O desastre da Primeira Guerra Mundial havia preparado a cena para a insurreição da Liga Espartaquista em Berlim. Em janeiro foram assassinados seus fundadores, Rosa Luxemburgo e Karl Liebknecht. Em abril foi proclamada a República Soviética da Baviera por artistas e intelectuais, em Munique. Seguiu-se uma sangrenta repressão, induzida por grupos paramilitares não governamentais.

Tudo isso ajudava a criar uma atmosfera de instabilidade revolucionária que intensificava o fervor daqueles tempos.

Leopold Jessner, a quem Piscator às vezes se referia como tendo sido seu mestre, havia sido nomeado diretor geral do Teatro Estatal Prussiano em Berlim em 1919. O dadaísmo florescia. Piscator organizou vários eventos dadá em Berlim, quando os dadaístas tentavam "tornar seu niilismo politicamente útil". Em seu livro *The Theatre of Erwin Piscator* (O teatro de Erwin Piscator), John Willett cita Piscator: "Dadá via para onde estava indo a arte sem raízes, mas dadá não era a resposta" (1979: 47).

No Dramatic Workshop, Piscator contou a história de um desses eventos dadá, mas imagino que os detalhes sejam apócrifos, porque soam bons demais para ser verdade. O evento havia sido apresentado num teatro requintado, para um público bem vestido. A cortina se abriu e havia somente uns barris enormes empilhados no fundo do palco vazio. Depois disso, nada acontecia. Não havia atores, nem música, nada. Depois de algum tempo, o público foi ficando impaciente e começou a protestar, gritando e acusando a companhia de ser uma fraude. Nesse momento, atores vestidos de bombeiro irromperam no palco e esguicharam água no público. Os espectadores, ofendidos, vendo os finíssimos vestidos de suas esposas encharcados, levantaram-se enfurecidos e atacaram os bombeiros; bem nessa hora, os barris se abriram e 25 lutadores profissionais emergiram, forçando o público de volta aos seus assentos. Piscator contou essa história com gosto: talvez fosse uma dessas fantasias que os artistas gostam de inventar, ainda que não as tenham realizado, ou talvez algo assim tenha mesmo acontecido. Mas, ao ouvir isso em 1946, sei que visões de *Paradise Now!* dançaram em minha cabeça.

Em outubro de 1920, Piscator fundou o Teatro Proletário em Berlim, montando, nas várias salas, peças de Georg Kaiser e Máximo Górki, e uma de Upton Sinclair, na qual Piscator apareceu entre os intérpretes anônimos. Apesar de modesto em tamanho e capacidade técnica, o Teatro Proletário incluía pessoas notáveis como John Heartfield, que projetava mapas e fotomontagens sobre o cenário, e László Moholy-Nagy, que arquitetava construções simbólicas. O Teatro Proletário produziu cinco peças, inclusive a de Franz Jung brutalmente intitulada *Por quanto tempo ainda, prostituída justiça burguesa?*. Seis meses depois, revogada a licença, o Teatro Proletário foi fechado, deixando para trás planos de produção de uma peça de Yvan Goll e da peça *Masse-Mensch* (Homem-massa), de Ersnt Toller, que acabou sendo montada pelo Volksbühne, sem Piscator.

Em 1924, Piscator encenou o espetáculo *Revue Roter Rummel* (Revista Clamor Vermelho) para a campanha eleitoral do Partido Comunista Alemão (KPD) de 1924-1925. A revista incluía 14 cenas que eram, segundo Willett, "um modelo para o movimento *agitprop*". Cenas de noitadas decadentes em Berlim eram interrompidas por atores no papel de trabalhadores que subiam da plateia para o palco proclamando a "vitória do proletariado" e terminavam com um coro provocador cantando "A Internacional". O KPD perdeu a eleição por uma diferença de 1 milhão de votos.

Piscator, entretanto, tinha descoberto a flexibilidade do teatro de revista, cujas cenas breves podiam ser modificadas ou ampliadas de uma noite para outra. Em 1925, o KPD pediu que ele fizesse uma dramatização histórica para a abertura da conferência do partido, e ele produziu o espetáculo *Trotz Alldem!* (Apesar de tudo!), com 24 cenas, numerosas sequências de filmes históricos e 200 atores. Houve somente duas apresentações, ambas para plateias superlotadas. Piscator queria fazer mais apresentações, mas o partido recusou.

O espírito da experimentação fervilhava por toda parte. Em 1922 Vsevolod Meyerhold produziu, em Moscou, a seminal peça construtivista *Le Cocu magnifique* (O magnífico chifrudo), lançando sua teoria da biomecânica. Em 1923 Meyerhold formou sua companhia de teatro *agitprop* Blusões Azuis, que atravessou a Rússia num trem grafitado com cores vivas, indo ensinar técnicas de atuação biomecânica aos trabalhadores do campo e aos operários.

De 1924 a 1927, Piscator dirigiu o Volksbühne em Berlim, começando com *Fahnen* (Bandeiras), de Alfred Paquet, à qual o autor deu o subtítulo de "drama épico", sobre os anarquistas de Chicago de 1886-87. Piscator usou um cenário complexo, repartido em duas metades, sobre um palco giratório, com uma esteira rolante que o atravessava, e imagens dos personagens e filmes documentários projetados dos dois lados do palco. Um narrador apresentava o prólogo e um cantor de baladas comentava a ação com canções. Desse modo, Piscator intencionava "conectar o palco à plateia". Achando que tinha sido bem-sucedido nisso, ele escreveu mais tarde que:

> A parede que separava o palco da plateia foi eliminada; o teatro se tornou um só espaço. O público foi atraído para o palco.

É estranho que, apesar de tê-lo dito tão claramente e descrito com tanta precisão, Piscator nunca tenha feito nada para que isso de fato acontecesse. Ele falava metaforicamente quando dizia "a parede que separava o palco da plateia foi eliminada". Continuava a considerar a separação das áreas do palco e da plateia como algo sagrado. "O público foi atraído para o palco", ele afirmou, mas nenhum espectador foi incentivado a subir no palco. Era só o começo.

Em suas produções para o Volksbühne, Piscator experimentou formas técnicas e cinemáticas e novos usos de telões e projetores, às vezes misturando ou entrecortando atores ao vivo e suas imagens sobre a tela, às vezes apresentando duas ou três cenas simultaneamente, mas sempre retrabalhando cada peça para enfatizar seu sentido moral e político. Porém, quando ele quis montar *Gewitter über Gottland* (Tempestade sobre Gottland), de Ehm Welk, que trata da luta entre os capitalistas hanseáticos e uma liga de revolucionários comunistas, a administração do Volksbühne declinou, dizendo: "Esse tipo de produção é incompatível com o princípio de neutralidade política do Volksbühne". Seguiu-se uma controvérsia pública na qual centenas de atores e milhares de comunistas tentaram, em vão, defender a posição de Piscator.

Mas ele já estava preparando seu próprio teatro, o Piscatorbühne (Teatro Piscator), inaugurado em 1927, em Nollendorfplatz, em Berlim, com *Hoppla, wir Leben!* (Opa, estamos vivos!), de Toller, com a qual ele começou a derrubar todas as convenções da encenação teatral. Seu sucesso estava na fusão de suas inovações cênicas com a relevância política. O cenário de Traugott Müller era uma estrutura de quatro andares, construída sobre um palco giratório. A peça era um corte transversal da sociedade, que o cenário expunha literalmente. As várias áreas de atuação diagramavam a ordem hierárquica, com os atores representando as classes sociais.

A esse sucesso, que ficou dois meses em cartaz, seguiu-se outra produção altamente técnica, *Rasputin, os Romanov, a guerra e o povo que se levantou contra eles*, adaptada de Tolstói pelo Coletivo Dramatúrgico do Piscatorbühne, que acrescentou os personagens de Lênin, Trótski e os imperadores da Alemanha e da Áustria. O cenário de Müller consistia numa imensa cúpula coberta com um tecido prateado, simbolizando o mundo, que rodava sobre um palco giratório. Esse hemisfério incluía portas que se abriam, revelando vários cenários, desde os aposentos do tsar até os de Raspútin, enquanto filmes documentários sobre a história e eventos recentes eram projetados tanto sobre o globo como sobre o pano de fundo. O ex-cáiser Guilherme processou Piscator por difamação e o personagem precisou ser cortado da peça. Piscator divulgou a ordem do tribunal, que foi lida em cena. Segundo ele, essa censura provava a relevância e urgência da peça para aquele momento.

A terceira peça importante do Piscatorbühne foi a adaptação teatral de Max Brod e Hans Reimann do romance *As aventuras do bravo soldado Schweik*, de Jaroslav Hašek, retrabalhada em 1928 por Piscator, Felix Gasbarra, Leo Lania e Bertolt Brecht. Um cenário simples incluía duas esteiras rolantes que permitiam a Schweik trilhar sua marcha infinita para a guerra, sem sair do lugar. Cada esteira tinha 17,5 metros de comprimento e pesava 5 toneladas. Durante a apresentação faziam um ruído terrível e os atores tinham de gritar para ser ouvidos. Mas tornaram possível para Schweik caminhar através do mundo enquanto os marcos indicativos de quilometragem da estrada, cenários e inclusive exércitos perseguidos iam passando por ele. Piscator aliciou o grande pintor político e desenhista gráfico Georg Grosz para criar as imagens de soldados, homens enforcados e cães raivosos encontrados por Schweik. Essas imagens eram entrelaçadas com imagens cinemáticas de

Praga, da guerra e dos cadáveres. Piscator acrescentou uma nova cena final, no céu, onde Deus era julgado pelos seus crimes. Uma parada de 20 mutilados de guerra marchava diante de Deus. Dizem que alguns deles eram veteranos de verdade.

O primeiro Piscatorbühne, inaugurado em setembro de 1927, foi à bancarrota em junho do ano seguinte. Mas quantas produções históricas foram criadas ali! O segundo Piscatorbühne, inaugurado em setembro de 1929, foi outro desastre financeiro, mas conseguiu montar *Der Kaufmann von Berlin* (O mercador de Berlim), de Walter Mehring, uma peça de quatro horas sobre a inflação e os judeus da Alemanha, para a qual László Moholy-Nagy construiu um cenário de intricadas pontes mecânicas e plataformas que podiam ser levantadas ou abaixadas, além de sinais, símbolos e semáforos. Havia inclusive um fundo sonoro de sinos, apitos e ruídos do tráfego.

Com o fracasso do segundo Piscatorbühne, Piscator formou em 1929 o Piscator-Kollektiv (Coletivo Piscator), que concebeu a adaptação teatral do romance proletário de 1930 de Theodor Plivier *Des Kaisers Kulis* (Os escravos do imperador) sobre um motim na marinha, com um cenário que apresentava um corte transversal de um navio de guerra ancorado em Kiel. Era a quarta de suas produções, que terminava com o público unido aos atores cantando "A Internacional".

O terceiro Piscatorbühne estreou com uma produção reelaborada pelo Coletivo e dirigida por Piscator da peça *Parágrafo 218*, de Carl Credé, de 1930, sobre o tema do aborto, que incluía a presença de um médico na vida real, administrador de um hospital, dando uma palestra sobre o assunto. Pedia-se que o público votasse, levantando a mão, pela revogação da lei. "Foi a primeira vez", escreveu um crítico, "que o final de uma peça se tornou uma reunião pública". Se foi assim, este foi mesmo um marco histórico.

A última produção do terceiro Piscatorbühne foi *Tai Yang Erwacht* (O despertar de Tai Yang), drama de 1933 que Friedrich Wolf tinha escrito para contestar *Der Kreidekreis* (O círculo de giz), de Klabund (de 1925), por considerá-la "açucarada". Em seus primeiros esboços, chegou a chamar a heroína de "Hi Tang", o mesmo nome da personagem de Klabund. Tai Yang é uma tecelã que organiza uma greve com suas companheiras de trabalho. Produzida sem os cenários elaborados das montagens anteriores de Piscator, a peça começava com os atores entrando pela porta da rua, falando de política e subindo no palco para vestir seus figurinos e maquiar-se. No final, um dos atores, em roupas comuns, explicava a relevância da peça para a situação da Alemanha em 1931. A propósito, catorze anos mais tarde, Piscator dirigiu *O círculo de giz* de Klabund em inglês no Dramatic Workshop, em que atuei como uma das moças da casa de chá.

Após *O despertar de Tai Yang* e o colapso do terceiro Piscatorbühne, Piscator não voltou a dirigir até 1939, depois que chegou aos Estados Unidos, embora nunca tivesse permanecido inativo durante esse período, sempre pesquisando novas possibilidades artísticas.

Em 1931 a situação na Alemanha estava cada vez pior. No início desse ano, Piscator foi preso, por pouco tempo, acusado de sonegação de impostos. Friedrich Wolf foi detido por infração da lei contra o aborto e a polícia proibiu os espetáculos de teatro *agitprop*.

Dezenas de trabalhadores alemães de teatro emigraram para a Rússia naquele ano, atraídos pelos ideais socialistas. Piscator foi convidado para ir a Moscou dirigir um filme baseado no romance de Anna Segher *Der Aufstand der Fischer von St. Barbara* (A revolta dos pescadores de Santa Bárbara, 1928). Willett o descreve como "a história de um agitador solitário que chega a uma aldeia de pescadores meio lendária e sua liderança quase fatalista de uma greve malograda". Originalmente planejava-se produzir duas versões, uma em russo e outra em alemão, com Lotte Lenya. Mas embora tivessem importado um elenco da Alemanha, após vários meses de atraso a versão alemã foi abandonada.

Levou dois anos para terminar o filme, atrasado por muitas dificuldades. Segundo Maria Ley-Piscator, a pior delas foi a falta de pregos para completar a construção dos cenários. Temendo novos atrasos, Piscator acabou indo comprá-los pessoalmente. Voltou com os pregos necessários para terminar o cenário, mas foi acusado de tê-los comprado no mercado negro, o que era considerado um grave crime econômico. Duvido que Maria estivesse certa quando dizia que "foi por isso que ele foi expulso da Rússia". Mas, em sua idade avançada, foi assim que ela preferiu lembrar o motivo.

Piscator não foi "expulso" da União Soviética logo após a estreia de seu filme em 5 de outubro de 1934. Ao contrário, ele se tornou membro ativo do Sindicato dos Escritores Revolucionários, sendo eleito seu presidente em 1935. Bernhard Reich escreveu em *Wettlauf mit der Zeit* (Corrida contra o tempo) que "infelizmente Piscator usou tanto de sua energia e imaginação em estabelecer a organização e em fazê-la funcionar que acabou estagnado como artista" (1970).

Willett ressalta que, no momento em que *A revolta dos pescadores* estreou, o mercado alemão havia se fechado para Piscator e o público russo estava ficando cansado de filmes revolucionários com ênfase no "destino das massas". Em "Princípios básicos para uma teoria do teatro sociológico" (1929), Piscator escreveu: "Já não é mais o destino pessoal, exclusivo do indivíduo, e sim os tempos e o destino das massas que são os fatores heroicos da nova arte dramática" (republicado em inglês na revista *Drain*, 1995).

Piscator não ficara satisfeito com o filme, mas já tinha projetos para mais meia dúzia. Queria trabalhar com Brecht num filme sobre *As aventuras do bravo soldado Schweik*, embora esse projeto, assim como o de filmar *Guerra e paz*, acabasse malogrado.

Piscator nunca mais dirigiu outro filme, nem chegou a montar peça alguma na União Soviética.

Contudo, jamais deixou de ter ambições grandiosas. Mesmo quando a cena cultural na União Soviética começou a enrijecer e passar da fase criativa para a fase ditatorial, ele arquitetava grandes planos. Queria criar um teatro experimental em alemão na cidade de Engels, capital da República Socialista Soviética Autônoma Alemã do Volga, usando os melhores talentos antinazistas – Alexander Granach, Caspar Neher e Helene Weigel, entre outros. Piscator conseguiu também atrair 20 jovens alemães para Engels. De lá mandou-os ao Teatro Maly em Moscou para estudar por dois meses. Mas ao ouvi-los, dois meses depois, despediu todos eles. Mais de uma vez o projeto foi protelado por problemas de contrato, de moradia e de malária.

Piscator deixou a Rússia em julho de 1936 e foi a Paris, pensando em retornar no outono. Mas, no dia 3 de outubro, Bernhard Reich mandou-lhe um telegrama de duas palavras: "Nicht abreisen" (não retorne). O sindicato dos autores revolucionários tinha sido dissolvido. Granach havia sido preso em Kiev e a eminente atriz Carola Neher, acusada de ser antissoviética, também tinha sido presa e acabou morrendo cinco anos depois num *gulag*. Os expurgos de Stálin estavam apenas começando.

Piscator nunca mais voltou à Rússia. A República do Volga foi dissolvida e toda a população de língua alemã foi deportada durante a Segunda Guerra Mundial.

Piscator viveu em Paris por quase três anos sem dirigir peça alguma. Começou a trabalhar numa adaptação de *Guerra e paz* de Tolstói, que não foi produzida. Fez dezenas de planos e esquemas para peças, filmes e companhias itinerantes, inclusive tentando persuadir Max Reinhardt a trabalhar num grande festival pela paz em Versalhes. Para isso, foi visitar Reinhardt em Salzburgo, onde conheceu Maria Ley, bailarina austríaca que estava coreografando sua produção de *Sonho de uma noite de verão*. Em 17 de abril de 1937, Erwin e Maria se casaram em Paris, tendo Brecht como padrinho do noivo.

O ator Leonard Steckel escreveu sobre esse período da vida dele: "Piscator perdeu alguns de seus melhores anos por não ter tido a modéstia e a coragem de recomeçar do zero, querendo trabalhar imediatamente numa escala grandiosa" (Willett, 1979: 194). Ele considerou ir para a Dinamarca, para onde os Brecht tinham ido, e até mesmo para a Alemanha, onde Gordon Craig tinha dito, para horror de Piscator, que ele seria bem recebido por Goebbels. Considerou Barcelona, que estava pronta para acolhê-lo. Planejou ir para o México, Estocolmo e Copenhague.

Finalmente, foi a promessa de Gilbert Miller de uma produção de *Guerra e paz* na Broadway que convenceu os Piscator a irem para Nova York. Helen Hayes e Paul Muni estavam cogitados para os papéis principais. E Miller queria que Laurence Olivier fizesse o Príncipe Andrei. Os Piscator partiram de navio na véspera do Natal e chegaram a Nova York no dia do ano-novo de 1939. Chegaram com um estardalhaço de publicidade e alojaram-se no Hotel Pierre, um dos mais elegantes e caros da cidade, opção pela qual Piscator foi duramente criticado pelos comunistas na Europa e por seus companheiros emigrados nos Estados Unidos.

Piscator contava com a promessa de Gilbert Miller de produzir *Guerra e paz*. Sendo Miller um dos produtores mais bem-sucedidos da Broadway, Piscator e Maria Ley tinham grandes expectativas. Mas Miller rejeitou o projeto, alegando que o texto era inadequado. Iniciou-se então o grande processo de reescrever, procurar colaboradores e encontrar um novo produtor.

Todo o peso da Broadway com seus padrões implacavelmente convencionais e sua obrigação de produzir sucessos de bilheteria afrontava Piscator. Sua motivação era totalmente diferente, assim como seus padrões. Somente anos depois, em seu Studio Theatre, na New School, ele conseguiu produzir *Guerra e paz*. Ele nunca teve um teatro realmente seu em Nova York. Nunca dirigiu uma peça comercial importante, embora tenha feito algumas vagas tentativas nessa direção. Nunca conseguiu participar do luxo da Broadway. Não que tivesse deixado de tentar.

A FUNDAÇÃO DO DRAMATIC WORKSHOP, 1940

Barrado pela Broadway, Piscator fundou o Dramatic Workshop na New School for Social Research. A própria New School, fundada em 1933, tinha sido concebida como um refúgio acadêmico para os muitos estudiosos que tinham sido forçados a deixar a Europa devido às perseguições do fascismo. Era de fato conhecida como "a Universidade no Exílio".

Seis anos depois, quando o dr. Alvin Johnson abriu as portas da New School para um departamento de teatro, Piscator a princípio resistiu. Não queria ser professor.

Queria dirigir suas peças. Apesar de ter um grande talento para transmitir ideias e para dar aulas e seminários com notória paixão, ensinar era sempre aquilo que ele costumava chamar de "conquista provisória". Porém, acabou se deixando persuadir e, em janeiro de 1940, abriu o Dramatic Workshop.

O Workshop de Piscator se inspirava na visão que o havia perseguido toda a vida, desde aquele dia nas trincheiras de Ypres, quando encontrou seu chamado. Maria Piscator citou estas palavras dele na inauguração do Workshop:

> Piscator disse: "Não arte, mas vida. Desde o início, aqui no Workshop, que haja vida! Aqui e agora. A arte é a ambição humana de criar além da realidade. O que precisamos agora é de realidade. Realidade, a esfinge das esfinges, o enigma dos enigmas. Mas todo novo início... não é um enigma?" [Ley-Piscator, 1967: 105]

O STUDIO THEATRE

Piscator precisava de um teatro para trabalhar e tinha de trabalhar com os melhores, isto é, com atores experientes, e assim, nove meses depois, criou o Studio Theatre, no contexto do Dramatic Workshop. Seu projeto era criar um teatro de repertório, atribuindo personagens principais a atores profissionais e personagens de apoio aos estudantes, que poderiam também operar a luz, criar adereços cênicos e construir cenários. Era um projeto perfeito que permitia aos estudantes trabalharem com atores experientes enquanto continuavam tendo aulas teóricas e recebendo treinamento na área técnica. No Studio Theatre, Piscator produziu algumas das montagens mais significativas de seu exílio estadunidense: *Rei Lear*, com Sam Jaffe, *O círculo de giz*, de Klabund, com Dolly Haas, *Natan, o sábio*, com Herbert Berghof, e, finalmente, sua tão longamente esperada *Guerra e paz*.

Mas o poderoso sistema da Broadway não é fácil de conquistar. O modesto sucesso do Studio Theatre começou a chamar a atenção dos sindicatos. No início, apenas os que pertenciam ao Actors' Equity insistiram em ser pagos de acordo com a tabela estabelecida por esse sindicato e Piscator captava recursos para pagá-los. Mas depois os sindicatos dos técnicos teatrais exigiram que os serviços de iluminação, adereços e figurinos, executados pelos alunos como parte de seu treinamento, fossem sindicalizados.

Financeiramente, isso não é possível num pequeno teatro, como demonstra a espinhosa história do movimento teatral Off-Broadway.

Nesse aspecto, como em muitos outros, o Studio Theatre de Piscator foi um precursor do movimento Off-Broadway, e também uma inspiração. O movimento Off-Broadway nunca teve como objetivo produzir peças da Broadway mais baratas, mas criar outro tipo de teatro que não interessava à Broadway e que ela rejeitava abertamente. O Studio Theatre estabeleceu o padrão das formas do teatro experimental num contexto artisticamente requintado. E até hoje continua a servir de exemplo para nos livrarmos dos altos custos das produções teatrais graças à inventividade do artista, que cria efeitos grandiosos sem grandes orçamentos.

Desde o fechamento do Studio Theatre de Piscator em 1944, os teatros Off-Broadway têm lutado bravamente para que os sindicatos criem contratos que permitam a viabilidade fiscal de teatros pequenos e não institucionais, garantindo assim a vida do teatro experimental, do teatro de arte e do teatro político. Algum progresso foi alcançado, mas ainda há muito a ser feito. O Studio Theatre de Piscator mostrou o caminho.

OS PROFESSORES

Piscator conseguiu reunir um belo corpo docente. Não foi mera coincidência que o treinamento teatral nos Estados Unidos desde a década de 1960 até o novo milênio tenha sido dominado por três talentosos mestres que ensinaram no Dramatic Workshop: Herbert Berghof, Stella Adler e Lee Strasberg. Todos eles abriram depois sua própria escola e aperfeiçoaram os talentos de muitas gerações de atores.

MARGRIT WEILER
Margrit Weiler, perspicaz e maravilhosamente linda, tinha sido a atriz principal do Deutsches Volkstheater de Viena e do Schauspielhaus de Zurique. Ela lecionava o curso de composição de cenas, individuais e em grupo, a partir de textos teatrais, com paciência e habilidade, mas acima de tudo nos ensinava a humanizar nossas caracterizações e nossa abordagem de um personagem e a apreciar a dignidade de nosso lugar no mundo e no teatro. O que aprendi com Margrit Weiler? Que no teatro, dominado pelo sexo masculino, existem somente duas personagens para as mulheres: a Mãe e a Prostituta. A maioria das atrizes faz uma ou outra por toda a vida, mas Weiler ensinava às suas alunas que podíamos fazer qualquer uma das duas porque, como toda mulher, temos ambas dentro de nós mesmas.

RAIKIN BEN-ARI
Raikin Ben-Ari era um grande professor de interpretação teatral, que tinha trabalhado com Stanislavski e depois com Yevgeny Vakhtangov, Meyerhold e Reinhardt. Era autor de um livro premiado sobre o Teatro Habima. Ben-Ari nos ensinava improvisação, exercícios de Stanislavski e elementos do realismo mágico de Vakhtangov. Ele nos ensinou a dar valor a experiências práticas no trabalho do ator. O que aprendi com Raikin Ben-Ari? Que o palco não é um espelho da realidade, mas uma lente de aumento, e que, sendo judia, eu podia vencer minha relutância em fazer o sinal da cruz no palco, porque, como atriz, "não há faceta da natureza humana alheia a mim mesma".

CHOUTEAU DYER
Chouteau Dyer havia sido aluna de Piscator, depois sua assistente e agora era assistente de direção. Chouteau era uma dessas mentes brilhantes que gênios como Piscator precisavam ter ao seu lado. Com essa diretora talentosa e pessoa incrível aprendi a essência do trabalho de direção, enquanto Piscator ensinava seu espírito e significado. Lembro-me dela sentada no pequeno restaurante italiano onde os estudantes se encontravam, do outro lado

da rua do teatro, com um cronograma de produção aberto diante dos olhos, cercada pelos estudantes, movendo seu lápis ao longo das listas de tarefas e atribuindo a cada um, com entusiasmo, suas funções para a *Noite de Reis*, de Shakespeare. Ela conhecia cada cena. Sabia quem e o que precisava estar onde. Compreendia a peça em suas exigências mais concretas. Entendia a ideia do diretor quanto aos adereços, aos posicionamentos na coxia e às deixas. Uma onda de conscientização me invadiu. Eu queria fazer *aquilo*! Ter consciência da peça inteira, estar ciente das maiores profundezas de interpretação e do menor dos adereços. Chouteau designava cada um de nós indicando com seu lápis. Apontando para mim, ela determinou: "Adereços... Malina, você vai ficar na mesa dos adereços na coxia da direita". Era aquilo que eu queria fazer. Eu queria ser diretora. O que aprendi com Chouteau Dyer? Que eu queria dirigir teatro.

LEO KERZ

Leo Kerz formou-se pela Academia de Piscator em Berlim. Antes de emigrar para os Estados Unidos, havia tido uma carreira brilhante como cenógrafo da Academia Real de Amsterdã e da companhia Joos Ballet na Haia. No Dramatic Workshop criou a notável cenografia do teatro de sombras da *Noite de Reis*, com projeções que refletiam o misticismo teatral da peça. Mais tarde, foi cenógrafo de várias peças na Broadway, mais notavelmente *O rinoceronte* de Ionesco e, na década de 1960, da produção de Piscator de *O vigário* em Berlim. No Dramatic Workshop ele ensinava maquiagem teatral, figurinos e cenografia. Era reservado conosco, como se não quisesse realmente ensinar, porque afinal era um cenógrafo profissional. Era um pensador que enchia a cenotécnica de ideias. O que aprendi com Leo Kerz? Que no teatro moderno a cenografia é tão importante quanto o texto e o ator. E que preto é uma cor que nunca se deve usar em maquiagem teatral.

Ele foi casado com Louise Kerz, que se tornou curadora de suas obras após sua morte. Mais tarde, ela se casou com Al Hirschfeld, o supremo caricaturista teatral. Louise, nos últimos anos da vida de Maria Ley-Piscator, continuou sendo uma amiga fiel nos momentos difíceis, tendo estado presente na comemoração dos 100 anos de Madame Piscator, em 1998.

PAUL ZUCKER
Paul Zucker era um brilhante analista de arte e sociologia. Havia lecionado em Berlim e, já em Nova York, na Cooper Union, sendo autor de vários livros didáticos, entre os quais *Space and Architecture in Painting of the Florentine Quattrocento* (Espaço e arquitetura na pintura florentina do *Quattrocento*), *Stage Decoration During the Classical Period* (Decoração teatral no período clássico) e *The Development of the City* (O desenvolvimento da cidade). Lecionava dois cursos, com prazer e extraordinária energia, em que nos apresentava uma filosofia da arte muito bem desenvolvida. Esperava que pudéssemos compreender suas descrições, cheias de nuances, sobre o desenvolvimento dos três períodos da arte egípcia ou os atributos que diferenciam o estilo barroco do rococó. O dr. Zucker ensinava "Estilos através das eras", uma história abrangente da arte ocidental, ilustrada com centenas de *slides*, encontrando em cada uma a chave correspondente a uma etapa do desenvolvimento do teatro. E dava também um curso notável chamado "História e sociologia do teatro", com gráficos e diagramas para explicar as relações entre tipos de público, atores e a situação do mundo. O que aprendi com Paul Zucker? Que ninguém pode influenciar sua própria cultura mais do que é influenciado por ela.

GLORIA MONTEMURO
Gloria Montemuro ensinava impostação da voz e articulação da fala. Era motivo de muito estresse para mim, como amplamente ilustrado em minhas anotações sobre suas aulas. Em retrospectiva, compreendo que minha resistência aos exercícios que ensinava era tola e infantil. Por outro lado, o que ensejava minha resistência era a padronização da fala teatral, um tipo de qualidade vocal que continuo a rejeitar. Evidentemente, eu deveria ter aprendido primeiro para rejeitar depois aquilo que não considerasse útil. Anos depois, com o nome de Gloria Monty, ela teve

sucesso como diretora da série de televisão *General Hospital*. O que aprendi com Gloria Montemuro? Que se deve usar o diafragma para respirar e que eu precisava aprender a controlá-lo.

ALEXANDER INCE
Alexander Ince lecionava um curso intitulado "Peças em cartaz na Broadway". Na Europa, ele havia produzido peças norte-americanas como *Abie's Irish Rose* (Rosa da Irlanda), uma comédia popular de Anne Nichols, e *The Trial of Mary Dugan* (O julgamento de Mary Dugan), um melodrama de tribunal de júri de Bayard Veiller, além de ter publicado várias revistas de teatro. Nos Estados Unidos, ele trabalhou para os estúdios cinematográficos Paramount Pictures e Metro-Goldwyn-Mayer e, na Broadway, para Gilbert Miller. Piscator dizia que isso era importante para nós, pois era conveniente que os alunos que rejeitavam o teatro da Broadway também conhecessem algo sobre ele. Durante os anos em que lecionou no Workshop, Ince produziu várias peças na Broadway, nenhuma das quais fez sucesso. O que aprendi com Alexander Ince? Que embora o teatro seja uma grande arte, é um péssimo negócio.

HANS SONDHEIMER
Hans Sondheimer nos ensinava cenotécnica. No Teatro Estatal da Baviera, em Munique, ele havia trabalhado como assistente de Adolf Linnebach, o gênio da iluminação teatral, cujos refletores, os "projetores Linnebach", ainda levam seu nome. Nos Estados Unidos, Sondheimer fez a iluminação da *Paixão segundo São Mateus*, com cenografia de Robert Edmond Jones, para a Metropolitan Opera. No Dramatic Workshop, concebeu a iluminação de *Natan, o sábio*, de *Winter Soldiers* (Soldados invernais), de Daniel Lewis James, e de *Guerra e paz*. Era diretor técnico do Dramatic Workshop e me ensinou a usar a serra de vaivém. O que mais aprendi com Hans Sondheimer? Como fazer um prego de dois centímetros e meio atravessar uma tábua de um centímetro de espessura com três marteladas.

HENRY WENDRINER

Henry Wendriner e Eleanor Fitzgerald faziam parte do pessoal que completava o quadro docente. Eram ambos fervorosos admiradores do trabalho de Piscator. Wendriner era um dos funcionários mais importantes de Piscator, que se encarregava das tarefas fiscais e administrativas. Piscator passou a vida toda em dificuldades financeiras: sempre endividado, sempre à beira de um desastre econômico. Mesmo assim, ele conseguia trabalhar em teatros importantes, exceto nos Estados Unidos, onde não obteve, como esperava, o apoio necessário para construir o projeto do Teatro Total que ele tinha concebido em 1927 com Walter Gropius, e acabou se conformando com a "conquista temporária" do Dramatic Workshop.

Ali, a função de Wendriner era blindar Piscator contra todos os problemas financeiros, mas as exigências do mestre eram sempre grandiosas. O teatro épico requer um palco grande e maquinário teatral dispendioso. A New School tinha um palco de dimensões muito limitadas, mas Wendriner aproveitava toda vantagem orçamentária possível, chegando a acumular dívidas que a New School teve de continuar pagando por muitos anos depois do Dramatic Workshop ter se mudado dali. Décadas depois, quando dei aulas magnas sobre Piscator na New School, ainda ouvi reclamações do decano associado, Lewis Falb, sobre as dívidas que Wendriner e Piscator tinham acumulado. Wendriner também dava o curso de administração teatral, que aproveitei muito. Cobria tudo, desde o custo das toalhas de papel até o segredo de distribuir a venda das poltronas de modo que um público de dez pessoas pudesse parecer uma casa quase cheia.

Henry Wendriner era um baixinho careca, parrudo e amistoso que se apaixonava por todas as atrizes da escola. Pediu-me para traduzir alguns poemas românticos e eróticos que ele tinha escrito elogiando Priscila Draghi, que fazia o papel de Hi Tang em *O círculo de giz*, e Elaine Stritch, que fazia o papel de Feste em *Noite de Reis*, enquanto me perseguia o tempo todo, como a tantas outras jovens. Bea Arthur, uns 60 anos mais tarde, lembrava-se do assédio de Wendriner como a única mancha negra no paraíso de seus anos de estudante. Eu pegava leve com ele e ria dele quando o rechaçava. Perguntou-me se era porque eu amava outro homem.

"Amo o professor Piscator!", respondi, impertinente. "*Ach, ja!...*", suspirou ele. "Todos nós estamos, supostamente, apaixonados pelo sr. Piscator!" E era isso mesmo. Piscator era nosso ídolo.

OS ESTUDANTES

GEORGE BARTENIEFF

"Ele não suportava idiotas, nem por um segundo", diz George Bartenieff, lembrando-se tanto do alto nível de exigência de Piscator quanto de sua impaciência com quem não conseguia alcançá-lo. Bartenieff era um dos alunos mais notáveis do Dramatic Workshop. Em 1945, Maria Ley-Piscator reconheceu imediatamente a capacidade do jovem Bartenieff e colocou-o no papel-título de duas peças de seu Dramatic Workshop juvenil, *Pinóquio*, em que ele representou o papel do menino marionete com aquela inocência e imediatez de presença que ele nunca perdeu (eu fiz o papel do Gato), e *El príncipe que todo lo aprendió en los libros* (O príncipe que tudo aprendeu nos livros), de Jacinto Benavente, na qual George voltou a desafiar o decadente *establishment* intelectual com sua incorruptível pureza infantil. Fiz o papel da Princesa Feia e o jovem estudante Bernie Schwartz (Tony Curtis) fez o tentador dionisíaco, um reflexo do primeiro papel de Piscator em *A sonata dos espectros*, de Strindberg, sobre a resistência do jovem idealista à corrupção da velha sociedade. O jovem George conseguiu captar a intenção de Piscator.

Filho de bailarinos profissionais, George cresceu num ambiente artístico e se lembra que seu pai queria que ele seguisse Serguei Diaghilev como modelo de artista. Apesar de ter nascido tarde demais para tê-lo conhecido, pelas histórias que seu pai contava, e pelas fotografias, Diaghilev tornou-se seu ídolo. Quando nos falamos recentemente, George disse:

Foi assim que comecei a procurar um nível de imaginação muito elevado, e acabei por encontrá-lo em Piscator. Lembro-me de ter visto sua adaptação de *All the King's Men* (Todos os homens do rei)[2]. Quando vi o cenário! Havia uma torre em cujo topo o Chefe sentava-se à escrivaninha com um telefone, dominando tudo e todos. Aquele cenário era tão orgânico quanto o corpo do ator, projetando, arquitetônica e teatralmente, a essência visual do significado da peça.

Na década de 1960, Bartenieff trabalhou com o Living Theatre. Em *The Brig* (O cárcere), foi inesquecível sua atuação no papel do prisioneiro mais vulnerável, que no fim é levado a um colapso nervoso por um guarda intimidador. Anos mais tarde, ele criou os dois personagens masculinos da peça de Karen Malpede *Us* (Nós) com eletrizante sensibilidade.

Em 1971 George Bartenieff fundou juntamente com Crystal Field o Theater for the New City, um baluarte do movimento Off-Broadway, chegando a oferecer em cinco espaços cênicos, num único edifício, uma ampla variedade de trabalhos experimentais, além de iniciar um Festival Anual de Teatro de Rua para falar diretamente com e pela comunidade. Durante os anos em que o Living Theatre ficou sem espaço próprio, o Theater for the New City apresentou as produções do Living das peças *VKTMS* (Vítimas), de Michael McClure; *Us*, de Karen Malpede; a remontagem da criação coletiva de 1964, *Mysteries and Smaller Pieces* (Mistérios e peças menores); além de três peças de Hanon Reznikov: *The Rules of Civility* (As regras de civilidade), *Capital Changes* (Mudanças do capital) e *Anarchia* (Anarquia).

Atualmente dirigido por Crystal Field, o Theater for the New City continua a ser um marco importante do teatro de vanguarda. Piscator ficaria orgulhoso se tivesse visto seu trabalho ser continuado dessa maneira.

---

2 Romance político de Robert Penn Warren, ambientado na década de 1930, traça a ascensão e queda do demagogo Willie Stark, inspirado no governador da Louisiana, Huey Long. Foi publicado em 1946 e, no ano seguinte, Penn Warren trabalhou com Erwin Piscator na adaptação para o palco, montada em 1947 no Dramatic Workshop. [N.T.]

Bartenieff casou-se com Malpede, escritora cujo ativismo antimilitarista tem frequentemente enobrecido seu trabalho, criando um repertório de importantes obras de teatro político. Entre as mais notáveis está a interpretação aclamada internacionalmente de Bartenieff como Victor Klemperer, que escreveu diários com grande sensibilidade e consciência política em sua luta para sobreviver ao nazismo na Alemanha.

Piscator não deixou de indicar que os maiores atores de seu tempo, como Laurence Olivier, tinham sempre utilizado as mesmas técnicas que ele descrevia como atuação objetiva. O melhor exemplo disso que conheço é o soberbo estilo narrativo da peça de Malpede sobre Klemperer, *I Will Bear Witness* (Eu serei testemunha). Sua atenção à presença do público é um belo exemplo de atuação objetiva, tanto quanto este nosso tempo encharcado de Stanislavski pode permitir.

Perguntei a Bartenieff como Piscator o tratava pessoalmente. "Bem, eu era apenas uma criança, quer dizer que ele me tratava... você sabe... meio como um cachorrinho." No entanto, quando ele considera o lugar de Piscator na história do teatro moderno, não hesita em dizer: "É um herói da vanguarda. É o pai de tudo aquilo que fazemos no teatro hoje em dia. É o inspirador do uso político do teatro de rua atual. Ele criou um estilo totalmente orgânico".

ANNA BERGER

Anna Berger é uma das atrizes mais persistentemente criativas formadas pelo Dramatic Workshop. Chegou lá como eu, com uma bolsa de estudos, as duas adorando nosso amado professor e entrando em conflito com ele. Ainda jovem, ela havia participado de um espetáculo a que um rico amante do teatro tinha assistido, e ele lhe ofereceu uma bolsa em qualquer escola de teatro que ela escolhesse. Ela escolheu o Neighborhood Playhouse, mas o diretor a desprezou, perguntando: "Você faz ideia de quantas garotas bonitas entram por esta porta todos os dias?".

Ela voltou para casa aos prantos, mas sua mãe insistiu que ela não devia se sentir tão subitamente desencorajada. Alguém sugeriu a escola de Piscator. Ele exigiu que ela fizesse um teste e ela respondeu dizendo que não tinha nada preparado, mas que tinha uma dança da barata que ela podia apresentar. Ela dançou sua dança da barata. Quando terminou, ele perguntou: "Isso é teatro?". "Sim, é", ela respondeu. E ele sorriu e concordou: "É sim!". Ela assistiu a muitas aulas comigo. Atuamos juntas em *Aristokrati* (Os aristocratas), de Nikolai Pogodin, e em outras peças da série de produções da marcha do drama.

Depois de formar-se pelo Workshop, Anna trabalhou no Cherry Lane Theatre, no Greenwich Village, em duas companhias, On-Stage e The Interplayers – ambas compostas de ex-alunos do Workshop que montaram García Lorca, Sartre e *The Dog Beneath the Skin* (O cão sob a pele), de W. H. Auden e C. Isherwood –, antes de iniciar sua admirável carreira na Broadway e em Hollywood.

Perguntei a ela recentemente qual é o significado de Piscator em sua vida. Nos encontramos em março de 2004 no Westside Diner, no Hell's Kitchen, bairro central de Nova York. Ela havia acabado de ensaiar seu *one-woman-show Absolutely Anna* no Actor's Studio. "Era meu deus!", ela exclamou. Perguntei: "Mas o que foi que você aprendeu com ele?". Seus olhinhos brilhantes de comediante piscaram maliciosos: "Que Guêtchi deve ser pronunciado Goethe". Mas depois ficou séria:

> Piscator tinha uma visão do que o teatro deve ser. Ele nos ensinou a sermos corajosas, a sermos ousadas. "Mudem a cara da vida", ele dizia. "Façam peças que incitem e estimulem, que possam melhorar o mundo!"

Acho significativo que os jovens artistas politicamente conscientes que trabalhavam com Piscator em Nova York não percebessem qual era sua possante influência política. Acredito que fazia parte da estratégia da Guerra Fria esfumar as fronteiras entre o elemento "subversivo" (como as "atividades antiamericanas") e o elemento "progressista", que a administração de Roosevelt havia representado. Erwin Piscator era suficientemente esperto e prudente para escapar da caça às bruxas nos Estados Unidos, assim como tinha conseguido esquivar-se dos nazistas e stalinistas na Europa. Mas o preço que ele pagou por isso foi não ter deixado claro qual era a natureza de seu empenho político, nem mesmo para seus melhores alunos. Talvez tenha sido uma escolha sábia da parte dele; havia testemunhado o massacre dos artistas alemães pelos nazistas e ficara horrorizado com o fuzilamento de Meyerhold numa prisão de Moscou em 1940. Tinha bons motivos para ser cauto. No Workshop, jamais se disse comunista, sempre antifascista.

Embora diga com modéstia que não compreende o que Piscator queria dizer com "teatro épico" (ela inclusive me pediu para escrever uma "definição precisa" de seu significado), Anna Berger revela, em tudo o que faz e diz, uma compreensão muito mais profunda do teatro épico do que qualquer definição poderia explicar.

SYLVIA MILES
Sylvia Miles é uma atriz única no palco moderno e no cinema, inventora de um estilo pessoal e ousado que fez dela uma diva. Falando de Piscator, ela me disse : "Ter tido aquele diretor 'prussiano' foi a melhor coisa que poderia ter me acontecido. Ele era filosoficamente importante para mim porque era um verdadeiro artista. A disciplina que ele instilou em mim se tornou parte integrante de meus ossos". A criação da personalidade exuberante de Miles, tão diferente de qualquer outra, extrai sua força daquela sua experiência inicial. Chegando a Piscator por recomendação de uma amiga, ela ficou "pasma de admiração" logo que o encontrou. Como todos nós tínhamos ficado. Ela gosta de imitar o linguajar e o sotaque dele quando conta a história de seu teste:

"Querr dizerr que focê já fez teatrro?"
"Fiz..."
"E então... que peça focê fez?"
"*Hamlet*."
"Aha! E que papel focê fez em *Hamlet*?"
"Hamlet."
"E onde foi que focê fez esse *Hamlet*?"
"Na Escola Secundária Washington Irving."
"*Ach so!* Bom, então famos ferr..."

E numa voz inimitável, que muitas atrizes tentaram imitar, ela exclamou: "Oh, que esta carne tão, tão maculada derretesse, / Explodisse e se evaporasse em neblina!"[3]. "*Ja, ja!*", exclamou Piscator, interrompendo-a, "Focê consegue fazê-lo".

Ela se lembra que tinha aprendido muitos papéis como substituta no Workshop, mas continuou a ser sempre uma aluna obediente e bem-disposta. "Sempre que me disseram para estudar o papel de outra atriz para eventualmente substituí-la, aprendi tudo, apesar de só algumas vezes ter podido atuar em cena. Quando me mandavam ser aderecista, era aderecista."

"Piscator", disse ela, "me ensinou 'direção de resultados'", o que ela alega ter sempre ajudado ao trabalhar com os mais diferentes diretores em sua longa e bem-sucedida carreira. Eu não conhecia o termo e perguntei a ela o que era essa "direção de resultados" (*result direction*).

Significa que ele não falava psicologicamente, não falava em motivação. Ele me dizia o que ele queria – às vezes me mostrava exatamente o que queria – e eu fazia exatamente aquilo. Ele queria que o ator encontrasse suas próprias forças motivacionais interiores.

Piscator acreditava que o papel do diretor não deveria ser "ensinar atuação" ao ator durante os ensaios, mas sim transmitir a ele uma profunda compreensão da peça, das cenas, do personagem, e a importante "ideia do diretor" sobre o significado da peça. O crítico pode menosprezar a recusa de Piscator em posar de psicólogo do ator durante os ensaios como uma falta de atenção à profissão do ator. Mas o ator pode perceber essa recusa como um sinal de respeito de que sua análise, sua compreensão do personagem e suas justificativas, mesmo seguindo o "resultado

---

3   Hamlet, ato I cena 2: "Oh, that this too, too sullied flesh would melt, / Thaw, and resolve itself into a dew". Tradução de Millôr Fernandes, disponibilizada pelo autor em http://www2.uol.com.br/millor/teatro/download.htm. [N.E.]

almejado pela direção", continuavam sendo sua preciosa contribuição pessoal à montagem.

Como muitos alunos do Workshop, Miles também não tinha consciência plena das convicções políticas de Piscator.

> Nunca soube que ele era comunista – ou era socialista? – até muito depois de eu ter me formado. Quero dizer, ele nunca falou disso. Nem percebi que era cristão. Sabe como é, eu pensava que, por ser refugiado, ele fosse judeu...

Mesmo os alunos politicamente conscientes mal podiam imaginar a cautela com a qual alguém que tinha escapado por um triz da repressão assassina dos nazistas pudesse inibir sua livre expressão no ambiente potencialmente hostil em que emergiam Joseph McCarthy e o Comitê de Investigação de Atividades Antiamericanas.

MARLON BRANDO

Embora poucos se lembrem agora do trabalho de Piscator, ele imbuiu seus alunos de um sentido de responsabilidade social, mesmo que não tivessem plena consciência de sua posição política nem da natureza de seu empenho. Quando falei recentemente com ex-alunos como Sylvia, Anna e George, quase 40 anos depois da morte de Piscator, nenhum deles tinha percebido que ele era comunista. Nem que, apesar de esconder seus verdadeiros sentimentos, devido a um medo justificável, ele nunca tinha se desviado do profundo empenho social que encontrou nos ideais iniciais do comunismo, antes de se estabelecerem os abusos de poder. Um dos que eu não consegui encontrar foi seu aluno mais ilustre, Marlon Brando, que Piscator tinha expulsado do Workshop pouco antes de minha chegada.

Peter Manso, em seu livro *Brando: The Biography* (Brando: a biografia), dedica 22 páginas ao tempo de Marlon no Dramatic Workshop e nos dá uma visão bastante curiosa e perspicaz do Dramatic Workshop na temporada anterior à minha chegada. Parece mais interessado nas escapadas sexuais de Brando que em seus estudos ou seu desenvolvimento como ator. Ele nos mostra a escola de Piscator num nível mais cru do que Piscator jamais teria desejado, e mesmo agora hesito em mencionar a franca e vívida vulgaridade ali descrita. Manso cita Walter Matthau, um dos mais eruditos entre os ex-alunos famosos do Workshop, que zomba dele como o "Workshop Neurótico de Pesquisa Sexual", no qual "as pessoas queriam ser atores para poder trepar daqui até a China". Devo acrescentar que não vi nada disso. Com exceção do notório e muito ridicularizado Wendriner, que não aguentava ver um rabo de saia, o que vi por lá era somente uma sexualidade adolescente normal e bastante sadia entre meus colegas. Mas, é claro, isso foi *depois* que Marlon foi expulso.

Brando era um jovem rebelde, que gostava de contrariar seus professores ou quem quer que refreasse a livre expressão de seus impulsos infantis. E fez bem mais do que contrariá-los, não só com seu jeito irreverente, mas com a extraordinária força de seu talento como ator. Embora Brando e seus "mosqueteiros" (Darren Dublin e Carlo Fiore) certamente estivessem "atrás das garotas", assim que ele apareceu nas primeiras montagens da marcha do drama todo mundo ficou boquiaberto com sua graça espontânea e sua profundidade. Seu sucesso mais impressionante no Workshop foi o papel duplo do Mestre e de Jesus na peça de Gerhart Hauptmann, *Hanneles Himmelfahrt* (A assunção de Hannele). Uma das alunas, Mae Cooper, lembra-se do espanto geral: "Era como se algo grandioso tivesse nascido. Como se, de repente, você tivesse acordado com seu filho idiota tocando Mozart!".

Foi Stella Adler quem o descobriu e trabalhou duramente com ele. Mas como Manso afirma: "Desde o início havia uma rivalidade entre Stella Adler e Erwin Piscator. Depois surgiu também uma diferença filosófica fundamental. O que Adler procurava nos seus jovens atores eram os observadores, que simpatizavam com o comportamento humano, enquanto Piscator via os atores como servidores do diretor, e via o diretor, por sua vez, às ordens do dramaturgo". Não concordo com a avaliação de Manso das intenções de Piscator, mas a descrição dessa rivalidade parece precisa. Manso continua: "Adler estava, de fato, gerindo sua própria instituição dentro do Dramatic Workshop – uma aula de interpretação isolada", como de fato Piscator a acusou, indignado, durante uma briga entre eles. Muitos alunos se sentiam divididos. Stella ensinava lá embaixo, no porão, gritando: "Não atue! Pare de atuar!" ao menor sinal de teatralidade, enquanto Piscator, no andar de cima, no palco principal, gritava: "Cresça! Cresça mais!" quando alguém deixava de impostar a voz.

O que Marlon Brando absorveu das aulas de Piscator foi o sentido da responsabilidade do trabalho teatral, e durante toda sua carreira ele optou por fazer filmes com uma ética social.

Nos arquivos da Akademie der Künste, em Berlim, entre os papéis de Piscator, encontrei uma nota em letra quase ilegível: "Vou escrever para Brando", e o seguinte esboço:

> Meu querido Marlon,
> Sei que você é capaz de fazer qualquer coisa que quiser, e já tive muitos alunos, mas poucos tão talentosos... Não temo que você me critique com infantilidade, como fazia o tempo todo... Você até pode me criticar, mas estou lhe escrevendo como um homem que reconhece que você pode fazer qualquer herói clássico ou vilão, de Romeu a Hamlet, de Ricardo III a Mefistófeles. Por mais que eu admire seu sucesso prematuro, temo por ele. Você me disse que não aprendeu nada no Dramatic Workshop e fiquei arrasado. Mas queria me dirigir ao verdadeiro artista que há em você – aquele que está comigo.

Sua grande interpretação em *O poderoso chefão*, de Francis Ford Coppola, e o foco do filme na trágica recorrência dos erros dos pais na vida dos filhos nos lembram a primeira produção de Piscator da *Sonata dos espectros*, de Strindberg, na qual o fantasma tenta corromper o jovem. Para todo artista há certos temas básicos aos quais ele retorna sem cessar. Na peça de Strindberg o jovem resiste à tentação, ao passo que em *O poderoso chefão*, uma obra politicamente mais pessimista, o filho de Corleone (Al Pacino) tenta resistir à corrupção mas acaba submerso nela, num orgiástico banho de sangue.

Em *O último tango em Paris*, de Bernardo Bertolucci, Brando expõe o jogo de forças subjacente à conduta sexual, aproveitando a consciência das relações de poder aprendida com Piscator.

No espantoso *Apocalypse Now*, de Coppola, o cerne das trevas strindberguianas se estende da corrupção para a guerra. O jovem herói, o capitão Willard, interpretado por Martin Sheen (que organizou os trabalhadores filipinos que reivindicavam melhor tratamento no *set* de filmagem), depara-se violentamente com essa corrupção na pessoa do coronel Kurtz, o personagem de Brando, que, com toda sua bravura ("Cresça! Cresça mais!", gritava Piscator), nos mostra a face crua da maldade.

A luta permanente de Brando pelos direitos dos povos indígenas norte-americanos fazia parte de seu desafio à autoridade quando era estudante, que ele transpôs para sua carreira cinematográfica de filmes que enfrentam e desafiam a ordem social.

BEA ARTHUR
Bea Arthur – famosa pela sua interpretação de Dorothy Zbornak, a "língua ferina" da longa série televisiva *As Supergatas* – sorriu balançando a cabeça ao me falar de Piscator. Quando a visitei em Los Angeles em abril de 2006, *As Supergatas* continuava indo ao ar diariamente em reprises. Sentada à beira de sua piscina, ela recordou vivamente o tempo que passou no Dramatic Workshop.

"Quando cheguei lá eu não conseguia atuar nem no papel de um poste, mas Piscator ficou impressionado com minha altura. Ele me colocava em papéis clássicos porque eu era muito alta." Bea Arthur sempre achou que sua estatura imponente era um defeito, uma desvantagem. Garanti a ela que era porque Piscator tinha reconhecido seu talento óbvio e sua personalidade única que ele a tinha colocado naqueles "papéis clássicos". "Não", ela me disse, "Piscator me intimou: 'Você é grande demais, dominante demais, poderosa demais!'"

Ele a repreendeu, mas foi exatamente por isso que, mesmo sendo uma atriz jovem e inexperiente, Piscator a colocou no papel de Clitemnestra em *As moscas*, substituindo a venerável Frances Adler: porque viu que ela era "grande, dominante e poderosa". Piscator tinha essas contradições:

repreender por aquilo que ele mais admirava nas pessoas. Ou será que isso fazia parte de seu método didático?

No Workshop eu tinha imaginado que Bea se tornaria a grande atriz clássica de nossos tempos, uma Eleonora Duse, que faria Medeia, Jocasta, Electra e Lady Macbeth, mas ela escolheu outro caminho. Preferiu a comédia como sua forma preferida. "Vou lhe contar como isso aconteceu", ela me disse. "Eu estava fazendo Lucy, na *Ópera dos três vinténs*. Certa noite, eu achei que estava atuando muito mal e, de repente, quando soltei uma fala, ouvi uma risada na plateia. Fiquei tão feliz que percebi ali, naquele momento, que era isso que eu queria fazer. Provocar aquela risada, obter aquela resposta imediata do público."

Essa consciência do público, essa necessidade de ter uma plateia, não era exatamente nisso que Piscator queria que o ator objetivo se empenhasse? Talvez na comédia seja mais fácil perceber a reação do público. Quando ela atuava em tragédias, minha mãe dizia que contava os lencinhos na plateia.

Tendo escolhido a comédia, Bea optou pela televisão como seu meio de expressão. Seja no papel da dona de casa Maude Findlay, seja no da professora substituta Dorothy, em cada episódio ela aborda com perspicácia e aguda percepção política alguns dos assuntos mais importantes de nosso tempo: o racismo, o aborto e as drogas, por exemplo quando a protagonista da série *Maude* ofende sua faxineira negra tentando comprar maconha dela. E em todos os episódios de *As Supergatas*, o preconceito de idade de uma cultura que despreza as mulheres idosas é mostrado como um fenômeno que pode ser combatido.

Ela guardava muitas lembranças afetivas de nossos colegas do Workshop – da espertaza maliciosa de Walter Matthau, do charme endiabrado de Bernie Schwartz (mais tarde, Tony Curtis), da forte presença de Rod Steiger; de como Arla Gild conseguia nos fazer rir e chorar ao mesmo tempo, de como Al Armstrong a divertia e de como Harry Belafonte se gabava de suas conquistas sexuais na pizzaria Footlight, do outro lado da rua.

Bea abriu os braços para expressar o espírito expansivo daquela época. "Nunca senti a menor restrição. Era tudo sempre tão poético e tão político, porque no fundo havia sempre o significado da peça e a alegria de estar ali..."

Mas entre essas memórias exuberantes, ela se lembrou com horror de Wendriner, que sempre a assediava sexualmente. Eu disse que ela o tinha levado demasiado a sério. Ele era apenas um velho frustrado que gostava de perseguir as jovens que o rejeitavam. Porém, ali estava ela, uma mulher perto dos 80 ainda perturbada pelo assédio sexual que tinha acontecido havia sessenta anos! O fato de esse assédio também ser político provavelmente não era evidente para Piscator. Ele sabia. Todos sabíamos. Mas parecia não ter importância, porque ainda não tínhamos consciência de que era uma situação política.

HOWARD FRIEDMAN
Howard Friedman era filósofo. Era o mais assíduo de meus colegas e um amigo especial para mim. Chegou a Piscator porque estava em busca de excelência. Não pelo seu teatro, mas pela sua genialidade. Assim como Piscator, Howard Friedman era um classicista, no sentido de que ambos compreendiam a necessidade de usar os fundamentos históricos das artes e das ciências como a matéria-prima da vanguarda. Os dois sabiam que todo novo trabalho deve ser construído segundo as regras do antigo. Howard ensinou-me os princípios fundamentais da matemática avançada, mostrando-me que as artes e as ciências estão ligadas de maneira mais profunda do que eu jamais suspeitara. Por muitos anos, ele foi o diretor-executivo da organização Filósofos Internacionais pela Paz (IPPNO).

Recentemente perguntei a ele qual era seu ponto de vista sobre o trabalho de Piscator e ele escreveu:

> Piscator era um dos luminares mais notáveis do teatro ocidental. As produções que ele concebeu e dirigiu eram inquebrantáveis em seu suspense, poder e originalidade. Combinando a sucinta teatralidade do trabalho de Orson Welles com a intensidade visual de um filme de Eisenstein, o trabalho de Piscator surgiu como uma torrente, pulsando com prodigiosa energia.

Como um Beethoven do palco, Piscator rompeu as limitações costumeiras de seu meio. Particularmente impressionante era seu uso de uma iluminação nada convencional (com imagens projetadas por detrás, sobre telas que faziam parte do cenário), palcos giratórios que se tornavam parte da ação e uma atenuação da distinção entre ator e público. Era esse o selo de qualidade mais óbvio das encenações típicas de Piscator.

Mas considerando a gama de estilos teatrais e assuntos incluídos em suas produções, conscientizei-me de que também comunicavam um aspecto muito menos óbvio: de alguma forma, Piscator colocava sua própria marca até mesmo na maneira de falar, mover-se e interagir de seus atores. Os personagens que interpretavam e o mundo que habitavam haviam se tornado os mesmos de Piscator.

Porém, para descrever seu trabalho não se pode omitir a visão que ele tinha do propósito do teatro. Foi Marx quem disse que os filósofos do passado tinham interpretado o mundo, mas que agora a questão era como mudá-lo, e eu acredito que Piscator tinha assumido essa afirmação de Marx como norma essencial, aplicável não somente aos filósofos, mas também ao seu trabalho no teatro. Portanto, a função do diretor não seria mais simplesmente proporcionar uma fatia de vida acreditável para a plateia assistir, e sim oferecer um teatro capaz de mudar a visão de mundo do público e, ao fazer isso, começar a transformação para um mundo melhor. Para Piscator, isso significava usar todos os recursos do teatro de modo a instilar em seu público a visão de um mundo livre da selvageria e das dissonâncias sociais e econômicas demasiado presentes, tanto naquela época como agora.

Isso pode soar inspirador mas, talvez, terrivelmente pedante também. Porém, a arte de Piscator estava em evitar a costumeira retórica revolucionária, apresentando, ao invés disso, um mundo no qual surgiam profundas questões, que só podem ser respondidas rejeitando-se aquele mundo. Por exemplo, em sua produção de *Electra e os fantasmas*, de O'Neill, inevitavelmente simpatizávamos com o tremendo sofrimento de Electra e nos perguntávamos "Por que ela tem que sofrer tanto?". O texto da peça em si não oferece nenhuma resposta satisfatória. Mas a produção de Piscator fazia alusões a uma resposta que, ao refletirmos sobre o assunto, de repente se torna clara como o sol do meio-dia: Electra sofre especificamente por ser membro da elite numa ordem mundial fundamentalmente injusta, na qual sua classe, para ser bem-sucedida, trata sistematicamente as classes subalternas de maneira desumana. Portanto, os meios pelos quais uma sociedade corrupta é bem-sucedida tornam o próprio viver nessa sociedade uma fonte de inescapável sofrimento. Dessa forma, Piscator pega o texto de uma peça tradicionalmente cara à classe média e a usa para colocar o dilema: "Devemos sofrer ou mudar a ordem mundial?". Com isso ele indica indiretamente a resposta: "Mudar a ordem mundial!".

De fato, essa forma teatral é incomum, porque o espectador só chega a essa conclusão bem depois de terminado o espetáculo. Mas não deveríamos esperar o incomum no trabalho de um gênio?

OS ALUNOS DE PISCATOR

Além do ar acadêmico que pairava por todo o edifício de Joseph Urban e da erudição que ali florescia, o corpo estudantil tinha vida própria. Íamos assistir às conferências de W. H. Auden, Hannah Arendt e Karen Horney, pois, como membros de uma instituição, tínhamos o privilégio de poder acompanhar as principais séries de palestras. Mas, de certa forma, também éramos meros estudantes. Fluía dentro de nós uma energia que naturalmente nos levava a formar grupos de afinidade. O círculo de amizades a que eu pertencia era pequeno e eclético. Nos víamos como os melhores e os mais privilegiados.

"Vamos vestir togas e túnicas, e abster-nos da moda horrível destes tempos!", proclamou Ben Moore, um loiro lindo que, já naquela época, em 1946, trabalhava em filmes experimentais com seu mentor, o poeta Willard Maas. E Brandt Kingsley, um ator extravagante, o astro de nosso círculo íntimo, respondeu: "Andaremos descalços quando fizer calor e usaremos imensas capas quando fizer frio!". Lola Ross rematou: "E sairemos dançando pelas ruas!". Nos sentíamos capazes de mudar o mundo. Mas, é claro, nunca vestimos os hábitos clássicos, embora eu tenha simulado usar uma capa por algum tempo, mas isso era só uma das centenas de fantasias que imaginávamos, algo de inexplicável, algo novo que sentíamos que estava para chegar, do qual éramos os precursores.

Devíamos todos ter prestado mais atenção em Piscator porque ele falava disso o tempo todo, mas éramos jovens e queríamos fazer nossa própria revolução, e não a revolução histórica de que ele falava. Estávamos começando a aquecer o fervor da década de 1960 detrás daquelas portas metálicas listradas do prédio da rua 12, com Piscator a conduzir aquele movimento que ele gerara pela trilha indômita da revolução.

Assim como Piscator nunca realizou sua visão de uma plateia realmente participante, também nós não estávamos prontos para a ação revolucionária... Havia algo em cuja direção nos movíamos, mas ainda não tinha chegado o momento. Caminhávamos rumo ao espírito de 1968, vinte anos à frente, tão distante quanto as revoluções socialistas de que falava Piscator, que tinham acontecido vinte anos antes. Piscator não viveu para ver o teatro total de 1968, mas com certeza o havia pressentido.

Lola Ross era minha amiga mais próxima e minha confidente no Workshop. Era dona de uma forte personalidade e sua confiança em si mesma era profunda e inabalável. Partilhávamos risadas maliciosas e gostávamos de comparar os rapazes, confidenciando nossos planos uma à outra. Sua devoção pelo teatro continuou firme. Piscator deu a todos nós esse sentido de ter uma missão. E apesar de Lola não ter trabalhado no teatro por muitos anos, enquanto criava dois filhos, assim que eles cresceram ela procurou o Living Theatre. Administrou a bilheteria e atuou em diversas peças que montamos no nosso teatro da Rua Três[4]. Sua interpretação da matriarca de uma família aristocrática no *German Requiem* (Réquiem alemão), de Eric Bentley, uma adaptação de *A família Schroffenstein*, de Heinrich von Kleist, foi especialmente memorável. Movia-se com

---

4   Sede do Living Theatre no número 272 da East Third Street, esquina com a avenida C, no East Village, em Manhattan, de 1989 a 1992. [N.T.]

um régio desdém, encenando sua confiança em si mesma com efeito hilariante.

Minha outra amiga inseparável era Steffi Blank, uma jovem profundamente séria, uma mulher com ideias e sentimentos muito controlados. Era apegada aos clássicos e aceitava o teatro inovador de Piscator como uma mera fase no curso impecável do desenvolvimento histórico do teatro. Trabalhamos juntas em muitas cenas e sua análise meticulosa era uma bênção para mim, levando-me a compreender como abordar um texto de maneira inteligente. Ela ficou sendo uma dessas mulheres sábias em minha vida.

Harald Brixel era um ator austríaco que aspirava ser diretor de ópera. Entrou aos 30 anos de idade no Dramatic Workshop para aprender a arte de dirigir. Nós dois imaginávamos que estávamos encenando um romance wagneriano, enquanto estudávamos juntos as grandes óperas líricas nas aulas de Herbert Herzfeld de composição operística... até eu ficar sabendo que ele tinha mulher e filhos na Suécia. Escrevi um libreto para a aula do dr. Herzfeld sobre Cassandra abandonada por Apolo. No Workshop, Harald dirigiu a ópera *O segredo de Susana*, de Ermanno Wolf-Ferrari, da qual fui assistente de direção. Através desse trabalho adquiri experiência nas requintadas exigências de ritmo que a ópera exige, o que passou a animar toda minha experiência teatral desde então. Harald logo deixou os Estados Unidos, indo trabalhar na ópera de Salzburgo.

Foi Harald quem me deu, ao partir, três cadernos em branco, sugerindo que eu escrevesse um diário, o que comecei a fazer no meu 21º aniversário, em 4 de junho de 1947, e que venho mantendo desde então, o que dá uma sensação de ordem e forma à minha vida, e do qual meu *Caderno de Piscator* foi o protótipo, em muitos aspectos.

Ao lembrar de meus amigos do Workshop, percebo que recordo sobretudo o que aprendi com cada um deles, porque todos nós fazíamos parte da educação uns dos outros. E isso acontecia também devido à dedicação de Piscator ao processo coletivo.

Nem todos os estudantes compartilhavam de nossa visão. Acabada a guerra, a Declaração de Direitos dos Militares e as Escolas de Treinamento Vocacional garantiram privilégios educacionais a todos os que tinham servido nas Forças Armadas dos Estados Unidos. Com isso, o Dramatic Workshop experimentou um súbito influxo de novos estudantes. Alguns eram atores maravilhosos, como Harry Belafonte e Walter Matthau, que claramente compreendiam a intenção de Piscator, mas muitos tinham escolhido estudar teatro porque lhes pareceu ser uma opção menos pesada do que uma carreira acadêmica. Por que não ser ator? Poderia ser divertido. Mas a escola de Piscator acabava não sendo uma escolha assim tão fácil e alguns dos veteranos de guerra logo desanimaram. Com isso, a escola se dividiu entre nós, que éramos apaixonados pela arte e pela política, e os outros que participavam mais passivamente. Mas o talento, aquele dom inexplicável que nos fazia suspirar "Ah!", podia aparecer em qualquer lugar, inesperadamente, e nos maravilhar.

A quantidade de ex-alunos de Piscator que se destacaram em teatro, cinema e televisão é extraordinária e demonstra uma maior difusão de sua influência do que geralmente se reconhece. Entre eles, Marlon Brando, o mito; Harry Belafonte, cujos filmes sempre foram densos de conteúdo e crítica social, e que se tornou um ativista militante contra a guerra do Iraque; Rod Steiger, Walter Matthau, Harry Guardino, Jerry Stiller, Ben Gazzara (que recebeu o 18º Prêmio Erwin Piscator em 1995), Jack Garfein, Gene Saks e Louis Guss; Elaine Stritch[5], que falava de Piscator em seu *one-woman-show* na Broadway; Bea Arthur[6], que também falou do Dramatic Workshop em seu *one-woman-show*; Sylvia Miles, que inventou um ousado estilo burlesco; Vinette Carroll, Michael Gazzo – que fez o papel do Pavão em *Juno e o pavão*, no Workshop, e se tornou um dramaturgo de sucesso na Broadway, autor de *A Hatful of*

---

5 *Elaine Stritch at the Cafe Carlyle: Moving Over and Out* (Elaine Stritch no Café Carlyle: entrando e saindo de mudança) 2005-2013; estrela de musicais, ela ganhou o Tony e três Emmy. [N.T.]

6 *Bea Arthur on Broadway: Just Between Friends* (Bea Arthur na Broadway: entre amigos), indicado ao Tony em 2002. [N.T.]

Rain (Cárceres sem grades) – e Tony Curtis, que ficou famosíssimo.

Havia também Tennessee Williams, que fez o curso de dramaturgia e escreveu para Piscator pedindo um emprego. Piscator lhe respondeu: "Acho que é mais importante que você fique totalmente livre para escrever suas peças". Vaidoso, Tennessee esperava que o Workshop produzisse sua primeira peça, *Battle of the Angels* (A batalha dos anjos), montada logo depois, sem êxito, pela Theatre Guild, em Boston, antes do meteórico sucesso de Tennessee na Broadway.

Éramos um grupo extraordinário de colegas. Juntos, absorvemos mais da escola de teatro do que qualquer um que conheço.

MEU ESFORÇO PESSOAL PARA ENTRAR NO DRAMATIC WORKSHOP

Entrei no Dramatic Workshop cinco anos depois de sua criação. Em 1945, a Segunda Guerra Mundial tinha acabado. Aquela horrível provação que havia drenado as energias de todo o mundo e nos enchido de medo tinha acabado. Era o momento em que o medo dava uma chance à esperança, a uma retórica de otimismo, a uma poesia de otimismo.

Não foi fácil para mim conseguir pagar o Dramatic Workshop. A morte de meu pai em 1940, de leucemia, fez com que eu e minha mãe ficássemos sem um vintém e a escola custava 1.000 dólares. Solicitei uma bolsa de estudos e acabei recebendo um desconto de metade dos custos, mas ainda assim eu tinha de ganhar os outros 500 para cobrir a outra metade. Eu tinha dois empregos. Durante o dia, trabalhava na rede de lavanderias automáticas Consolidated Laundries, fazendo o pior dos serviços: abrir os sacos para contar as peças de roupa suja e lidar com toda a sujeira que as pessoas enfiavam em seus sacos de lavanderia. E à noite eu trabalhava como garçonete, cantora e recepcionista do Beggar Bar de Valeska Gert.

VALESKA GERT

Valeska Gert era a inovadora "bailarina grotesca" (*Grotesk-Tänzerin*) da vanguarda de Berlim na década de 1920, uma grande inspiração para os expressionistas. Ela costumava gabar-se de que havia sido a partir de seus gestos que Maiakóvski derivou o estilo de seu teatro construtivista. Ela também havia fugido da escuridão cultural do fascismo. Num subsolo da esquina das ruas Morton e Bleecker, em pleno coração do Greenwich Village, ela criou um cabaré numa adega minúscula pintada de preto, com o ambiente de um *kneipe* berlinense de 1920, mas sem licença para servir bebidas alcoólicas. Valeska, que havia interpretado Polly Peachum no filme de G. W. Pabst da *Ópera dos três vinténs* de Brecht e Kurt Weill, chamava seu cabaré de Beggar Bar (Bar do mendigo). Lá ela apresentava um repertório extraordinário de sátiras solo em seu estilo grotesco que ela chamava de "irregularidade" (*Unregelmässigkeit*).

VÍSCERAS LUNARES: MEU TESTE DE ATRIZ

Enquanto trabalhava nesses dois empregos, preparei meu teste de atriz para entrar no Workshop. Influenciada pelas performances de Valeska, criei uma dança dramática, representando meu poema "Lunar Bowels" (Vísceras lunares), sobre uma viagem à Lua, ou os riscos de aventurar-me no grande desconhecido. Era uma performance muito corporal.

Tive que apresentá-la primeiro para Maria Ley-Piscator, que me recebeu num longo de veludo azul em sua sala toda azul forrada de espelhos. Era o período azul de Madame. Na escola, Maria Piscator era sempre chamada de Madame. Um título honorífico em deferência às suas raízes europeias. Na juventude, havia sido primeira bailarina e vivido uma vida exuberante e cheia de aventuras, objeto de várias biografias e autobiografias. Madame viveu uma vida longa e, mesmo aos 100 anos de idade, continuava a falar em estabelecer o Dramatic Workshop II, um plano nunca realizado, mas que sempre fez parte de sua forte determinação de realizar o sonho de Piscator.

Cheguei muito apreensiva, mas ela reagiu favoravelmente à minha peça surreal. Saltei por aquele espaço azul sem qualquer inibição, como apenas uma jovem de 18 anos teria coragem, com todas as vocalizações bizarras que consegui pegar emprestadas dos guinchos e sussurros de Valeska Gert, junto com a lembrança de um disco arranhado que minha mãe gostava de tocar, do ator favorito dela, Alexander Moissi. Exclamei:

> Meu pé sobre a lua,
> meu pé sobre a lua escorregadia...
> [e deslizei pelo tapete azul dela até dar na parede espelhada]
> Sem gravitação
> danço
> e
> salto
> trinta metros!
> [e pareciam mesmo trinta metros quando saltei o mais alto que pude e aterrissei de bruços no tapete azul até...]
> Meu corpo (apenas ossos restam agora)
> chocalha na Lua
> como dados numa Mão Enorme.[7]
> [e me atirei, sacudindo com espasmos, por toda aquela sala azul]

Madame aprovou meu teste improvável e me autorizou a apresentá-lo para Piscator na semana seguinte.

Mas, naquela semana, houve uma crise no Beggar Bar de Valeska Gert. Foi fechado repentinamente pelas autoridades porque, não tendo licença para servir bebidas alcoólicas, Valeska servia uma mistura comumente vendida engarrafada nos armazéns, chamada *eggnog*, que contém um ligeiro traço de álcool "para dar sabor". Meu amigo garçom – que usava o nome artístico Françoise La Sœur, a pessoa que por sinal tinha me apresentado a Valeska – tinha

---

[7] "My foot upon the moon, / My foot upon the slippery moon... / Ungravitated / Dance / and / Leap / A hundred feet! / My body (bones alone left now) / Rattles in the moon / Like dice in a Big Hand." [N.E.]

sido preso por servir o tal *eggnog*. Implorei com veemência que ela pagasse a fiança, porque ninguém ali sabia, nem mesmo Valeska, que estávamos fazendo algo ilegal. Ela acabou pagando a fiança para ele responder em liberdade.

Mas daí La Sœur desapareceu para sempre de Nova York e Valeska acabou tendo que pagar a soma total, dez vezes maior que a fiança depositada. Tudo isso aconteceu naquela semana de meu teste com Piscator, quando eu estava apavorada com a ideia de finalmente encontrá-lo, depois de ter ouvido só louvores a ele, por tantos anos.

E agora... finalmente... segurei minha respiração diante da sala de Piscator, e quando a porta se abriu...

Quem saiu de lá foi Valeska Gert, com Piscator atrás dela. E ao me ver gritou com sua voz grotesca mais aguda: "Foi essa aí! Foi ela mesma! Foi ela que me fez pagar a fiança! Foi ela que me fez perder todo meu dinheiro! Foi tudo culpa dela!".

Aparentemente, Valeska tinha ido ver Piscator para pedir uma ajuda financeira durante a crise de La Sœur, e pelo jeito ele havia recusado. Temi que aquele fosse o fim de todas as minhas esperanças.

Com sua maneira digna e fria, ele me convidou a entrar em sua sala, ignorando a gritaria de Valeska. Eu estava abalada...

A sala de Piscator era o oposto da sala romântica de Madame. Era cheia de livros, tinha papéis espalhados por todo lado e, por trás da escrivaninha, um grande mapa do teatro de guerra. Ele havia espetado alfinetes coloridos delimitando os campos de batalha, marcando as linhas do fronte dos Aliados e do Eixo, e havia designado as cidades bombardeadas e indicado os avanços e retiradas das tropas.

Como ele era bonito! Sua cabeça nobre e platinada, como a escultura idealizada de um imperador romano: altivo, imponente, patriarcal, sábio.

Aquele era o escritório de um homem político. Nada ali era teatral; dramático, sim, mas somente no sentido de que a guerra é dramática. Diante de sua mesa espartana, dancei meu poema lunar, que acabou parecendo bem menos impressionante depois da explosão histérica de Valeska. Piscator gostou e ganhei minha bolsa para estudar no Dramatic Workshop.

1. Piscator.
2. Capa do programa do Dramatic Workshop de 1942.

3. *All the King's Men*
(Todos os homens do rei).

4. *As moscas*, com Piscator, Maria Ley-Piscator e elenco, incluindo Judith Malina.

5. Piscator diante do teatro de verão do Dramatic Workshop em Sayville, Long Island, com seus alunos, incluindo Marlon Brando, Rod Steiger e Bernie Schwartz (Tony Curtis).
6. Elenco de *Lisístrata*, incluindo Marlon Brando.

7. *Juno e o pavão*, com Judith Malina (última à direita), Gene Saks e Anna Berger.
8. Piscator com Maria Ley-Piscator, Saul Colin, Frances Adler e o elenco de *As moscas*.

9. Piscator trabalhando com uma maquete de cenário.
10. Estudantes com uma câmera cinematográfica.

11. Tony Curtis.
12. Harry Belafonte.

DRAMATIC WORKSHOP
THE NEW SCHOOL

CAPITOL THEATRE BUILDING
1639
DRAMATIC
WORKSHOP
AND
TECHNICAL
INSTITUTE
JUNIOR
DRAMATIC WORKSHOP

13. A entrada do Dramatic Workshop.
14. Estudantes diante da entrada do Dramatic Workshop.
15. Piscator debaixo de refletores.

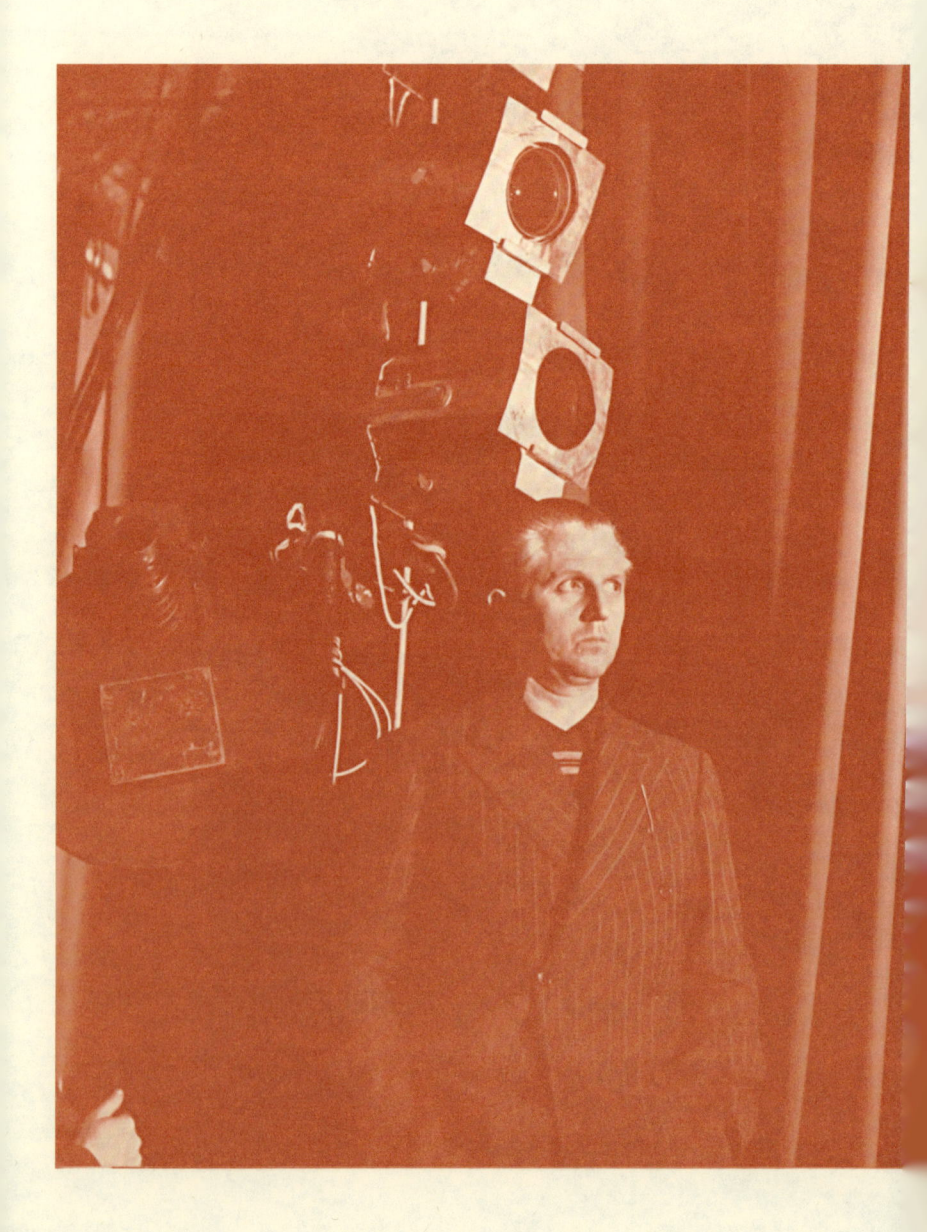

SEGUNDA PARTE

O CADERNO DE NOTAS

As aulas em que tomei estas notas tiveram como foco o ensinamento que Erwin Piscator e os outros professores procuravam transmitir, cobrindo as enormes lacunas entre os métodos de Stella Adler, Lee Strasberg, Raikin Ben-Ari, Herbert Berghof, Maria Ley-Piscator e do próprio Piscator.

Estas aulas não representavam nenhum método ou "escola", porém reforçavam o ator, não somente no corpo e na voz, como também na atitude mais profunda de seu ser, como artista: seu empenho, sua visão mais ampla e sua sensibilidade. Esse reforço podia então ser aplicado aos 100 mil recursos do ator, habilitando-o a oferecer sua contribuição pessoal ao trabalho coletivo.

Cada um de nós sabia que aquilo que estava aprendendo ali não era apenas um desenvolvimento de seu próprio potencial. Era também o meio pelo qual esse desenvolvimento não só podia, como na verdade devia, corresponder às necessidades e habilidades em geral de toda a companhia, da peça e do público, que era o que motivava a realização do espetáculo.

SEGUNDA-FEIRA, 5 DE FEVEREIRO DE 1945
No meu primeiro dia como estudante de teatro, tive a extraordinária experiência de encontrar um grande homem. Quando Erwin Piscator entrou na sala, sob o aplauso espontâneo dos estudantes, senti a presença palpável de uma personalidade. Ele nos deu as boas-vindas com um discurso introdutório informal sobre o poder artístico e político do teatro. Seu amor à arte chegou até mim na forma de um entusiasmo altamente construtivo, e presumi que o mesmo acontecia com os outros ao meu redor. Ele disse que as grandes revoluções foram muitas vezes inspiradas por obras de grande impacto, como *A cabana do Pai Tomás*, de Harriet Beecher Stowe[8], ou *Os tecelões*, de Gerhart Hauptmann[9]. Sua informalidade, combinada com

[8] *Uncle Tom's Cabin, or Life Among the Lowly* (A cabana do Pai Tomás ou a vida entre os humildes), romance abolicionista publicado em 1852, teve sucesso imediato, tornando-se um poderoso símbolo de libertação. Exaltando princípios morais antiescravocratas, ajudou a provocar a Guerra Civil estadunidense (1861-65). A vitória do Norte preservou a integridade da nação e aboliu a escravidão nos estados do Sul, que dividia o país desde a independência. [N.T.]

[9] *Os tecelões*, que estreou em 1892 no Novo Teatro de Berlim, relata a insurreição de 1848 de um grupo de tecelões da Silésia, na Europa Central, contra a política de livre-comércio do governo prussiano e a competição dos teares mecânicos vindos com a Revolução Industrial, que causavam um alto nível de desemprego. Warren R. Maurer, em seu livro *Understanding Gerhart Hauptmann*, comenta: "Para Hauptmann, arte e propaganda política eram contraditórias" a ponto de ele ter questionado os social-democratas: "Vocês não são nada além de socialistas? Não são também seres humanos? Por que vocês estranham tanto o que é humano?". E acrescenta: "É irônico que Brecht nunca tenha escrito uma peça [...] que tivesse tanta ressonância política internacional quanto *Os tecelões*". Maurer informa que, quando estreou no Théâtre Libre de Paris, em 1893, seu aspecto revolucionário foi enfatizado, fazendo enorme sucesso. Traduzida por Olga Ilyinichna Ulyanova, irmã de Lênin, "causou impacto não somente na literatura russa, como na própria Revolução Russa". Foi montada também nos Estados Unidos em 1894, por um grupo amador chamado Teatro Livre de Nova York, no Bowery Theatre, tendo no elenco o controverso agitador anarquista Johann Most. Pouco antes de uma apresentação marcada em Newark, New Jersey, onde havia uma greve contra a demissão de mil trabalhadores,

o ardor e o poder de suas ideias, levaram-no a fazer uma declaração meio de brincadeira, que me sinto tentada a adotar como lema: "O teatro é a coisa mais importante que existe, e quem não compreende isso é estúpido".

Depois desse e de outros discursos de futuros professores nossos, fomos todos almoçar juntos, aproveitando a oportunidade para nos conhecermos, já que o sr. Piscator enfatizou a importância dos atores se conhecerem bem para poderem criar em harmonia. Durante o almoço, vários dos alunos mais antigos improvisaram discursos, imitaram personalidades e apresentaram esquetes. O que me impressionou não foi a qualidade desses números, mas a atitude de olhar diretamente para a plateia. Havia uma segurança e prontidão nesses jovens atores, adquiridas em sua formação teatral, que parecia algo realmente admirável para quem tem medo de palco, como eu.

À tarde tive minha primeira aula. Foi uma aula de maquiagem, sobre o uso dos materiais e instrumentos adequados. Nosso professor, Leo Kerz, é um jovem inteligente e reservado, que, temo eu, será difícil conhecer melhor. Sua dignidade, cultivada e suave, coloca uma barreira entre professor e aluna. Tentarei superá-la. Numa breve palestra, ele enfatizou a necessidade de o ator dominar os usos da maquiagem em cena, que são três: 1) a preservação das próprias feições e personalidade, que as condições artificiais do palco e da iluminação alteram consideravelmente, atenuando-as ainda mais; 2) a caracterização, que engloba mudanças ou acentuações específicas das feições; e 3) a estilização, para certos tipos de peças.

Nossa segunda aula era intitulada peças em cartaz na Broadway. Somos, supostamente, inimigos do teatro comercial, mas ninguém falou da Broadway tão criticamente quanto eu acho que deveria, sobre sua falta de critérios e de integridade artística. O teatro, no sentido que Piscator dá a essa palavra, nem entrou em discussão. Mas

---

a peça foi proibida pelo comissário de polícia, que considerava "perigoso permitir que um agitador como Most pudesse acirrar ainda mais os ânimos exaltados". [N.T.]

Piscator considera importante compreendermos aquilo que o "outro lado" está fazendo. O professor, Alexander Ince, sendo ele mesmo produtor da Broadway, nos deu uma ideia das dificuldades em obter direitos de adaptar filmes para o palco e dividir a receita com os patrocinadores, uma negociação tão complicada que mais parece a conversa fiada que eu costumava ouvir quando ia de teatro em teatro procurando um papel na Broadway. Não fiquei nada surpresa quando ele nos disse que seu escritório fica no prédio do Sardi's[10].

Depois desse debate, alguns estudantes mais antigos leram, com certa frieza, o texto de uma nova peça, bem interessante, sobre uma mulher com cinco personalidades: a poetisa, a mãe, a vadia, a trabalhadora e a *socialite*. Todas admiravelmente interpretadas pelas jovens, que entraram imediatamente no espírito da peça e das personagens, com caracterizações adequadas aos seus papéis. Virginia Baker foi especialmente eficiente como a vadia. Embora tenha exagerado, conseguiu expressar a sutileza das nuances.

Seguiu-se uma aula de cenotécnica, um aspecto do teatro completamente novo para mim. Apesar de ter sempre admirado sua complexidade, jamais tinha pensado em querer dominá-la. A aula começou no semestre passado e entrei no meio do curso, mas o material foi tão bem explicado pelo professor Hans Sondheimer que acompanhei com facilidade. A aula era sobre cortinas teatrais, um assunto que não se pode cobrir completamente em duas horas. Eu tinha consciência da importância das cortinas, mas não de sua complexidade. Nunca fui muito habilidosa em coisas técnicas, porém tenho grande respeito por este curso, pois é tão importante para o ator conhecer o palco como é para o marinheiro conhecer seu navio.

Em nossa última aula do dia eu já estava um pouco cansada, porque nosso dia de trabalho foi de 12 horas cheias

---

10 Sardi's é um restaurante próximo a Times Square, famoso por suas paredes repletas de caricaturas de artistas da Broadway, onde a classe teatral se reúne em noites de estreia para esperar as críticas dos jornais na madrugada. [N.T.]

e, por volta das 20h30, eu estava desnorteada com tantas ideias e pessoas novas.

Mas a última aula era de direção, com Piscator. Estou ardendo de vontade de absorver tudo o que posso das ideias de Piscator para torná-las minhas. Ele falou da criatividade no trabalho do diretor e de como ele é proeminente em Hollywood, embora nem um pouco em companhias como a Comédie Française ou a Metropolitan Opera. Ele comparou o diretor teatral com o regente de uma orquestra, e o livro do diretor com a partitura. Depois ele falou longamente sobre a importância do livro do diretor. A primeira versão do livro do diretor, ele sugeriu, deve ter uma forma narrativa: uma história sobre o ambiente, as ações e as ideias sobre a peça. E a segunda versão deve ser um livro mecânico com marcações de cena, que irá se tornar mais tarde o livro do diretor de palco. Piscator perguntou então à classe qual seria o primeiro passo para montar uma peça. Um estudante provocou risadas com sua resposta: "Ler a peça!". Mas Piscator concordou com ele, fazendo notar que a maioria dos diretores não lê as peças corretamente.

Chegou mesmo a contar sua própria experiência em julgar mal uma peça que, no fim, ele compreendeu que tinha méritos, mas somente depois de lê-la dez vezes. Nesse ponto um estudante interrompeu, dizendo que quando lê uma peça ele sabe se é boa ou não e, quando não se sente atraído, nem acaba de ler. Piscator comentou que esse era o perfeito exemplo da inabilidade para ler uma peça. Discutimos então a atitude adequada para ler uma nova peça do ponto de vista do diretor. Depois de ler a peça, deve-se tentar assimilá-la e senti-la interiormente. Em seguida, é preciso visualizar algumas cenas e deixar que certos personagens tomem forma, até finalmente chegar à análise do enredo e dos personagens, e dividir o texto em seus elementos constituintes. Terminamos o dia com essa aula. O dia mais cheio de minha vida, confirmando a impressão geral de que "o teatro é a coisa mais importante que existe".

TERÇA-FEIRA, 6 DE FEVEREIRO DE 1945

Minha primeira aula de hoje foi de pesquisa teatral, com Piscator, sobre como estabelecer uma filosofia do teatro. Mas na verdade acabou sendo uma aula de crítica teatral. Piscator explicou que a crítica teatral é uma arte nobre, como a praticada por Aristóteles e Gotthold Ephraim Lessing, e não a prática ignóbil dos críticos de jornal de nossos dias. A crítica não é meramente um julgamento positivo ou negativo, como o jovem que disse ontem que "ou gostava ou não gostava de uma peça ao lê-la ou assisti-la pela primeira vez, e ponto". A crítica é algo muito mais objetivo. Para criticar precisamos primeiro aprender a pensar dialeticamente, aprender o pensamento hegeliano. Porque todos somos preconceituosos, pela nossa riqueza ou pobreza, pela nossa herança burguesa, pela cultura dominante, ou por fazer parte de uma minoria, ou da maioria. A influência do meio ambiente está presente e se mostra em nossos julgamentos. Somente quando separamos nossos preconceitos "e consequentemente nossas convicções do nosso julgamento é que fazemos uma crítica justa".

Ele continuou a falar do que constitui o teatro, dizendo que o público é parte integrante da peça. Aqui Piscator rompe com Stanislavski, pois Piscator sente que o público não só deveria ser levado em consideração pelo ator, como na verdade se tornar seu confidente, enquanto o método de Stanislavski é um modo para o ator entrar no personagem e se esquecer da plateia. Piscator sente que o teatro ideal deveria ser apresentado para espectadores sentados em pequenas escrivaninhas, aos quais seria permitido interromper e pedir para repetir uma palavra, ou perguntar o significado de uma frase, quando quisessem. Não acho que eu gostaria de atuar no teatro ideal do sr. Piscator. Mas, daqui a dois anos, talvez eu pense diferente.

Piscator não admite "efeitos externos", que ele classifica como entretenimento. Nisso ele criticou o teatro da Broadway, dizendo que, ao funcionar exclusivamente para obter efeitos externos, adquiriu o estilo superficial predominante de agora. Ele concluiu sua aula declarando que a religião, que antes unificava a vida humana, oferecendo ideais mais elevados do que meros fins materialistas, está cada vez mais perdendo seu poder como vínculo comunitário. É aí que entra a arte, é aí que entra o teatro, para dar vigor e beleza ao nosso mundo, como fazia a religião no mundo medieval.

Minha segunda aula foi de marcha do drama, na qual os estudantes mais antigos discutiram *Natan, o sábio* para uma futura produção. Durante a leitura, Virginia Baker, mais uma vez, provou que domina sua arte.

Então, diante da assembleia solene composta pelo sr. e pela sra. Piscator, Raikin Ben-Ari, Chouteau Dyer e os outros professores, Piscator nos convidou a repetirmos nossos testes de ator, dizendo que seria um bom modo para os alunos mais antigos conhecerem a nova classe. Repetir meu teste?! Diante de todos os meus colegas? Fiquei apavorada de novo. Mesmo assim, achei que seria divertido mostrar minha bizarra performance expressionista, contrastando com os convencionais testes de ator deles. Admirei seus monólogos de O'Neill, Arthur Miller e Tchekhov. Houve duas apresentações excepcionais: uma cena emocional, interpretada por uma jovem chamada Arla Gild, e uma bela leitura do monólogo de Edmundo, em *Rei Lear*, sobre sua condição de filho bastardo.

Daí chegou minha vez. O sr. Piscator tinha avisado os outros estudantes que não "atuassem" tanto, então comecei com ligeira apreensão, mas depois atirei meu corpo vagarosamente através do espaço e deslizei meu pé ao longo do piso polido do estúdio de dança e exclamei, com força e dureza: "Meu pé sobre a lua...". Caindo para frente, atuei o pesadelo claustrofóbico, usando a voz e o corpo.

Depois de cada apresentação, Piscator desafiava o estudante com perguntas bruscas: "Por que você quer ser ator?", "O que você tem tanto a dizer que gostaria de declarar de pé para todo mundo ouvir?", "O que você pensa que irá conseguir realizar em seu trabalho como ator?", "Qual é sua posição política?".

Ele era atrevido e perguntava diretamente. E nos disse com seu jeito professoral de diretor: "Você não tem o direito de ficar de pé diante do público, no meio do palco, sob os holofotes, e exigir a atenção dele somente porque você fala bonito, ou se move graciosamente, ou consegue fazer rir ou chorar. Você só pode exigir a atenção do público se tiver algo que estiver ardendo de vontade de comunicar".

Como minha cena foi uma das últimas, tive tempo de preparar minha resposta aos desafios de Piscator. "Sou pacifista!", disse a ele, certa de que isso bastaria para responder a todas as suas perguntas. "Eu também", respondeu ele, com certo desdém. "Mas que tipo de pacifismo você imagina num mundo em guerra? Que tipo de sociedade você pode sugerir que seja uma sociedade de paz? Como você organizaria a vida, a alimentação, o trabalho e a distribuição da água num mundo pacifista?"

Fui surpreendida. "Eu... não sei...", respondi, com a mesma humildade de Piscator na trincheira de Ypres, quando disse ao sargento que era ator. "É isso que eu tenho de estudar", ousei responder.

E é o que farei, durante meus estudos de arte dramática, estudarei as respostas às perguntas de Piscator.

Piscator disse que tinha gostado de meu poema. Aplaudiu, mas não teceu nenhum outro comentário.

Depois encontramos um grupo de atores da companhia The Hedgerow Theatre, inclusive seu inspirado diretor, Jasper Deeter. Ele fundou o Hedgerow em 1923. É a mais antiga companhia de teatro de repertório dos Estados Unidos. O Hedgerow é um "pequeno" grupo de teatro, mas Piscator diz que os teatros "pequenos" deveriam ser chamados de "grandes" e a Broadway é que deveria ser chamada de teatro "pequeno". O Hedgerow é um "grande" teatro devido ao seu elevado padrão idealista do qual, segundo a introdução feita pelo seu representante, ele não se desvia. Existe há 20 anos sem nunca ter tido um sucesso financeiro ou de crítica, mas é um grupo íntegro, que vive em comunidade e trabalha em completa união. Uma empreitada admirável, se suas produções forem mesmo de nível tão elevado quanto seus padrões.

A última aula que tivemos hoje foi cenografia, com o sr. Leo Kerz. Ele disse que um dos grandes erros do teatro era "julgar novos métodos por velhos padrões". Justificando a inclusão de um curso de cenografia num curso de interpretação teatral, procurou demonstrar que a diferença entre o drama antigo e o moderno é que o antigo consistia em ação e personagens, enquanto o novo é composto de ação, personagens e cenários. A cenografia inclui um sentido de tempo, ambientação, influência do período histórico, da política e outros fatores. O onde e o porquê devem ser demonstrados por "provas circunstanciais". Uma tragédia grega ou shakespeariana pode ser encenada com figurinos contemporâneos. Hamlet e Julieta podem adquirir um significado atual, mas não se pode montar *Awake and Sing!* (Desperta e canta), de Clifford Odets, ou *Street Scene* (No turbilhão da metrópole), de Elmer Rice, em roupagem clássica. O teatro moderno acrescentou uma dimensão visual à antiga arte auditiva. A cenografia tem sua origem no mesmo impulso que transformou o ator, daquele orador mascarado, sobre pernas de pau, numa pessoa real, que vive experiências reais em cena. Começamos então a discutir os méritos e deméritos de Oscar Wilde, George Bernard Shaw e Shakespeare, e a diferença entre boas peças e boa literatura, que, como descobrimos, é considerável.

QUARTA-FEIRA, 7 DE FEVEREIRO DE 1945
Movimentos de dança, com Maria Ley-Piscator, foi minha primeira aula de hoje. Ela começou com a respiração. Pediu que concentrássemos a respiração na coluna vertebral e a enviássemos para os lados, o que escapava um pouco à minha compreensão. Os exercícios na barra, *pliés* nas posições 1, 2, 3, 5 e alguns movimentos com os pés, foram suficientemente simples e maravilhosamente estimulantes. Madame Piscator explicou a importância dos movimentos de dança para o palco, do relaxamento que se ensina na dança moderna, e do controle exigido pelo balé, coisas necessárias ao ator. Devemos, portanto, usar todas elas. Ela demonstrou como os ombros levantados evidenciam tensão e como abaixar os ombros é um bom método para superar a tensão no palco. Demonstrando as diferenças entre movimentos interiores e exteriores, ela nos mostrou como estes últimos se lançam contra a gravidade. A pessoa deve "crescer" a partir da pélvis, livre e elasticamente, como uma flor de seu cálice, em vez de "sentar-se em seu corpo" como acontece em idade avançada. O centro energético situa-se no plexo solar, que é o centro do corpo, e não no quadril,

nos braços ou nas mãos; e todos os movimentos devem ter início ali (nuances de Isadora Duncan). Terminamos a aula fazendo alguns movimentos com os braços e exercícios de flexão. Tudo isso bastou para dar-me uma rigidez agradável, embora dolorida. Ela explica claramente suas indicações e acho que conseguirei avançar bem nessas aulas.

Depois tivemos uma aula de pantomima na qual o sr. Ben-Ari pediu que improvisássemos. Tendo trabalhado com o Teatro de Arte de Moscou e com o Teatro Habima, Ben-Ari continua um grande devoto de Stanislavski, e nos explicou o sentido da memória sensorial. Pediu às alunas para entrarem numa sala, vindo de uma tempestade, tirarem seus casacos molhados e irem se aquecer na lareira. Inicialmente, nenhuma de nós conseguiu, mas as sugestões de Ben-Ari nos ajudaram a ser mais realistas, procurando realmente sentir o frio...

Piscator tinha pedido aos novos alunos de interpretação que não fizessem o curso de direção, a menos que já tivessem tido alguma experiência como diretores. Teimosa e extremamente ambiciosa como sempre, fui até o escritório dele pedir permissão para cursar as aulas de direção. Piscator olhou-me com frieza. Ele não tem grande consideração pela capacidade de persistência das mulheres nas chamadas "profissões masculinas". Implorei a ele, engolindo minha humilhação diante daquela opinião negativa sobre minhas qualidades, apenas por eu ser mulher, e, um tanto relutante, ele me permitiu fazer o curso de direção. Essa relutância em admitir-me nesse curso significa que devo trabalhar muito mais arduamente, pôr a leitura em dia e, ao mesmo tempo, manter um alto padrão no meu trabalho de atriz. Mas isso também me garante que serei capaz de estudar não somente atuação, como também cenografia, administração teatral, iluminação e, acima de tudo, tomar valiosíssimas lições de direção com Piscator.

Chouteau Dyer, a assistente de Piscator, levou os aspirantes a diretor a uma sala de conferências onde todos ficamos apavorados, eu mais do que ninguém, com a perspectiva de entrar num curso avançado no meio do semestre. Pede-se aos alunos de direção que planejem e executem uma produção para a marcha do drama, todas as sextas-feiras. Pelo que vi até agora, o nível dessas produções é bem superior às minhas habilidades, mas pode ser que, depois que conseguir superar o medo, eu também ouse dirigir uma produção.

Depois da aula, comprei o livro *Fundamentals of Play Directing* (Fundamentos de direção teatral), de Alexander Dean, usado nas aulas de Piscator. Há tanta coisa para ler, inclusive para recuperar meu atraso em relação ao resto da classe!

Às 8h30 entrei na aula do dr. Paul Zucker, estilos através das eras. Já tinham me avisado que o dr. Zucker era "o homem mais erudito do mundo", mas sua aula fez com que eu me arrependesse do ceticismo com que eu tinha considerado aquela opinião. Zucker não falou sobre teatro, mas é maravilhoso que o Dramatic Workshop tenha essa visão de exigir que os alunos de teatro façam o curso de um historiador da arte para estudar os períodos em vez das produções e personalidades de cada época. Iniciando o novo semestre com a renascença, Zucker explicou que a forma de expressão renascentista é a pintura, assim como a arte dramática era a forma da época elisabetana, a arquitetura a dos tempos romanos, e nos tempos modernos o romance. Rafael e Da Vinci eram a suprema expressão do estilo renascentista, embora um homem possa ser grande em seu tempo sem pertencer ao seu tempo. Brahms compôs no século XIX, mas sua música expressa o estilo de Brahms e não o do século XIX. Mozart, que compôs no século XVIII, expressa o estilo de seu século com perfeição e o reflete em sua música.

Em seguida, o dr. Zucker projetou alguns *slides*. Começou com um mosaico bizantino primitivo da *Última ceia* e mostrou como os tempos e estilos influenciaram o desenvolvimento desse tema, levando ao epítome de sua realização na obra-prima de Da Vinci. Ele nos mostrou estudos de anatomia, arquitetura e ciências realizados por esse gênio versátil da renascença. Depois ele nos mostrou as *Madonas* de Rafael, desde a terrena *Madona da cadeira* até a celestial *Madona da Capela Sistina*. Um exemplo interessante do estilo renascentista é demonstrado em *O casamento da Virgem* de Rafael e numa pintura do mesmo nome de Perugino, professor de Rafael. O edifício ideal do Renascimento constitui o fundo dessas duas pinturas. Esse edifício ideal era construído de modo a parecer igual de todos os lados e por qualquer entrada. As portas e os arcos eram construídos simetricamente. Essa palestra com *slides* foi a última aula do dia.

QUINTA-FEIRA, 8 DE FEVEREIRO DE 1945
Minha primeira matéria desta manhã foi uma aula de voz com uma jovem, a srta. Gloria Montemuro. Depois de ouvir vários estudantes, ela discutiu com cada um seus problemas de fala. A mim, disse que eu preciso trabalhar muito no controle respiratório, algo de que tenho consciência, claro. Mas ela também me pediu para colocar mais voz nos meus "emes" e nos meus "enes" finais para evitar nasalização. Não vejo o menor sentido nisso, no meu caso. Depois, ela me disse que aspiro exageradamente minhas vogais em palavras como "stop". Não quero discordar de meus professores, especialmente sobre assuntos em que eles são os melhores conhecedores, mas a óbvia feiura de alongar um "m" ou "n" final e a depreciação de uma final aspirada não são, a meu ver, características desejáveis no falar. Enquanto isso, devo me controlar para pressionar minha respiração internamente. Parece que andei respirando feito tonta a vida inteira e agora devo respirar usando o diafragma (situado onde sempre pensei que ficava meu estômago), em vez de aspirar o ar ao acaso e irracionalmente. Durante o resto da aula procurei ler, desesperadamente, a segunda parte do *Fausto* de Goethe, que devo terminar até sexta-feira para a aula de marcha do drama.

Em seguida tivemos um encontro com a orientação da escola para escolher nossos cursos técnicos. Pedi para fazer cenografia e figurinos – com a esperança de que minha experiência em *design* de joias pudesse ser útil quando aplicada ao teatro. Durante as entrevistas dos alunos, consegui ler um pouco do *Fausto*.

Em seguida, assistimos a mais uma aula do brilhante dr. Zucker em seu curso de história e sociologia do teatro. A primeira palestra foi sobre o teatro da Antiguidade. Zucker explicou que a dramaturgia grega teve início em cultos de magia e rituais religiosos. Havia deuses que precisavam ser aplacados e a intenção do coro, movendo-se diante do templo, era pacificar esses deuses. Com o tempo, foi introduzido um diálogo entre o protagonista e o corifeu. O protagonista era o "questionador" que estabelecia um diálogo com o coro. Foi ele o primeiro ator. O segundo ator só foi aparecer bem mais tarde, no tempo de Ésquilo, e o terceiro foi introduzido por Sófocles. Zucker demonstrou como esses autores que criaram os meios próprios do teatro alcançaram alturas poéticas jamais superadas por qualquer dramaturgo em períodos posteriores. Zucker projetou então alguns *slides* sobre a evolução do anfiteatro grego, desde um semicírculo diante de um templo a Dionísio até o teatro romano com dois andares de colunas, como o Teatro Antigo de Orange, na França. Mostrou-nos também máscaras de tragédia e de sátira, que também serviam como megafones. Os gregos, cujo teatro surgiu originalmente, sem ser influenciado nem adulterado, atingiram, à sua maneira, uma perfeição técnica bem superior à de nossa época.

A última aula do dia foi de figurinos, com Leo Kerz, que traçou a história do vestuário a partir do Egito. Discutimos a diferença entre figurino teatral e roupa. O figurino é um empenho decorativo do vestir. Ele salientou a falta de utilidade das roupas contemporâneas, no que foi pesadamente contestado, mas é o que acontece, na verdade. É essa exatamente a questão abordada na atual exposição de Ad Reinhardt no Museu de Arte Moderna intitulada *Are Clothes Modern?* (Roupa é moderno?). As roupas, mesmo hoje em dia, são regidas por convenções, tabus e impulsos primitivos. Kerz pediu-nos para ler algo sobre a civilização egípcia para nos prepararmos para sua próxima aula.

SEXTA-FEIRA, 9 DE FEVEREIRO DE 1945
Nesta manhã tivemos nossa primeira aula de interpretação com o sr. Ben-Ari. Os livros de Stanislavski *Minha vida na arte* e *A preparação do ator* não me pareceram ser um farol

203 HISTÓRIA E SOCIOLOGIA DO TEATRO

15 semanas, outono e primavera.
Terças-feiras, 20h30-22h15. US$ 20,00   Paul Zucker
Aulas ilustradas com projeção de *slides*.

OS ELEMENTOS
(semestre de outono, a partir de 8 de outubro)
O palco de hoje é visto como o passo mais recente de sua evolução histórica e o objetivo do curso é encontrar os meios de expressão mais apropriados e eficientes para nossa época. Tendo isso em mente, analisa-se a sociologia do público nos vários períodos, sua influência no estabelecimento teatral, os tipos de ator, a forma do palco, as técnicas cênicas etc., mostrando como cada época encontrou sua própria expressão cênica em termos da cultura contemporânea.

I O ator 1. Psicologia, corpo, personagem, a influência destes na concepção da personagem e na interpretação da peça.
II O ator 2. Tipos básicos, limitações artísticas: elenco. As várias possibilidades de expressão. O ator individual e a peça em grupo.
III O público 1. Diferenças sociológicas e variedade de interesses teóricos, reações comuns.
IV O público 2. Diferentes períodos históricos: sua influência na forma da literatura dramática.
V Sociologia do teatro norte-americano de hoje. Broadway, comunidade, teatro universitário, teatro itinerante de verão. Teatro experimental. Bilheteria, entretenimento, literatura.
VI Meios artísticos do palco através das épocas. Palavra, gesto, cenário.
VII Estilos de representação 1. Realismo e naturalismo.
VIII Estilos de representação 2. Simbolismo, vários aspectos de estilização, abstração, condensação, seus meios técnicos.

IX Função da cor e da luz. Significado realista e simbólico. Psicologia da percepção.
X Forma e espaço no palco. Perspectiva, dimensão, escala. Níveis.
XI Figurinos e cenários. Fidelidade arqueológica *versus* verdade artística.
XII Instrumentos do palco. Adereços, componentes do cenário, coxias, pano de fundo, parede transparente, palco giratório, esteira rolante, projeções.
XIII Teatro e cinema 1. Diferenças de formas artísticas e percepção.
XIV Teatro e cinema 2. Diferença de meios artísticos.
XV Conclusões.

HISTÓRIA DO TEATRO

(Semestre de primavera, a partir de 4 de fevereiro).

I As raízes. Brincadeiras infantis: o disfarce, a máscara. Cerimonial. Mágica e pantomima.
II Teatro grego. Diálogo e função do coro. A forma da cena. O início da dramaturgia.
III Teatro romano. O maquinário. Pantomimas.
IV O teatro dos mistérios e autos da Paixão. Milagres e moralidades da Idade Média. Origem litúrgica.
V O teatro da renascença. *Intermezzi* e *trionfi*.
VI A *commedia dell'arte*. Farsa. Tipos eternos; figurinos.
VII O palco elisabetano e o teatro da restauração inglesa. Inigo Jones.
VIII A ópera, sua história e estética. Necessidades específicas do palco da ópera, baseada na integração de ação, música e cenografia.
IX Dança e balé. Suas formas artísticas específicas.
X O teatro barroco na cena internacional. Ilusão e maquinário. Os grandes arquitetos do palco. De

Furttenbach aos Bibiena. A influência do teatro dos jesuítas.

XI O teatro do século XIX. Classicismo e romantismo. O estilo acadêmico. O Teatro Meininger. O início do naturalismo.

XII O naturalismo e a história do teatro naturalista. De 1890 aos dias de hoje.

XIII A revolução do palco moderno. Gordon Craig e Adolphe Appia.

XIV O teatro experimental da atualidade. Influência do teatro russo.

XV O teatro épico. Erwin Piscator.

Programa das palestras de história e sociologia do teatro, semestres de outono e primavera, com Paul Zucker.

para o trabalho do ator quando os li, três anos atrás. Mas a maneira como Ben-Ari aplica os princípios de Stanislavski é um experimento fascinante e instrutivo. Ben-Ari pediu-nos para falar sobre nossos problemas de interpretação teatral e nos encheu de esperança quando disse que nenhum deles era insuperável. Pediu então a Barbara Sisson que lesse para nós um artigo escrito pelo grande ator italiano Tommaso Salvini, intitulado "Studying My Art" (Estudando minha arte), publicado na revista *Theatre Workshop*. Salvini descreve como começou a estudar os clássicos, aprendendo o estilo e a grandiosidade poética, e familiarizou-se com as grandes figuras de todas as eras. Estudou também o amor e o ódio, o desejo e a vingança, a bondade e a crueldade e as outras paixões humanas, o bem e o mal, e aprendeu a observar e relembrar as maneiras, os movimentos e as expressões conectadas a cada uma delas. Estudou as pessoas e a história para poder criar, quando solicitado, uma personagem de ficção ou então interpretar uma figura histórica, conferindo uma personalidade diferente a cada uma delas. O artigo terminava aconselhando "estude e estude, estude sempre". Isso, afirmou Ben-Ari, deveria ser para nós a bíblia do ator.

Discutimos as justificações, tomando como exemplo a arte de escutar. É desnecessário inclinar a cabeça e arregalar os olhos. Ouvir genuinamente é muito mais eficiente. Na vida real, olhamos sem ver e escutamos sem ouvir. Enquanto alguém, na sala ao lado, dava pancadinhas na parede, ninguém soube dizer com precisão quantas batidas tinham dado. Depois Ben-Ari pediu-nos para falar e ouvir simultaneamente. Como estávamos concentrados em ouvir, falamos devagar e em tons baixos. Mas quando Ben-Ari nos disse que na sala ao lado nossos caros amigos e professores jaziam mortos, nosso falar baixinho passou a fazer sentido e nossa escuta se tornou verdadeira. É isso que ele chama de "motivação".

Numa lição de observação, cada um de nós descreveu um objeto que viu no palco, sem olhar para ele. Ben-Ari explicou que essas descrições físicas teriam sido muito diferentes se o objeto tivesse um sentido especial. Por exemplo, se houvesse sobre a mesa que estivéssemos descrevendo a arma de um assassino, ou se estivéssemos interessados em comprá-la ou vendê-la... Também nesse caso a motivação oferece um sentido a nossas palavras ou ações. Quando as ilustramos nesses exercícios, as ideias de Constantin Stanislavski são estupendas.

Nossa aula seguinte foi de interpretação, com uma charmosa atriz europeia, Margrit Weiler, que atuou tanto em papéis clássicos como em papéis que realçam seu *sex appeal* evidente. Enquanto Ben-Ari nos ensina improvisação, Margrit Weiler nos ensinará interpretação de textos. Hoje ela pediu para repetirmos nossos testes de ator, que criticou em seguida, fazendo todos melhorarem visivelmente. Ela ensina menos do ponto de vista teórico e mais a partir da experiência do ator. Ela me pediu para não repetir meu teste porque disse que já estava muito "polido", mas disse que provavelmente terei uma oportunidade de ler, na próxima aula. Tenho certeza de que vou aprender muito com essa mulher animada.

Na sessão da tarde de marcha do drama, tivemos o último ensaio do *Fausto*. Eu disse que tinha lido a peça (apesar disso ter acontecido anos atrás) e Miss Dyer pediu-me para contar a história. Eu não estava indo tão mal, apelando para a memória, quando Piscator entrou na sala e eu imediatamente me arrependi de não ter acabado de ler de novo a peça. Ele não me interrompeu, e lá fiquei eu, diante dele, de Piscator, que a tinha dirigido e nela atuado, que a conhecia praticamente de cor, e eu tendo de contar uma história lida anos atrás! Devo considerar o fato de eu ter conseguido me safar como o supremo blefe bem-sucedido. Mas acabarei de lê-la entre esta noite e amanhã, para não ter mais de enfrentar uma situação como essa.

Esther Nighbert então nos falou sobre a montagem do *Fausto* que ela dirigiu para a marcha do drama desta noite. E apresentou a cena do céu com Eugene Van Grona fazendo o papel de um Mefisto encantador, depois a cena do pacto com Bob Carricart, um Fausto jovem mas cheio de energia. A cena do jardim dava uma versão de Mefistófeles de *vaudeville* a que Piscator objetou e, apesar da boa interpretação da jovem no papel de Marta, Piscator exigiu que a cena fosse cortada esta noite. Então, como disse Esther Nighbert, passando do ridículo ao sublime, tivemos a cena da masmorra, com Virginia Baker no papel da infeliz Margarida. Virginia e Bob Carricart fizeram a cena sinistra com estilo e poder. A cena entre Mefisto e o jovem estudante foi interpretada como uma alegoria do Dramatic Workshop. O estudante, assim como eu, "queria especializar-se em tudo".

À noite, em sua palestra sobre Goethe, John Gassner demonstrou como o movimento do romantismo correspondia aos movimentos revolucionários da época e fazia parte deles. Os românticos se interessavam pelo indivíduo, pelos horizontes ilimitados da humanidade e pelo objetivo do ser humano. Também na forma de escrever, eles queriam a mais completa liberdade. No *Fausto*, Goethe cumpriu esses dois ideais românticos, embora negasse pertencer ao movimento, preferindo o estilo clássico ao romantismo. Seu *Fausto* é a história da ascensão do indivíduo à grandeza, sua busca, sua luta e sua bem-sucedida conquista da felicidade espiritual: "E em solo livre ver-me em meio a um livre povo"[11], que é o epítome da aspiração revolucionária. Também na forma, *Fausto* é errante, livre das unidades de tempo, lugar e ação. A apresentação foi prefaciada por Chouteau Dyer, que leu um breve ensaio de Goethe sobre o diletantismo[12]. Agora devo preparar uma

---

11 Trad. Jenny Klabin Segall, Editora 34. [N.E.]
12 "Über den Dilettantismus" (1799). [N.T.]

crítica da encenação para a aula de pesquisa teatral de terça-feira de manhã.

TERÇA-FEIRA, 13 DE FEVEREIRO DE 1945
Conselho de diretores, com muito medo de não conseguir dar conta do que me foi pedido. Recebi dois cargos. Sou assistente da diretora de palco em *Natan, o sábio* e assistente de figurino em *O doente imaginário* de Molière.

Na aula seguinte, de pesquisa teatral, novamente com o *cher Maître*, discutimos a última produção, *Les Corbeaux* (Os corvos), de Henry Becque, e todos os atores declararam que não gostaram da peça. Piscator disse que isso era bobagem. Charles Zimmermann fez Teissier, o personagem principal. Ele disse que inicialmente não gostou do papel e não estava conseguindo encontrar um modo de interpretá-lo. Decidiu então lê-lo caminhando para ver se o personagem podia ser abordado fisicamente. Encontrou-se numa posição curvada para frente. Naquela postura, ele percebeu toda a personalidade de Teissier e com isso conseguiu criar o papel com bastante sucesso. Piscator disse que ali estava um exemplo de como encontrar um papel através da postura, que ele normalmente considera um elemento superficial. Elaine Stritch, que interpretou a Mãe, disse que não tinha gostado nem do papel, nem da peça. Priscilla Draghi, que havia sido muito convincente como Blanche, disse que, para uma jovem de agora, era difícil crer na atitude de Blanche.

Seguiu-se uma discussão na qual os rapazes achavam que uma moça poderia ter se comportado daquela maneira, enquanto as alunas protestavam, dizendo que uma jovem de hoje ou lutaria pelo rapaz ou desistiria dele por livre vontade. Louis Guss, que fez o papel do Pai, disse que não tinha sentido nenhuma intimidade de relacionamento familiar com o resto do elenco. Outro estudante contou uma história relevante sobre o Group Theatre. Certa vez, Morris Carnovsky não estava conseguindo sentir que o elenco era a família dele, até perceber que tinha atuado com os membros daquele grupo por tantos anos que eles *eram* sua família! Louis poderia ter assumido aquela mesma atitude. Ele mencionou que não se sentiu confortável no cenário, como tinha se sentido em *A assunção de Hannele*. Piscator perguntou se ele se lembrava como tinha conseguido obter aquela sensação. Louis explicou que tinha caminhado sozinho entre os adereços da peça até acreditar neles.

Depois outro aluno leu sua crítica do *Fausto*, notável pela clareza e também pela complexidade. Falou de Goethe de maneira inteligente, talvez demasiadamente intelectual. Hipercrítico da produção, ele achava que nem deveria ter sido tentada, enquanto eu tinha achado excelente, dadas as limitações de uma produção escolar. Ele achou que o Mefistófeles de Eugene parecia um barbeiro francês. David, que trabalha aqui há mais tempo e conhece melhor a escola, fez uma crítica muito mais favorável. Depois dessas explosões de expressão analítica, hesitei em apresentar meu ensaio para Piscator, que disse que gostaria que eu tivesse lido minha crítica.

Depois do almoço, tivemos uma aula de marcha do drama que foi um ensaio das nossas cenas. Algumas leituras de *Natan, o sábio* foram muito boas, as de Louis Guss como Natan, Virginia Baker como Recha, Esther Nighbert como Daya e, com uma voz especialmente apropriada, Jimmy Walsh como o Templário. Chouteau Dyer falou da *Fedra* de Racine e recomendou que a lêssemos em francês, se possível. O Workshop tinha produzido *Fedra* alguns anos antes. Ouvimos então uma gravação de Sarah Bernhardt dizendo o longo monólogo do primeiro ato. Inicialmente, parecia nada menos que uma galinha amargurada, mas depois de ouvir umas vinte vezes e ler junto com ela a gente parava de ouvir as interferências do disco arranhado e se acostumava com o deslizar do ritmo clássico, percebendo a beleza da interpretação de Sarah Bernhardt. Chouteau explicou que a musicalidade intraduzível do texto em francês deveria forçar-nos a ler o monólogo em voz alta. Só assim conseguiríamos ignorar nosso francês escasso, assim como conseguimos ignorar a qualidade precária da gravação.

A aula seguinte foi de cenografia. O sr. Kerz disse que o cenógrafo deve pensar no público e que os atores nunca entendem o que pode ou não afetar as pessoas, nem como. A impressão que o público tem de um cenário é apenas se ele é bom ou não, sem levar em conta os meios técnicos ou as dificuldades para obter o efeito desejado.

 Victor Hugo disse que há três tipos de pessoas que vão ao teatro: os pensadores, que querem caracterização; as mulheres, que querem paixão; e as multidões, que querem ação. Leo Kerz acredita que o público moderno não vai ao teatro para ver a peça, mas para se comover. Ao ler um romance ou contemplar uma pintura, estamos sós e nossa reação é individual; mas no teatro, como não estamos sós, rimos e choramos com os outros. Se todos os indivíduos de uma plateia assistissem à peça sozinhos, não ririam, mas como membros de um público, riem. O crítico, que torna as noites de estreia um tormento para os atores, é exasperador exatamente por isso: ele se mantém à parte do público e não tece seu julgamento em termos do espírito coletivo. Shakespeare sempre teve isso em mente nas suas peças, porque mesmo num drama intelectual como *Hamlet* ele alimentava o público com lutas e adagas envenenadas.

 No final da aula, Kerz enumerou três tipos de dramaturgia. Em meados do século XVII, a dramaturgia retórica; no século XVIII, a dramaturgia convencional (que ainda existe, em peças como as de Noël Coward); e nos séculos XIX e XX, a dramaturgia da ilusão, da qual servem de exemplo todas as peças da Broadway, *hélas*!

QUARTA-FEIRA, 14 DE FEVEREIRO DE 1945
Aula de voz às 10 horas da manhã é algo que não me ajuda a despertar. A srta. Montemuro explicou novamente as partes técnicas da fala, dando longos nomes aos órgãos da fonação, e novamente nos fez respirar usando o que eu pensava ser meu estômago, mas que na verdade é o diafragma. Depois de praticar, agora consigo expandi-lo, inalando, embora me sinta atordoada quando tento. Todos dissemos 1-2-3-4-5 e respiramos. Espero que o motivo de tudo isso logo fique claro para mim. Fizemos também alguns exercícios para desenvolver os órgãos da fonação, que consistem, principalmente, em movimentos com os braços. Terminamos a aula por aqui, mas amanhã retornaremos. Quem sabe se eu praticar, e notar alguma melhora, não me sentirei mais tão frustrada.

Como Madame Piscator não pôde vir dar a aula de dança, Eugene Van Grona[13] a substituiu. Eugene (por quem me apaixonei imediatamente) enfatizou movimentos que podemos usar em cena. Após alguns exercícios de relaxamento, ele nos ensinou duas posições de repouso. Primeira posição de repouso: inclinar-se ligeiramente para frente; segunda posição de repouso: inclinar-se ligeiramente para trás. Utilizando essas duas posições, desenvolvemos, numa série de movimentos, uma caminhada graciosa e suave. Caminhamos ao ritmo de uma música, primeiramente com humildade e depois com autoridade e arrogância. Eugene demonstrou como precisamos expor os pontos importantes para fazer o gesto passar além da ribalta. Enquanto caminhava, comecei a compreender como deveria ser feito, mas continuava a me sentir inibida.

Em seguida, praticamos uma reverência profunda e depois um desmaio completo, que eu nem ousei tentar. O pri-

---

13   Eugene Van Grona, judeu alemão, era um artista inovador de personalidade encantadora, como outros estrangeiros refugiados que Piscator atraiu para o Dramatic Workshop. Nascido em Berlim em 1908, estudou violino por muitos anos, mas optou pelo balé. Chegou a Nova York no final da década de 1920 com sua esposa, a bailarina Leni Bouvier. Devido aos sentimentos antialemães, mudou seu sobrenome para Van Grona e mais tarde optou pelo nome de Gene. Fez sucesso dançando, com Leni, sua própria coreografia expressionista *Maschinentanz* (Dança mecânica). Fascinado pelo *jazz*, fundou o First American Negro Ballet, uma companhia de vinte bailarinos negros que subsistiu por um ano (1937-1938), num contexto de intensa discriminação racial. Nesse breve período, trabalhou com Duke Ellington e outros grandes músicos como George Gershwin e Igor Stravinsky, cujo *Pássaro de fogo* ele coreografou. Impressionado com sua "dança mecânica", Piscator o tinha convidado para um projeto coreográfico que não vingou, mas Gene passou a estudar teatro e lecionar dança no Dramatic Workshop. Sempre curioso e criativo, voltou com Leni à Alemanha em 1965, inclusive para trabalhar com Piscator, que estava novamente dirigindo em Berlim, mas Piscator morreu em 1966. Eugene Van Grona fundou uma escola de *jazz* e passou a ganhar a vida fazendo turnês de *swing* com Leni. Sendo bissexual, ele teve vários amantes. Um deles cuidou de Leni até seu falecimento em 1994. Eugene viveu em turnê com seu show *Confissões de um velho comediante* até perto de sua morte, no ano 2000. [N.T.]

meiro passo para aprender a desmaiar é vencer o medo de cair, o que parece mais simples do que é. Grace Huffman ofereceu-se para "desmaiar" para nós. Graciosamente, foi caindo de lado, devagarinho, deixando a cabeça pender para baixo, o que não é muito realista. Eugene demonstrou vivamente que a verdadeira reação, antes de cair, é um movimento da cabeça para trás. Dando a cada um de nós um golpe mais ou menos delicado atrás dos joelhos, ele nos fez notar que a reação da cabeça de dobrar para trás é completamente instintiva.

Como ele está dirigindo uma peça de Molière atualmente, Eugene nos deu um exemplo de como a época e o figurino determinam o movimento. Depois repetimos alguns exercícios, imaginando estarmos vestidas com espartilhos indo do busto até um pouco abaixo da cintura. E os executamos como se fossem movimentos de balé, sem usar a cintura e os quadris. Daí Eugene voltou ao tema de *Os corvos*. Grace, Priscilla e Elaine estavam dando passos largos e modernos, totalmente impossíveis num vestido de anquinhas daquela época. Foi uma bela aula, e todos esperamos que Eugene tenha mais oportunidades de continuar nos ensinando.

Na aula da srta. Weiler, trabalhamos na última cena de *Santa Joana*, de Bernard Shaw. Enquanto íamos lendo, procurávamos analisá-la para conseguir acertar. Alternando as atrizes na personagem, para dar a cada uma a oportunidade de ler, mal conseguimos passar da terceira fala. As palavras "prisão perpétua" são pronunciadas depois que Joana, a quem prometem salvar a vida em troca de uma confissão, fica sabendo que sua vida será poupada, mas que ficará presa pelo resto da vida. Parece-me que, ao conscientizar-se de algo incrível, ela deveria falar devagar e com horror. Mas a srta. Weiler, considerando que Joana era soldado, criticou-me pelo que ela chamou de "balbucio". Tenho certeza de que Elisabeth Bergner[14], meu mo-

---

14 Atriz austríaca de teatro e cinema, Elisabeth Bergner (1897-1986) atuou em Berlim até 1933, quando se mudou para Londres. Ficou internacionalmente famosa em *Santa Joana*, de G. B. Shaw, dirigida por Max Reinhardt em 1924. [N.T.]

delo nesse papel, falava num tom juvenil, e sinto sua interpretação como mais próxima da minha. Mas é claro que vou tentar do jeito que a srta. Weiler deseja, mesmo não concordando completamente com ela. Apesar de quase todas as alunas terem tentado fazer a cena, nenhuma delas, eu inclusive, chegou nem perto de uma interpretação adequada. A longa fala que se segue deverá ser provavelmente mais fácil do que as palavras "prisão perpétua". Essa cena, ou melhor, essa fala, cobriu uma aula de duas horas. Quanto tempo vai levar para dirigir uma peça inteira?

Antes da aula seguinte, fui à livraria Barnes and Noble comprar o livro de John Gassner *Masters of the Drama* (Mestres do teatro), a base de sua série de palestras no Workshop, que, pelo que me parece, oferece uma descrição incrivelmente concisa de cada peça já escrita.

Em sua palestra da série estilos através das eras, o dr. Zucker cobriu a segunda parte da renascença, centrada sobretudo em Rafael e Michelangelo. Perdi a aula, devido a uma dor de cabeça. Os *slides* me deixaram apenas com a impressão de que Michelangelo não sai bem em *slides*.

Essencialmente, a palestra focou a transição para o barroco. Comparando *slides*, o dr. Zucker nos mostrou os mesmos temas em Michelangelo e nos escultores que o sucederam, tendendo para o barroco, no qual não há duas linhas se movendo em direção paralela. Uma obra fascinante é a *Pietà*. Na realidade, a figura do Cristo cobriria inteiramente a figura de Maria, por isso Michelangelo a esculpiu em proporção 3/4 menor do que Maria. Mas essa desproporção é completamente imperceptível e extremamente eficiente.

As estátuas do túmulo dos Médici, especialmente a *Noite* e o *Dia*, são majestosas. Michelangelo frequentemente fez estátuas-retrato que fisicamente não se pareciam com seus modelos, apenas simbolizavam o caráter deles. Assim, seu famoso Moisés com as tábuas da lei é, na verdade, um retrato do papa Júlio II!

A composição do teto da Capela Sistina é sobrecarregada e a beleza das figuras individuais fica perdida. O dr. Zucker nos contou sobre sua primeira visita a Roma e sua terrível desilusão quando viu, sentados nos bancos abaixo, anglo-saxões de todos os tipos e idades olhando para o teto com binóculos, tornando absurda a experiência toda. O exemplo romano do edifício redondo ideal da renascença foi outro desapontamento para o dr. Zucker. Vendo o *slide*, ficou óbvio por que ele disse que parecia "a sala de espera de uma estação de trem".

O dr. Zucker nos mostrou a planta baixa da catedral de São Paulo, em Londres, e uma imagem de sua famosa cúpula. Os retratos de dois papas pintados por Rafael, em diferentes épocas, fizeram-me hesitar. O primeiro, do papa Júlio II, um velhinho angelical e espiritual, fazendo um simples gesto de mão, emoldurado dos dois lados pelo espaldar de sua cadeira. O outro, do papa Leão X, mais jovem, denota feições vulgares, enquanto as duas outras figuras no quadro e as pesadas paredes de pedra atrás deles denotam um vínculo materialista e mundano. A questão que surgiu é até que ponto a diferença estava nos papas e até que ponto nas pinturas de Rafael.

QUINTA-FEIRA, 15 DE FEVEREIRO DE 1945
Começamos com uma aula de treinamento vocal e finalmente fizemos alguns exercícios de dicção. O primeiro, um mero "*dot-bad-bad-bad*" era um exercício para diferenciar os "t" dos "d" e, para mim, evitar uma aspiração exagerada. "*Double, double, toil and trouble*"[15] atendia à mesma finalidade, e percebi que pronuncio "*tchrouble*" (mais ou menos). Segundo a srta. Montemuro, preciso agilizar minha língua. "*Boomelay, Boomelay, Boomelay, Boom*", o refrão do poema de Vachel Lindsay "O Congo", foi ótimo para praticar as vogais. Quanto à minha respiração, fui cumprimentada por ter mostrado uma melhora e garanti à srta. Montemuro que eu tinha praticado. A aula de marcha do drama implica ensaios de coro e eu, com minha enunciação suave, falo devagar, com uma voz cantada, versos da *Ester*, de Racine, falas que possuem uma beleza intrínseca, mas que requerem uma certa grandiosidade oratória inatingível para este grupo. A srta. Montemuro, no entanto, foi simpática comigo, o que me deixa muito feliz.

---

15 Shakespeare, *Macbeth*, ato 4, cena 1. [N.T.]

História e sociologia do teatro veio em seguida, com uma palestra sobre o teatro da Idade Média. Entre o ano 600 e o ano 1000, todos os teatros da Inglaterra foram fechados. Pensava-se que no ano 1000 o mundo fosse acabar, o que levou a manifestações extremas de pia religiosidade, mas afinal, como nada aconteceu, as leis restritivas foram abrandadas e os teatros voltaram a funcionar. As primeiras peças eram apresentadas nas igrejas, diante do altar, e geralmente representavam a natividade no Natal, a crucificação na Sexta-Feira Santa e a ressurreição na Páscoa. Os atores eram monges e padres. Mais tarde, montavam-se peças na praça do mercado de algumas cidades. Foi aí que as estruturas de palco tiveram início, com uma fila de "casas" representando Roma, Jerusalém, o Paraíso, e a Mandíbula do Monstro representando o Inferno. Aí começou o drama da paixão de Cristo, que continua sendo apresentado em Oberammergau. O elenco dessas peças, das quais a mais famosa era a de Valência, era distribuído entre as guildas, e assim quem interpretava os pastores eram os mercadores de lã, e assim por diante. O papel mais cotado era o do Diabo, interpretado pelo ator mais talentoso e ambicioso, aquele que, nos tempos modernos, seria o ator profissional.

O dr. Zucker nos mostrou também algumas pinturas medievais, para indicar a falta de recursos para representar os movimentos corporais daquele tempo, como caminhar de mãos dadas e formar belos agrupamentos. Isso é ignorado no palco moderno, quando se tenta retratar aquele período. Já o Teatro de Arte de Moscou, ao contrário, fazia isso magnificamente. Começamos a olhar para o Teatro de Arte de Moscou quase com aquele sentimento que se tem pelo primo prodígio, do qual se ouve falar sempre com uma repreensão: "Olhe só como ele faz tudo direitinho, por que *você* não é como ele?".

Na aula de figurinos nos concentramos na indumentária do Egito antigo (realmente viajamos pela história, nesta escola). Fui ao Metropolitan Museum of Art, onde as múmias predominam de tal forma sobre as imagens de egípcios vivos que se torna impossível estudar a vida no Egito. Kerz explicou que a morte e o embalsamento dos mortos era a função mais importante da vida no Egito. Seus hábitos de higiene eram admiráveis e suas roupas... bem... Os trabalhadores usavam um mero paninho como avental curto em torno dos quadris. Eram sempre tingidos de cores vivas, com exceção dos escravos, que sempre usavam azul. As roupas indicavam classe social, e a proteção não era levada muito em conta, se é que o era. Os sacerdotes usavam branco, mas não podiam entrar no templo com nenhum tipo de material de origem animal. No entanto, imitavam formas de animais nos toucados. As mulheres usavam saias com cintos abaixo dos seios e acima dos quadris. Usavam um colar ornamental, mas seus seios ficavam despidos. Joias e toucados elaborados eram muito comuns no Egito.

SEXTA-FEIRA, 16 DE FEVEREIRO DE 1945
Como a srta. Montemuro não compareceu para dar a aula de voz, Eugene, o membro ilustre de nossa classe, nos conduziu em alguns exercícios de respiração e relaxamento. Depois exercitamos frases de sílabas: "tiu, táu, tôu, té, tói". Não eram difíceis de pronunciar, mas complicadas de lembrar. Em seguida, lemos trava-línguas como *I am the very model of a modern major general*[16]. Repetimos esse e outros versos semelhantes. É difícil descrever uma aula de voz porque o trabalho é todo prático e nada teórico.

Iniciando a aula de interpretação, Ben-Ari nos explicou as diferenças entre o imitador e o artista. O imitador é o ator mecânico que não usa a alma nem a imaginação. Sua interpretação pode ser impecável mas, sendo totalmente cerebral, não possui o sentimento interior, que é o que atravessa a ribalta. E passamos para alguns exercícios, o primeiro dos quais era a mãe que entra no quarto do bebê, cobre a criança adormecida e sai. Uma cadeira representava o berço. Steffie Blank fez a primeira tentativa e Alice Blue, a segunda. Alice fez quase o mesmo que Steffie havia feito, mas de algum modo não conseguimos "ver" o bebê na interpretação de Alice. Em seguida, representamos como procurar uma agulha que tinha caído. To-

---

16 "Eu sou o modelo acabado de um major-general moderno", de W. S. Gilbert e A. Sullivan, *Pirates of Penzance*. [N.T.]

dos no palco procurávamos a agulha e, a um sinal, congelávamos em nossas posições, mostrando uma imagem de nós mesmos nessa ação. Procurar uma agulha era mais difícil do que eu tinha imaginado. Ethel reclamou que era impossível sem motivação. Foi então chamada ao palco e Ben-Ari contou a ela que tinha um encontro marcado e que seu único par de meias estava com um fio corrido e que aquela agulha era a única que tinha na casa, e ela tinha acabado de perder. Ethel começou a procurar, mas sem convicção. Ben-Ari então começou a ajudá-la a procurar, mostrando que ele realmente estava precisando da agulha.

Em outro exercício, Eleanor Epstein recebia uma carta de um soldado. Sem nenhum material de cena para usar, parecia estar somente olhando para a carta, sem ler. Ben-Ari "leu" então a carta invisível para nós e vimos como seus olhos corriam linha por linha. Para fazer isso, o ator deve ir preenchendo mentalmente as palavras da carta, como se estivesse ouvindo as respostas numa conversação telefônica.

No último exercício que fizemos, Charlie Coleman entrou na sala em que estava Helen Braille e disse: "Olá... Não se lembra de mim?", e ela: "Não, creio que não". Helen não parecia estar tentando se lembrar, ainda que Charles estivesse se esforçando para fazê-la lembrar-se daquela vez que tinham trabalhado juntos no Dramatic Workshop. Ben-Ari nos mostrou como essa mesma cena podia ser feita como tragédia ou comédia. Na tragédia, a concentração é mais intensa. É mais importante se lembrar. Não ser reconhecido por alguém que você conheceu é triste. Na comédia, o possível reconhecimento é jocoso: "Ah, sim, claro que me lembro, você é... não..." (com uma súbita queda de ritmo), "Você não é ele". Ben-Ari disse que a diferença sutil entre a comédia e a tragédia é muito pequena. E citou uma versão burlesca de *Hamlet*, na interpretação de Vakhtangov. O palco era atapetado e havia uma dobra no tapete. Justamente antes do grande monólogo, ele tropeçou na dobra. Se deixasse isso de lado e continuasse o monólogo o incidente seria esquecido. Mas, depois de tropeçar, Vakhtangov voltou-se completamente, olhou para o tapete, tornou a virar-se e começou: "Ser ou não ser...". A demonstração de Ben-Ari dessa perda de concentração fez todo mundo rir.

Na aula de interpretação, a srta. Weiler nos deu a oportunidade de improvisar, especialmente difícil por ter sido em grupo. Usando o esquema da peça de Thornton Wilder *The Happy Journey to Trenton and Camden* (A alegre viagem a Trenton e Camden), lemos a primeira página do texto e depois reconstruímos a cena, usando nossas próprias palavras. Essa peça de um ato tornou-se ainda mais fantástica quando Alice acrescentou o Gato como personagem. Nos revezamos em todos os papéis, masculinos e femininos, o papel maior sendo o da Mãe. Cada Mãe saiu completamente diferente da outra. Cherie elevou o nível social da família. Steffie deu calor à personagem. Estranhamente, Charles, sendo o mais imaginativo, fez a melhor Mãe. À medida que íamos improvisando, cada ator acrescentava mais coisas para fazer, tornando a cena mais complexa.

A aula de marcha do drama consistiu num ensaio do coro para a leitura desta noite com Herbert Berghof. Eu, com minha voz fraca (droga!), e os outros, com seus tons mais pesados. A leitura coral apresenta dificuldades terríveis. Nos pediram para recitar menos e pôr mais emoção nas falas. Procuro enfatizar, pausar, regular minha interpretação, mas se os outros interpretam de modo diferente pareço rápida demais ou lenta demais, suave demais ou forte demais, e acabo me sentindo inibida. As palavras do coro de *Ester* são esplêndidas, mas as meninas tendem a recitar. As outras duas de vozes mais fracas, Ethel e Alice, falam cantado, dividindo a leitura frase por frase.

Na leitura de *Natan, o sábio*, John Gassner falou sobre seu autor, Lessing, e o Iluminismo, "a idade da razão", o período dos racionalistas, e citou os grandes e lúcidos pensadores da época, desde os enciclopedistas até Thomas Jefferson e Tom Paine. Lessing, disse ele, demonstrou grande audácia ao conceber um judeu como herói, no século XVIII. Na opinião de Gassner, *Natan, o sábio* não é um apelo à tolerância, e sim à religião natural. Permito-me discordar.

O Natan de Berghof é tão sábio, tão semita, tão cheio de humor que escapa a qualquer descrição. Era interessante seu ritmo deliberado. Inesperadamente, fazem uma pergunta difícil ao judeu, para a qual ele não tinha uma resposta pronta. Parou para pensar, e ocorreu-lhe a parábola dos anéis[17], e ele parou novamente para pensar como deveria contá-la. Ponderou suas ideias. Estava falando com o poderoso Saladino e precisava medir suas palavras com cautela. A interpretação de Berghof tinha uma clareza e uma lógica que transmitia a sensação de sua importância à plateia. Jimmy Walsh, com sua voz bonita e forte, fez um Saladino autoritário, contrastando com o ponderado Natan.

SEGUNDA-FEIRA, 19 DE FEVEREIRO DE 1945
Dança, com Eugene. Depois dos exercícios de relaxamento, tratamos alguns movimentos de dança como problemas de interpretação. O primeiro parecia um bocejo, com uma sentada ou flexão dos joelhos, seguida de um alongamento; não usava muito a imaginação. No entanto, Eugene maravilhou-me com as variações que conseguia imprimir a esse movimento. A maioria de nós não sabia contar uma história simples através de movimentos. Não fiz praticamente esforço algum nesse sentido. Depois, um por um, os alunos atravessaram o assoalho dançando em ritmo de valsa: "1-2-3 girar, 1-2-3 correr". Depois recebemos do "nosso soldado" uma carta convidando para um baile, e começamos a dançar em antecipação. As interpretações variavam desde a visão sonhadora de Arla Gild, como se já estivesse dançando com ele, até a alegria delirante das outras. Num desses "problemas de passos de dança", inventei uma brincadeira de esconde-esconde, correndo os primeiros quatro passos atenta à perseguição, depois virando-me no encalço de meu perseguidor, vendo-o e escapando rapidamente. Infelizmente, Eugene disse que não tinha entendido minha história. Parecia tão clara para mim, mas ainda não tenho o poder de transmitir.

---

17 Natan, respondendo à pergunta do sultão Saladino sobre qual seria a religião verdadeira, o cristianismo, o judaísmo ou o islamismo, narra a história de um pai e de seu anel verdadeiramente precioso, símbolo de seu poder: "Ao chegar perto da morte, e tendo apenas um anel muito valioso, o pai manda fazer duas imitações do anel legítimo. Os três filhos, não conseguindo descobrir qual era o anel verdadeiro, chegam a uma conclusão conciliatória: o anel verdadeiro, provavelmente, foi perdido". [N.T.]

No problema seguinte, a mesma jovem estava triste porque uma carta dizia que a licença do soldado tinha sido cancelada. Desta vez, nos saímos pior ainda. Não sabíamos como ficar tristes. Eugene solucionou o problema com uma contração lenta em vez de uma virada. O foco desses problemas era colocar nossas ideias em movimento dentro da música e sermos definidos por ela, o que estabelece nosso ritmo. Atrapalhei-me terrivelmente nos passos e Eugene me acusou de "não saber dançar valsa", apesar de eu ter sempre conseguido, na pista de dança.

Depois, aula de maquiagem. Parece que minha tarefa aqui é esquecer tudo que sei. Estamos trabalhando agora com maquiagem convencional, que consiste numa base, *blush*, pó compacto, sombra de olhos, ampliar os olhos, dar forma às sobrancelhas e aplicar batom. Tudo isso é aceitável, mas essas versões de olhos de Mata Hari são extremamente desagradáveis para mim. Assumindo a classe de principiantes, Esther Nighbert demonstra para nós uma linha pesada sobre a pálpebra superior, contra a qual protestei até ela dizer: "Mas e o brilho da iluminação?", só para depois ouvir o sr. Kerz me dizer que meus olhos iriam parecer buracos queimados. *"Doch mit recht"* – com todo o direito.

Na sequência, na aula de peças em cartaz, discutimos *Hope for the Best* (Esperar o melhor), de William McCleery, a que assistimos quinta-feira à noite. A volta de Hollywood para a Broadway do ator Franchot Tone foi uma total decepção para todos nós. Seu sutil *sex appeal* ficou completamente perdido numa peça sem nexo que, mesmo considerando sua fraca premissa como enredo, é baseada num falso argumento. A redação é desprezível. A história: um jovem colunista, mais charmoso que inteligente, que escreve sobre temas de interesse humano, decide "fazer algo importante" e resolve escrever sobre política. Sua namorada, uma fascistoide inteligente do Partido Republicano, quer impedi-lo, enquanto um jovem operário o estimula. Suas ideias simplórias são manifestadas concretamente por um russo um tanto infantil (apesar da boa interpretação), autor de insípidos "dramagramas". O jovem acaba como colunista de política, conquista a namoradinha e... fim.

Meus colegas concordaram com minha opinião negativa. Surgiu uma discussão quando um estudante disse que valia os 70 centavos que tinha pago, mas que teria se sentido roubado se tivesse pago um ingresso de 4 dólares e meio. Argumentamos que essa perspectiva é puramente comercial, que nada tem a ver com o teatro. O sr. Ince, sendo produtor teatral, perguntou, obviamente: "Mas o teatro não é comercial?". O debate se tornou acalorado demais e foi suspenso. O lema "odiamos o teatro comercial" parece ser a opinião geral. Houve porém um ou dois defensores que acharam a peça melhor do que certos musicais. Meu único desapontamento é que Franchot Tone, que professa amar o teatro muito mais do que Hollywood, que foi membro fundador do histórico Group Theatre, e para quem essa peça significa tanto, parece estar sendo um fracasso. Ele precisa de direção, que não teve, e de impostação, que a proximidade da câmera cinematográfica o fez negligenciar. Moral da história: "Não vá para Hollywood, você poderá nunca mais voltar".

Aula de direção à noite, com o *cher Maître*. Foi dado a Estelle Press o problema da ênfase dramática na composição cênica e ela, usando os atores como elementos dramáticos, os colocou em cena. A paciência de Piscator é imensa. Conseguiu ficar na sala de aula enquanto Chouteau Dyer desenhava o diagrama mostrando a direita, a esquerda e o centro do palco, e a cena alta e a cena baixa. Estelle colocou os estudantes olhando de frente, um quarto de rosto para a esquerda e um quarto para a direita. Depois, metade à esquerda e metade à direita, ou seja, de perfil, três quartos e de costas. São essas as posições do corpo. Embora elementar, essa terminologia é importante. Pode-se obter ênfase colocando o ator a ser evidenciado numa posição corporal que contrasta com a dos outros atores. Ou pode-se obter ênfase colocando um ator num plano ou numa área diferente. O ponto de encontro entre a área principal e o plano mais importante é o centro do palco, mas, caso um ator esteja separado dos outros, ele será enfatizado mesmo que esteja no palco alto, de qualquer lado. As diferenças de nível, entrada, posição, atitude, tudo isso pode dar ênfase.

Naturalmente, nesses exercícios, quando tentamos determinar qual ator está sendo destacado, não levamos em consideração sua altura, a cor de seu figurino etc., embora todos esses fatores devam ser levados em consideração ao montar uma cena. Piscator criou várias configurações cênicas, deslocando a ênfase em cada composição. A esses exercícios seguiram-se novamente cenas de *Os corvos*, apresentadas para a classe discutir: o encontro de Teissier e Marie com a família, a cena entre Blanche e Madame de Saint-Genis, e a cena da família no quarto ato. O fato de conhecer os atores faz uma diferença considerável na minha percepção. Vejo-os mais como atores e menos como os personagens que estão interpretando. Eugene, que representou um Bordon bastante convincente, agora parecia um erro de composição de elenco, com sua própria personalidade ofuscando a do personagem, mas o Teissier de Charles Zimmerman se sustentou bem e Harriet Charney era a própria Madame de Saint-Genis.

TERÇA-FEIRA, 20 DE FEVEREIRO DE 1945
Conselho de diretores. Mais discussões sobre a complexidade da organização na qual tenho a sorte de não estar envolvida. Conflito de programação. Barbara Sisson teve uma discussão com Piscator e a confusão foi tão avassaladora que parecia ser insuperável. Eu me encanto com o sucesso de qualquer produção. Para terça-feira devo preparar-me para compor o elenco de uma cena de *A feira de São Bartolomeu*, de Ben Jonson.

Na aula de pesquisa teatral, concluímos a discussão do *Fausto*, iniciada na semana passada. Foi uma análise de personagens individuais em que surgiram fatos tão incríveis como Robert Carricart, o estudante no papel de Fausto, não saber que seu personagem rejuvenescia entre a cena no estúdio e a cena na cela da prisão. Parecia que nem tinha lido a peça. Estou certa de que Piscator não esperava que nenhum dos estudantes realmente interpretasse corretamente, para não dizer com arte, a peça inteira, ou qualquer papel, mas mesmo assim ele criticou cada um, individualmente. Falando do Mefisto de Eugene, Piscator afirmou que Mefisto é outro aspecto de Fausto, não um estranho e sim uma faceta, e uma faceta inteligente, do mesmo homem. Os diálogos entre Fausto e Mefisto devem ter o ritmo da luta entre um homem e uma certa parte de si mesmo. Piscator citou o monólogo de Fausto, *"Ich bin der Geist, der stets verneint"* (Eu sou o espírito que sempre nega) com tantas cores e animação tonal que todos os que não entendiam o alemão ficaram tão impressionados quanto eu, que fiquei deslumbrada como se estivesse num templo sagrado.

Passamos então para G. E. Lessing e, como eu havia antecipado, Piscator pediu-me para ler minha crítica, o que fiz com muita insegurança. Uma mistura de frases contínuas com um desrespeito adolescente pela gramática, pela ordem das palavras, pela pontuação, estruturadas de maneira muito pessoal, usando formas complexas (como esta). Foi mais difícil ler do que escrever. Quanto ao conteúdo, fiz um trabalho de pesquisa biográfica sofrível, mas minha crítica da apresentação foi de dar dó. Não tenho coragem de ridicularizar, um atributo indispensável ao crítico. Não consigo encontrar erro em esforços honestos e, quando consigo, o faço com profusas desculpas pelo meu criticismo. Em *Natan, o sábio* não encontrei nada de errado, embora dizer isso me parecesse bastante vazio. Falando de papéis individuais, minha crítica se tornou mera questão de caça aos adjetivos (um crime literário). Mas foi aprovada e debatida calorosamente, como a maioria das tarefas escritas. Tenho um medo atroz de ser desafiada, mas essa insegurança acabará passando.

A aula de marcha do drama de hoje foi dividida em duas partes: uma discussão de Racine e um ensaio do coro. O som do coro é adorável, apesar de termos num dia vinte vozes e no outro apenas seis, mas, em todo caso, minha voz não se mistura de maneira uniforme. Além disso, estou resfriada.

Na aula de cenografia, Leo Kerz falou do desenvolvimento do cenário teatral a partir de seu uso mais antigo. Antes da restauração da monarquia em 1660, no período em que todos os teatros da Inglaterra tinham sido fechados pelo governo puritano, peças continuaram a ser montadas em salões literários e de baile para a diversão da aristocracia. Foi então que William Davenant usou cenários pela primeira vez, em vez dos telões de fundo ornamentados para as peças musicais de sua companhia. Foi mais ou menos nessa época que as mulheres começaram a tomar parte nas peças encenadas. A partir daí, o desenvolvimento da encenação prosseguiu naturalmente, embora muito devagar. Cenários pedem uma cortina de boca de cena para poderem ser trocados. Depois (bem mais tarde) vieram as luzes da ribalta. Quando a iluminação era a gás, os atores precisavam se aproximar do público e permanecer no palco baixo, perto da ribalta, para serem vistos. Com isso foi desenvolvida a boca de cena, usada até hoje em teatro de variedades, musicais e até mesmo em certos dramas, *hélas*! O século XX trouxe consigo a maldição do cenário de gabinete do qual os cenógrafos, os atores e o público não conseguem ou não querem escapar e que parece ridículo agora que nossas possibilidades técnicas são incríveis. Foi a invenção da luz elétrica que tornou possível o palco moderno, que, espera-se, tornará o palco do futuro mais inteligente.

O sr. Kerz nos deu aquilo que ele chama de "um problema simples". Desenhou um cenário com uma sucessão de paredes dando a impressão de uma profundidade de quinze metros da frente do palco ao fundo, embora o palco no qual seria montado tenha apenas cinco metros de profundidade. O problema era como diagramar a planta baixa desse cenário. Um dos estudantes, que tinha alguma experiência em cenografia, resolveu-o facilmente. Eu tive certa dificuldade até abordá-lo como um problema de desenho. Se conseguir desenhá-lo bidimensionalmente, criando a ilusão, então posso construí-lo bidimensionalmente; ou se não bidimensional, sem aprofundar além dos cinco metros, e criar a ilusão fazendo os biombos cada vez mais curtos, conforme se distanciam do público.

QUARTA-FEIRA, 21 DE FEVEREIRO DE 1945
Aula de voz. Articulamos "*The pendulum ticks and tocks, dissecting time, casting piece after piece into the abyss, lost forever*" (O pêndulo faz tique-taque, dissecando o tempo, jogando pedaço após pedaço no abismo, perdido para

sempre). A srta. Montemuro quer palavras mal articuladas ("mescladas", como ela diz) em certas combinações como "*lost forever*"[18].

Depois, uma aula maravilhosa de dança com Madame Piscator, com muitos exercícios na barra, apesar de alguns deles serem um tanto doloridos. Fiz a aula mais avançada, que era mais cedo, para ter tempo de ensaiar o coro de *Ester*. O trabalho foi muito mais cansativo, mas também muito mais desafiador. Mais um ensaio e, se não conseguir curar meu resfriado até amanhã, temo pela apresentação.

Na aula de interpretação com a srta. Weiler, voltamos ao problema de *Santa Joana*. Nos sentamos em círculo no estúdio de dança. Devíamos ser o júri para entrar na peça como participantes e não como público. O inquisidor sentou-se no centro, com Joana. Procurando trazer a situação mais perto de nós, transpusemos a cena para um julgamento nazista, no qual Joana era um membro do partido sendo julgada por traição, de modo que a sentença – em vez de ser lida: "Nós te declaramos, por esse ato, livre do perigo de excomunhão em que te encontravas [...] mas como tu pecaste muito presunçosamente contra Deus e a Santa Igreja [etc.] deverás ser confinada até o fim de teus dias terrenos em prisão perpétua" – foi modificada para: "Como você confessou, ficamos felizes em dizer-lhe que você não será forçada a renunciar a sua filiação ao Partido Nacional-Socialista, mas, como você é uma pessoa perigosa, teremos de confiná-la num campo de concentração para o resto da vida". Vários estudantes interpretaram ambos os papéis. Por algum motivo, ninguém foi bem-sucedido como Santa Joana. Steffie não conseguia falar livremente ao júri. Explicou que sua dificuldade em cenas emocionantes é devida ao fato de que, numa crise, costuma sempre calar-se, retraindo-se para não revelar nada. Ela percebe que isso é a antítese da interpretação, mas eu reconheço o problema de expressar o que é contrário à natureza pessoal de cada um. No entanto, "*Humani nihil a me alienum puto*" (Nada do que é humano me

---

18 Em que o "t" é mudo. [N.T.]

é estranho – Terêncio, *Heauton Timorumenos*), lema que escrevi decorativamente na página de rosto deste caderno.

Felizmente me expresso muito extrovertidamente. Tentei fazer a cena, mas fui criticada pela minha "interpretação estilizada", pois nosso objetivo era ter naturalidade. Fui bastante naturalista até que encontrei lembranças de minha vida no campo, ao dizer "estradas à luz do sol". Disseram então que dei um "sorriso profissional". Arla, que é sempre uma improvisadora bem-sucedida, interpretou um inquisidor interessante, que iniciava os procedimentos com o júri de pé e um *"Heil Hitler!"*, o que imediatamente incluiu todo mundo na ação.

A srta. Weiler queria que minha Santa Joana fosse mais dramática, porque ninguém, com exceção de Charles, conseguiu dinamizar a cena. Por isso mudamos o período e o lugar, colocando Santa Joana já na prisão (detrás do piano) com o guarda passando diante de sua cela, dizendo-lhe que ficasse calada e que devia sentir-se agradecida por terem poupado sua vida, enquanto ela protestava dizendo que preferia a morte a passar a vida na prisão. Sem perceber, apliquei Stanislavski. Em minha mente surgiu a violenta impressão da prisão em Danville, na Virgínia, onde passei uma noite de medo e tristeza em novembro de 1944, quando a polícia me prendeu com minha amiga Mariya Lubliner quando estávamos pedindo carona. Charles, no papel do guarda, aproximou-se. Então, de repente, murmurei (talvez meio em voz alta): "Danville!", e fez-se noite, e do outro lado da praça as luzes de néon do hotel se acenderam e o metal úmido das barras da prisão transpirou friamente. Agarrei-as e dei um grito. Uma voz detestável exigiu "Silêncio!", e eu gritava e batia nas grades com os punhos cerrados. Falei de liberdade, de estradas, de pessoas, de celas, e senti a fronte umedecer e as mãos suarem... Quando parei, para meu alívio, vi-me numa sala de aula, livre, interpretando uma cena sobre Joana D'Arc. Sempre encarei com ceticismo a história em *A preparação do ator* na qual uma jovem deixou Stanislavski maravilhado quando chorou de verdade diante de um "bebê morto", até ele ficar sabendo que ela havia mesmo perdido um filho pouco tempo antes. Mas comecei a achá-la bem mais plausível depois dessa minha experiência.

Cherie fez esse exercício depois de mim. A srta. Weiler disse a ela para ver um rato atravessar, de repente, o piso da cela. O nojo desencadeou todo o horror da situação. Depois de muita dificuldade, ela conseguiu ver o rato, mas sua interpretação continuava demasiadamente poética. Falou da terra vermelha entre seus dedos e do gotejar da chuva ou algo assim, parecido demais com minhas sorridentes lembranças na cena do julgamento. A srta. Weiler nos disse que todos temos a tendência de poetizar em demasia. Ela quer realismo, até mesmo brutalidade, se for preciso. E mostrou para nós o grito de desespero que ela queria, dizendo: "Em cenas passionais, sintam-se livres e não tenham medo de produzir sons horríveis".

Meu amigo Adolph Giehoff, um pintor surrealista, visitou a escola para a aula de estilos através das eras, porque eu tinha pensado que poderia ser útil para ele assistir uma palestra do dr. Zucker, que hoje falou sobre a escola veneziana de pintura, começando com uma introdução sobre Veneza e sua história. Veneza sofreu muito por causa de Roma. Seu povo era colocado num nível completamente diferente e sua pintura demonstrava isso. O que os mercadores venezianos apreciavam na pintura era a riqueza. Foram eles também que difundiram a técnica da pintura em cavalete, porque os mercadores e a burguesia endinheirada queriam comprar obras de arte adequadas para suas residências. Mesmo assim, apesar de todo seu comércio e tráfico, os venezianos eram um povo ingênuo no sentido de que não aspiravam a uma arte intelectual, mas sim a uma arte bela e agradável.

O dr. Zucker explicou que o clima da cidade, construída sobre uma laguna, é úmido, e por isso, na neblina, as cores tendiam a dar um estilo impressionista à pintura e a nutrir um interesse por luzes e sombras, diferente do mundo ensolarado dos romanos. Vimos *slides* de pinturas dos três irmãos Jacopo, Gentile e Giovanni Bellini (que eu sempre achei que fosse um único homem, "o" Bellini). Lembro-me particularmente de um quadro de Gentile Bellini apresentando o martírio de São Sebastião, um corpo liso, não realmente trespassado por flechas, sem demonstrar dor alguma, e um fundo com várias figuras que pareciam desconectadas da figura principal. Vimos alguns detalhes, inclusive os balcões das casas vizinhas com ricas tapeçarias venezianas, uma mãe com o filho, e um soldado adormecido pintado com seus pés voltados para o espectador, deitado no chão em perspectiva. O dr. Zucker nos mostrou várias partes do mural de Santa Úrsula, de Vittore Carpaccio, e nos contou sua história. Era uma jovem cristã da realeza bretã, pedida em casamento por um rei inglês pagão que tinha se apaixonado por um retrato dela. Úrsula protestou, dizendo que preferia ser martirizada a casar-se. Arrebanhou outras 10 mil virgens que se juntaram a ela numa peregrinação, convertendo pessoas pelo caminho. Em Colônia, Úrsula foi morta pelos hunos, junto com as outras 10 mil virgens. Numa sala encontram-se representadas todas as suas aventuras num suntuoso mural narrativo. Vimos também pinturas de Giorgione, Ticiano e Tintoretto. Uma comparação de nus de vários artistas mostra o desenvolvimento rumo ao barroco, com seus torsos em movimento espiralado e o incremento da sensualidade. As duas pinturas mais bonitas eram da Maria menina subindo os degraus do templo para ser apresentada ao Sumo Sacerdote. A obra mais antiga, que inicialmente parecia instigante, pareceu pesada e monótona em comparação com o mesmo tema pintado mais tarde com as variações de planos, linhas e níveis do barroco.

QUINTA-FEIRA, 22 DE FEVEREIRO DE 1945
Feriado comemorativo do aniversário de George Washington. Não tivemos aula, mas ensaiamos Racine. Estou com um resfriado terrível. Não faço ideia de como vou me virar amanhã. Ainda não consegui me livrar de minha fala cantarolada, e só temos mais um ensaio. Hoje ensaiamos pela primeira vez com o elenco completo e a produção parece muito mais acabada do que a atuação do coro. O protagonista, Jimmy Walsh, é poderoso e excitante. Os atores estão todos com um ritmo ótimo, enquanto nós, o coro, ficamos miseravelmente para trás, eu especialmente. Amanhã veremos.

SEXTA-FEIRA, 23 DE FEVEREIRO DE 1945
Ester de Racine. O nervosismo, que frequentemente desempenha um papel importante demais nas minhas aparições no palco, diminuiu um pouco dessa vez porque eu

fazia parte do coro. A peça fez sucesso, mas meu papel foi um fracasso horrível. Por menos "importante" que participar de um coro possa ser, meu esforço pessoal deve ser tão grande quanto o do ator principal.

Seria fácil desculpar minhas falhas devido à terrível dor de cabeça, à tosse e ao nariz entupido, e, racionalizando, pode ser que eu deva fazer isso. Comecei bem (apesar do resfriado), falei corretamente, mas não cheguei perto, sequer por um instante, de "acreditar" na história ou nas falas. Tentei usar todos os métodos plausíveis e alguns implausíveis para me concentrar, mas quanto mais tentava, mais eu pensava em pensar e menos eu me sentia uma judia libertada da escravidão.

Finalmente, numa parte enunciada por três vozes leves, parei. Não por causa do resfriado, da dor de cabeça ou de qualquer outro incômodo, mas por causa de meu velho inimigo, o medo de dar risada.

Não havia motivo para rir, não vi nada de cômico, e não sou de gargalhar com tanta facilidade. Meu senso de humor é difícil de despertar, mas, no palco, me sinto impelida a rir. Odeio a mim mesma por isso, no entanto, me sinto impelida a rir. Às vezes chego quase a chorar por causa disso, mesmo assim me sinto impelida a rir. Tão forte é essa minha vontade de rir que não consigo entrar no palco sem pensar: "Não vou dar risada". E, imediatamente, penso: "Não, não ria, nem pense em dar risada", e lá vou eu. Se eu conseguisse encontrar uma solução para isso, seria o ponto mais decisivo que eu poderia aprender. Quem sabe Stanislavski ou algum outro método possa me ajudar a me livrar desse impulso que não consigo explicar.

SEGUNDA-FEIRA, 5 DE MARÇO DE 1945
Passei a manhã na biblioteca da rua 42 procurando duas cartas para Piscator e consegui que os bibliotecários me ajudassem, embora nenhum deles tenha conseguido encontrar a carta de Romain Rolland a Tolstói, nem a de Rolland a Gerhart Hauptmann, que Piscator queria para o memorial a Romain Rolland, que ele está organizando na New School. O sr. Freedley, chefe do departamento de dramaturgia, sempre solícito, não estava. Tive de lidar com

os impacientes bibliotecários. Agora vou para minha aula de dança.

Como Madame Piscator não pôde vir dar aula e Eugene ainda estava cansado da apresentação de *O doente imaginário* ontem à noite, Alice Blue, uma das estudantes, que praticou balé, fez trabalho na barra conosco: alguns *pliés*, depois uma simulação de caminhar na corda bamba no assoalho, que parece mais fácil do que é. O objetivo era ousar tanto quanto possível e pensar em movimentos perigosos ou divertidos que se possam fazer na corda bamba. Mas a maioria, como eu mesma, quase nem conseguiu atravessar sem "cair". Depois, elaborando mais o conceito circense, concluímos com um exercício ao som de música de circo, em que éramos os mais esplêndidos leões, desafiando e obedecendo nossos domadores. Arla Gild e eu nos engalfinhamos numa briga terrível pela qual o circo Ringling Brothers teria pago milhares de dólares (se fôssemos leões).

Aula de maquiagem. Barbara Sisson e eu tentamos uma caracterização de meia-idade. Procuramos obter o efeito usando apenas duas sombras ligeiras entre o nariz e a boca e sombras ligeiras para a flacidez sob os olhos, já que a caracterização não era de uma pessoa idosa, e sim de uma mulher de uns 42 anos bem conservada. O resultado, com Barbara usando delineador de sobrancelhas marrom e eu usando delineador cinza, foi, segundo Leo Kerz, que ela ficou parecendo "alguém que tinha perdido algumas horas de sono" e eu, uma "degenerada, perturbada e emaciada", o que era a pura verdade. O rosto de Barbara manteve seu frescor juvenil, enquanto eu fiquei parecendo uma prostituta muito desleixada de idade indefinida. Vou tentar usar delineador marrom na semana que vem.

Na aula de peças em cartaz, continuamos lendo *Margaret*, a jovem com cinco personalidades distintas. Na semana passada, os autores da peça, Sterling North e Yasha Frank, vieram assistir a nossa aula e lemos para eles. Interpretei a trabalhadora. Os autores ficaram muito impressionados com o desempenho de Virginia como a vadia, que ela faz com perfeição. Hoje lemos entre nós e eu fiz o papel da *socialite*, mas não consegui passar a sensação de "nariz empinado" que Harriet Charney conseguiu. Minha leitura foi um pouco dura e rápida demais. É um papel difícil para mim, mas... *humani nihil a me alienum puto.*

Na aula de direção, à noite, Piscator discutiu e ilustrou o contrafoco. Chama-se contrafoco a ênfase obtida indiretamente, mediante uma figura de destaque. Em outras palavras, as pessoas X, Y e Z estão olhando para A, mas A está olhando para B. Por isso, B é mais destacada pelo foco indireto de X, Y e Z do que somente por A. Ilustramos isso com vários exemplos de Alexander Dean. Depois interpretamos uma cena dos arquivos, isto é, de produções recentes de marcha do drama, tirada de *Kronbruden* (A grinalda), de Strindberg. Já tinha visto Virginia Baker nesse papel, antes de eu entrar para a escola, e desde então considerava seu desempenho de Kirsti como a melhor coisa que eu tinha visto no Dramatic Workshop. Mas esta noite, em vez de ficar fascinada, fui analítica. A leitura que Virginia deu às falas foi tecnicamente perfeita, e suas pausas e ênfases provavelmente bem planejadas (dava para sentir uma planificação), como na produção anterior.

A grinalda narra a história de Kirsti, uma jovem camponesa que se apaixona pelo filho de um moleiro e engravida dele em segredo. Como a grinalda que Kirsti esperava usar no dia de seu casamento é um símbolo de virgindade, ela decide matar a criança. Sente-se atormentada por isso, e a história de sua redenção final me parece tornar essa peça a mais delicada e etérea que já vi. Nessa noite, porém, não me senti arrebatada pelo seu espírito. Acima de tudo, a importância da iluminação ficou clara para mim, numa leitura como esta, porque a luz tinha acrescentado uma aura de misticismo à peça que, quando iluminada uniformemente, se tornou demasiadamente terrena.

TERÇA-FEIRA, 6 DE MARÇO DE 1945
Na aula de conselho de diretores, nesta manhã, Piscator nos deu uma de suas palestras inimitáveis sobre o teatro e a interpretação. Começou lendo uma carta de Edna Edison, uma aluna que se opõe a muitos dos regulamentos da escola e queria abandonar as aulas. Reclamava ter tido de assistir aos ensaios de *O doente imaginário* e aprendido o papel de Angélique, que não teve a oportunidade de inter-

pretar. Achava que não era justo ensaiar tanto tempo para nada, tendo de assistir aos ensaios e aguardar até duas horas para ter algo que fazer. Essencialmente, a mesma reclamação que havia feito Barbara Sisson quando se recusou a fazer qualquer trabalho de produção, dizendo que queria somente assistir às aulas. Piscator falou do exemplo do teatro russo e do método de Stanislavski ao ensaiar uma peça. Certa vez, Stanislavski ensaiou uma peça por quatro anos antes de decidir contra sua apresentação. Todo aquele paciente trabalho não havia sido em vão devido aos ganhos obtidos nos ensaios.

Em nome da disciplina foi decidido dividir a escola entre os estudantes de direção, deixando que cada um escolhesse três ou quatro estudantes de interpretação para servirem de delegados, comissários ou defensores e coordenar as reclamações, comentários e conflitos deles. Já sou bastante tímida com relação ao meu progresso pessoal sem ter que me responsabilizar pelos outros, mas mesmo sendo novata fui designada defensora de Ethel Shephard e de uma recém-chegada, Anita Fortus. Farei o possível, apesar da tarefa parecer além de minha capacidade.

Na aula de pesquisa teatral, Piscator continuou seu discurso sobre a interpretação. Descreveu os altos propósitos de ensaiar, porque é então que o ator encontra seu "momento criativo". É para aquele momento que o ator vive, pois somente naquele momento ele é um artista, um criador. Piscator não pode nos ensinar a encontrar esse momento criativo, mas pode nos ensinar a ficar atentos à sua chegada e sermos capazes de reconhecê-lo. Precisamos "aprender a ouvir a grama crescer", como diz Piscator. É difícil estar preparado para perceber esses momentos, e Stanislavski não pode nos ajudar nisso, porque é algo muito mais profundo do que até mesmo o penetrante Stanislavski conseguiu atingir. Nós jovens atores precisamos primeiro encontrar nosso meio de expressão, aprender a respirar e a nos mover e a fazer muitas coisas simplesmente mecânicas. Não podemos esperar ser criativos num papel clássico enquanto estivermos ainda concentrados na linguagem e na métrica.

Na época em que estudava interpretação, Piscator teve primeiro que aprender retórica. Ele nos contou como, ainda jovem, queria a pura beleza clássica em tudo. Assim como minha mãe, Piscator era um admirador de Alexander Moissi, o grande ator clássico, com sua voz perfeita, delicada e suave, protagonista da primeira produção de Max Reinhardt de *Jedermann* (Todo mundo), peça alegórica de Hugo von Hofmannsthal. Lembro-me de que, aos 10 anos de idade, quando eu certamente não teria sido capaz de julgar a interpretação de ninguém, minha mãe tocou para mim uma gravação de Moissi lendo o poema de Émile Verhaeren "O vento". Sua leitura deixou uma vívida impressão em mim. Lembro-me que disse à minha mãe como era estranho que quando ele dizia *"Der Wind, der wilde Novemberwind"* (O vento, o vento voraz de novembro) eu realmente sentia o som do vento em sua voz, como se estivesse soprando ali mesmo.

Piscator nos contou como ele tinha procurado falar como Moissi. Depois de uma apresentação, o jovem Piscator voltou para casa e tentou imitar exatamente o que tinha visto. Queria ter também aquele perfeccionismo de voz e gesto dos atores clássicos. Depois que assistiu a *Hamlet* com Moissi, passou horas tentando enunciar (e demonstrou para nós) *"Sein oder Nichtsein, das ist hier die Frage"* (Ser ou não ser, eis a questão) com as sílabas aspiradas e as longas vogais que minha mãe usava, adquiridas igualmente de seu ídolo Moissi, que ela nunca parou de imitar.

Depois da guerra, Piscator parou de imitar Moissi porque, durante o conflito, Piscator tinha se conscientizado dos problemas da humanidade e o social tornou-se o tema central de sua arte, não mais um fator marginal. Já não tolerava mais o belo escapismo da torre de marfim do teatro. Lutou contra os clássicos e contra Reinhardt. Inventou o teatro épico, com suas implicações sociológicas e políticas. Foi uma de suas muitas revoluções teatrais. Piscator nos falava da revolução biomecânica de Vsevolod Meyerhold e de seu teatro não emocional, que naturalmente fracassou, por basear-se numa falsa premissa.

Piscator concluiu com uma preleção sobre como atuar, sobre a importância da técnica e de abordar o papel por todos os ângulos. E traçou um paralelo entre o ator e o pintor. O pintor decide seu objeto ou uma certa composição e depois, antes de pintar, esboça-a várias vezes, como se estivesse ensaiando, antes de sentir-se pronto para dar seu quadro por acabado. Ele citou *Guernica*, para o qual Picasso fez tantos esboços. O detalhe da cabeça de um dos cavalos, que na pintura final é uma abstração do sofrimento, foi retrabalhado de várias maneiras diferentes. Eu tinha visto esses esboços e era óbvio que nem as cabeças realistas, nem os traços sucintos indecifráveis haviam sido o objetivo de Picasso. Sua perícia profissional em desenhos realistas o havia preparado para a perfeição das obras de arte abstratas.

Lemos então algumas críticas dos alunos sobre *O doente imaginário*. Não me pediram para ler a minha, que eu tinha escrito naquela mesma manhã. Virginia Baker fez o papel de Toinette, a criada atrevida e impertinente, com entusiasmo e energia. Eugene Van Grona, como o inválido Argan, alternadamente vociferava, gritava ou gemia, lamentando morbidamente, ou fugia apressadamente, com elegância. Não consegui pensar que aquele velhinho doido no palco podia ser o bailarino charmoso e sutil que dava aulas para nós, nem pude imaginar que a criada Toinette, ameaçadora e gritalhona, pudesse ter sido a trágica Margarida do *Fausto*. Caroline Townley interpretou a esposa hipócrita com estilo e refinamento. Garence fez o papel da ingênua Angélique com uma doçura equiparável ao seu nome. Hal Tulchin imbuiu o senso da alegria de viver de Molière, com hábeis movimentos de dança. Gene Benton atuou todo pomposo e Darren Dublin em falsete, com resultados cômicos impagáveis. A interpretação foi exagerada, quase com escárnio. Colocaram os alunos do Dramatic Workshop infantil como o coro dos doutores, criando um efeito estupendo. O cenário – que ninguém de minha classe apreciou – era expressionista, contrastando com o mobiliário, que era de época. A maquiagem incluía narizes de massa para modelar, de formas e tamanhos improváveis. Eu gostei do conceito da produção, embora a maioria de minhas opiniões tenha sido contrária às dos estudantes ou de Piscator. Ainda bem que não me pediram para expressar esses sentimentos impopulares.

Hoje a aula de marcha do drama consistiu em leituras dos dramaturgos elisabetanos: *Volpone* parece ser tão vulgar quanto *A feira de São Bartolomeu*, que, na minha crítica da semana passada, classifiquei como um espetáculo de variedades barato. Os "elisabetanos robustos" não me atraem. Steffi Blank apresentou uma cena de *A duquesa de Malfi*, de John Webster, lendo a duquesa na sangrenta cena do assassinato. Eugene leu o assassino e eu li a voz do anjo, que faz parte da tentativa de amedrontar a duquesa. Nos saímos bastante bem. Gloria Cacarro fez então uma leitura de *O médico à força,* de Molière, e incutiu na esposa megera todo o humor inteligente e raciocínio rápido das falas. Charles Zimmerman fez um lenhador simpático. A imensa diferença entre duas cenas farsescas, uma elisabetana e outra de um comediógrafo da corte de Luís XIV, é de arrepiar pelo refinamento tardiamente conquistado. Agora que estamos nos aproximando de Shakespeare, todo mundo vai tentar ler sua passagem favorita do Bardo. Steffi e eu estamos colaborando em *A tempestade*, ela como Próspero e eu como Ariel. Um papel adorável, se eu conseguir aquela qualidade espirituosa! Ela já interpretou Próspero na Inglaterra e vai poder me dirigir, de certo modo.

Aula de cenografia, na qual Leo Kerz explicou a dramaturgia intensiva e a dramaturgia extensiva, bem como o teatro de apresentação e o teatro de representação. A dramaturgia representacional (até onde entendi) procura convencer o espectador da realidade da peça – mesmo não sendo necessariamente realista –, enquanto a dramaturgia apresentacional admite que a peça é uma peça e que o ator é um ator e não o personagem que ele está interpretando. O comediante ou mestre de cerimônias de uma casa noturna são os vestígios modernos mais comuns da atuação apresentacional, enquanto a maior parte do teatro legítimo é representacional. O teatro atual é também dramaticamente intensivo; isto é, mostra um pequeno segmento, ou fatia de vida, ampliado e concentrado. Não se relaciona com o mundo exterior nem com outros aspectos ou problemas, senão apenas com aquele cômodo, aquelas pessoas e aquele tempo imediato. O teatro extensivo concentra-se na vida em si. Assume uma visão mais ampla do mundo, seu enredo é afetado por essa visão e o mundo afeta seu enredo. Unifica os vários aspectos para mostrar as circunstâncias da situação. O teatro de hoje, como dramaturgia representacional intensiva, chegou a um beco sem saída. Continuar com ele depois de ele já ter atingido seu ápice é estagnar, ou pior, é ser reacionário. O teatro do futuro deve ser novo, precisa mudar. Precisa ser expressionista, de algum modo, ou um teatro épico (a mais alta forma de drama extensivo). Um novo teatro surgirá depois desta guerra, e esse teatro novo é nosso.

QUARTA-FEIRA, 7 DE MARÇO DE 1945
Aula de voz. Não gosto desses exercícios absurdos. Não pretendo entrar em detalhes, preferindo ir para minhas aulas de dança. Nossos exercícios na barra se tornam mais instigantes e complexos, porém mais fáceis, a cada semana. Os princípios fundamentais da coreografia sempre escaparam à minha atenção, mas, com concentração, estou agora conseguindo dominar a maioria dos passos. Preciso fazer um esforço mental muitas vezes maior para controlar meu corpo do que para fazer qualquer ginástica mental. Quando finalmente dominei um passo simples, o esforço foi tamanho que Madame Piscator observou que "certamente não é necessário para alguém que escreve poesia portar-se e movimentar-se desse jeito". Procurei fazer tudo corretamente e gostaria que tivéssemos mais aulas de dança!

Depois, uma aula de interpretação com Margrit Weiler. Lemos a cena de *Cândida* entre Lexy Mill e a Srta. Prossy. A srta. Weiler me pediu para ler a Srta. Prossy. Ela disse que mantive minha própria identidade e negligenciei a Srta. Prossy. Evelyn leu Lexy Mill. A srta. Weiler pediu-nos para falarmos sobre um assunto emotivo. Evelyn contou de novo, em primeira pessoa, a história da cena do nascimento da criança em *A Tree Grows in Brooklyn* (Uma árvore cresce no Brooklyn). Em seguida contei (com modificações) a história de Françoise La Sœur e Valeska Gert. O ardor com o qual eu tinha pedido ajuda ao avalista de processos e ao juiz, somente duas semanas atrás, havia se dissipado completamente, deixando somente a indignação justificada de uma intrometida. A srta. Weiler disse que eu tinha demonstrado a emoção provocada, mas nem um pouco meu coração. Novamente, rompi numa risada e me senti mais desprezível do que nunca por isso. A srta.

Weiler pediu-me para imaginar que o homem em questão era meu marido, e apesar de parecer absurdo eu me imaginar como a mulher de La Sœur, *não há faceta da natureza humana alheia a mim mesma*. Expliquei meu problema à srta. Weiler, e ela me disse que se eu me concentrar mais não terei como me distrair tanto a ponto de rir. Temo que ela esteja enganada. Gostaria que houvesse alguém que pudesse me ajudar.

Aula de estilos através das eras sobre a arte alemã dos séculos XV e XVI. O dr. Zucker contesta o título "renascença alemã". A arte alemã em 1500 continuava na Idade Média. Vimos alguns Cranach – um *Adão e Eva*, um *Martinho Lutero* e uma *Sagrada Família* contra um fundo de conto de fadas. O dr. Zucker descreveu o *Adão e Eva* de Cranach como "apenas uma grande confusão", em comparação com a gravura em cobre de *Adão e Eva* de Dürer, decorativa, serena e inteligente. Em outro *Adão e Eva* holandês, vida e movimento transbordavam. O *Altar Isenheimer*, de Grünewald, com seus numerosos detalhes, é realmente extraordinário. Um autorretrato de Dürer, desenhado quando tinha 12 anos de idade, é um milagre de destreza, sem o menor traço de imaturidade. Em seus retratos maduros – vimos imagens de sua mãe e de um idoso – a franqueza brutal de Dürer não poupa ninguém. Outra pintura, *Jesus entre os doutores*, representa grotescamente os velhos do templo. O dr. Zucker terminou a aula com alguns retratos da realeza de Holbein, o gracioso *Príncipe de Gales* e a austera *Jane Seymour*. O suntuoso retrato de Henrique VIII, com seus ombros desproporcionais, revela o idiota grosseiro e voluptuoso que ele era, sempre enfeitado e repulsivo.

QUINTA-FEIRA, 8 DE MARÇO DE 1945
Minha aula de voz hoje foi demais para mim e meu ressentimento atingiu um ponto incontrolável. Percebo que Gloria Montemuro me ajudou com relação à produção vocal, mas isso não compensa o constrangimento que sinto durante suas aulas. Conversei com ela depois, dizendo que, com toda a franqueza, eu não estava contente com suas aulas. Expliquei minha formação de voz. Ela tentou ser compreensiva, mas na verdade não me entendeu. Não

chegamos a conclusão alguma, mas pelo menos ela sabe de minha atitude e de minhas motivações. Não terei como julgar o resultado até minha próxima aula.

Minha aula de história e sociologia, agora que terminamos a parte histórica, torna-se cada vez mais interessante. No momento estamos lidando com o aspecto psicológico do teatro e, mais especificamente, com a psicologia do público. O dr. Zucker solicitou-nos uma definição de psicologia, mas isso nos levou ao tema das definições em geral e, ao chegar a um acordo sobre o que constitui uma boa definição, definimos psicologia como a ciência que trata da capacidade de percepção e da reação da mente humana à percepção, bem como ao processamento das emoções, do intelecto, do movimento físico e da força de vontade. O dr. Zucker dividiu os cinco, na verdade seis sentidos entre os que afetam o teatro (visão, audição e tato – no uso dos figurinos) e os que não afetam o teatro (olfato e paladar). O "sexto sentido" – que certamente faz parte do teatro – o dr. Zucker definiu como o "fator indefinível" da personalidade ou magnetismo pessoal, chame-se como quiser. É completamente separado da beleza e do intelecto. Alguns poderão chamá-lo de charme, mas essa qualidade nem sempre é positiva, porque pode incluir Hitler, assim como Sinatra, Roosevelt e Rodolfo Valentino. Mas esse sexto sentido não está sob nosso controle, enquanto os outros podem ser trabalhados.

Os sentidos da visão e da audição são os que mais nos interessam. A maior parte do público orienta-se visualmente, não auditivamente. Provamos isso na aula usando uma palavra comum e deixando alguém dizer a primeira coisa que viesse à mente. Em palavras como "desfile", que se pode associar à visão ou ao som, as respostas que surgiram eram sobretudo de natureza visual e não auditiva. O dr. Zucker então nos falou de uma lei teatral que não é tão válida para as outras artes: a importância de uma conclusão ativa ou auditiva. Em outras palavras, a cortina deve cair sobre uma ação, ou deve haver um som – tal como sinos ou uma explosão –, qualquer coisa menos um diálogo, porque o conteúdo intelectual deve ser concluído com um efeito físico. Como exemplo, ele mencionou o cata-vento em *Santa Joana* e a luz do sol nas janelas em *Os espectros*. As badaladas culminantes em *A Bell for Adano* (Um sino para Adano)[19] são um exemplo contemporâneo. A realização disso costuma ser a função do diretor ou do dramaturgo. Penso que quase todas as peças a que assisti terminam com uma ação e não com um diálogo, ainda que a ação seja o último abraço de dois amantes. O dr. Zucker explicou a lentidão das reações do público, dizendo que ele deve ser avisado de cada coisa que acontecerá depois. Cada ação deve ser precedida por um indício de si mesma.

O público costuma levar um tempo para rir de uma fala cômica, e o ator deve esperar a risada acabar. Se continuar falando, perderá o efeito cômico da fala e a sensação de que o público o está acompanhando. Ele poderá ficar parado, mas a coisa mais sábia a fazer é preencher o vazio com uma ação inconspícua ou um gesto. O outro ator no palco terá um problema maior. Quando ouvir a fala humorística à qual deverá reagir, terá duas possibilidades. Poderá ajudar o público adiantando a risada ao rir ele mesmo, imediatamente, em cujo caso sua risada correrá o risco de distrair o público da fala original. Mas se ele não rir, correrá o perigo de cair no silêncio e numa pausa vazia, porque o ator não pode se mover entre a fala e a risada. Ficou bem claro, agora, por que Piscator requer que os estudantes estudem psicologia no segundo ano.

Em seguida, na aula de figurinos, tivemos uma palestra sobre as roupas da Roma clássica. As regras e os regulamentos para o vestuário eram estritas e complexas. A posição social era indicada pelo trajar, o que vem cada vez menos ao caso hoje em dia. Os prisioneiros vestiam calças como "os bárbaros calçudos" de outras nações, o que era, para os romanos, um sinal de subjugação. A toga foi usada somente por um breve período e somente pelos patrícios, para distingui-los dos plebeus. Entre as variedades de toga havia diferenças que mostravam a classe social. Disputa-

---

19 Romance de John Hersey de 1944, vencedor do Prêmio Pulitzer em 1945, adaptado para o cinema por Henry King no mesmo ano. [N.T.]

-se qual seria a forma da toga, embora a maneira como era usada seja conhecida.

Leo Kerz nos deu instruções completas para vestir a toga. Seja em forma de losango ou semicircular, sabe-se que o tecido tinha 45 centímetros de largura. Uma das pontas de seu comprimento era jogada sobre o ombro esquerdo, indo até o chão. O resto, atravessando pela frente, por baixo do braço direito, era enrolado na cintura como um cinto, depois enrolado nas costas e amarrado no pulso. Puxando-se a toga para frente como um bolso, formava-se o receptáculo chamado "umbo" e um drapeado, o "sinus". O drapeado das costas era usado às vezes como capuz, para proteger da chuva, ou em sinal de luto.

A túnica, como na Grécia, era usada por baixo da toga. Os plebeus acabaram usando togas de algodão cinza ou castanho, mas nunca, como fizeram posteriormente os patrícios, de seda do Oriente. Togas pretas eram usadas em sinal de luto. César e os generais conquistadores usavam togas púrpura. Sacerdotes, jovens abaixo de 14 anos e magistrados usavam a toga pretexta, branca com borda púrpura, sinal de pureza e caráter. Os cavaleiros usavam-nas com listras púrpura, alternadamente estreitas e largas.

Por volta do ano 200 a.C., túnicas com bordados elaborados substituíram as togas. Os plebeus vestiam o *palladium* (derivado de Palas Atena) originário da Grécia. As mulheres usavam uma forma de túnica jônica. Toucados e penteados eram ainda mais extravagantes que os atuais.

SEXTA-FEIRA, 9 DE MARÇO DE 1945
Contrariada por perder aulas de interpretação, fui designada para fazer uma "turnê" com a peça de Molière que nos levou até o Brooklyn, na escola pública P.S. 221, mas todas as aulas que perdi foram um sacrifício positivo, porque aprendi muita coisa. Superamos dificuldades práticas: um só camarim feminino com um único espelho, uma única lâmpada e sem mesa. Meu trabalho acabou sendo mais o da mestra de guarda-roupa que o de supervisora dos figurinos, e as tarefas eram inumeráveis. O texto, adaptado para crianças, transformou Béline numa bruxa e colocou Toinette em contato direto com as crianças. Toinette in-

corporou as falas de Béralde e Cléante, que desapareceram. Dei as deixas para Virginia enquanto ela aplicava uma base oleosa e descobri que ela quase não sabia as falas, mas tinha completa autoconfiança em seu espírito inventivo e fé em sua habilidade de improvisar.

De pé na coxia, assisti a um espetáculo incrível. Sabendo que a plateia seria infantil, esperava um grupo de uns 12 anos de idade. Em vez disso, apareceram pequeninos cambaleantes de 8 a 10 anos, no máximo. Assim que o doente imaginário, Argan, começou a falar, as crianças começaram a pensar em outras coisas. Mas nossos atores realmente se excederam. Virginia deu um soco em Eugene que o derrubou. Eugene gritou até ficar rouco e correu atrás de Caroline Townley (Béline) pelo auditório. E na confusão geral Darren Dublin, como Thomas Diaforus, fez rir os atores. Em cada elenco há sempre um gozador que se aproveita da confusão. O fato de termos conseguido apresentar a peça, apesar de tudo, e prender a atenção das crianças, foi mais do que se poderia esperar, embora a apresentação deva ter feito Molière revirar-se na tumba em alta velocidade.

A segunda apresentação foi para um público um pouco mais velho e menos barulhento, que pelo menos acompanhou a peça. Na primeira apresentação, quando Darren dizia suas longas falas, o significado ficava tão obviamente perdido que ele virou para Eugene e disse em voz alta: "Que droga!". Até isso passou despercebido pela plateia. Mas o público da segunda sessão acompanhou a maior parte do que estava acontecendo e gostou. Depois, os atores do elenco sentiram o gosto da fama quando centenas de crianças os rodearam pedindo autógrafos. Desmontamos o cenário e voltamos para casa. Senti que havia sido uma lição incrível de como se sentir livre e desinibida no palco. Por menor que seja, o medo torna mais difícil improvisar em situações caóticas.

Hoje, a aula de marcha do drama foi sobre os autores elisabetanos tardios. O prof. Gassner falou de John Webster, Ben Jonson, Thomas Dekker, John Ford e o autor da apresentação da noite, Philip Massinger, dizendo que eles "abraçaram a cultura com uma espécie de abraço de urso". Amavam a humanidade e caricaturavam-na com amargura.

A apresentação foi de *A New Way to Pay Old Debts* (Um novo modo de pagar velhas dívidas), de Massinger. Eleanor Epstein interpretou Margaret com delicadeza e Gene Benton saiu-se bem como *Sir* Giles Overreach, mas Louis Guss, no papel de Greedy, se superou. No final, quando dizem ao glutão Greedy que ele não pode comer, ele foi mudando de expressão aos poucos, conforme ia tomando consciência disso, e seu desapontamento tornou-se visual sob uma lâmpada Klieg que ia mudando do vermelho para o laranja e o amarelo até um verde intenso.

DOMINGO, 11 DE MARÇO DE 1945
Um programa na noite de domingo, no Urban Auditorium da New School, em memória de Romain Rolland. Consegui assistir por trabalhar como indicadora de lugares. Piscator, que admira Rolland especialmente pelo seu livro *O teatro do povo*, coordenou um grupo maravilhoso de oradores. Barrett H. Clark, que traduziu muitos livros de Rolland, falou sobre ele como seu professor em Paris. De todas as descrições de Rolland durante a noite, seu retrato do amável professor, seu amor pela música e sua natureza desinteressada foi o que mais me tocou, talvez por ter visto nele seu personagem, Jean-Christophe. Friderike Zweig leu um excerto da biografia de Rolland escrita por seu marido, Stefan Zweig, uma descrição estereotípica de um homem quieto, de pequena estatura, com olhos brilhantes. O editor de um jornal francês, Henri Torres, falou em seguida, em francês, e, pelo que pude entender, lembrou a todos que os fascistas não são nada bons e que todos os odiamos e que Rolland os odiava. Mas disse isso com tanta beleza, com ritmo de fala, pausas de efeito, tonalidade e até mesmo gestos tão charmosos que o público ficou encantado. André Spire, um poeta francês de cabelos brancos e barbicha branca, leu admiravelmente bem uma carta de Rolland. O poeta e dramaturgo alemão Fritz von Unruh falou em inglês. Não conheço sua poesia nem seus escritos na própria língua, mas seu discurso foi péssimo. "Romain Rolland", declamava, alto demais, "temos de olhar para você, Romain Rolland! Você é nossa inspiração!" etc. Depois, como um

tributo especial, Bronislav Huberman e Bruno Walter tocaram esplendidamente a *Sonata a Kreutzer* de Beethoven. Sentei-me ao lado de Eugene Van Grona ("A música que ouvi com você era mais do que música"[20]). Stella Adler, com sua voz bonita e imponente, leu uma passagem de *O teatro do povo* na qual Rolland diz que não pode haver um "teatro de arte" diferente de um "teatro do povo" e que o teatro do povo deve ser para o povo. O francês de Jean-Benoît Lévy estava além de minha compreensão e Jules Romain, cuja literatura eu respeito, não me impressionou. O magnífico Berghof, o menos magnífico Philip Houston e os jovens do Workshop leram uma cena da peça de Rolland *Os lobos*. O texto é intelectual, uma bela palestra, mas péssimo teatro.

SEGUNDA-FEIRA, 12 DE MARÇO DE 1945
Aula de dança com Eugene Van Grona. Depois de alguns exercícios, ele falou dos princípios do caminhar, do caminhar na dança. E mostrou para nós como motivar nossa caminhada, imaginando uma linha que nos puxa para a frente, a partir do meio do peito, acima dos seios, na altura das axilas, que ajuda a expressar o ímpeto do movimento. Se nos deixarmos puxar para frente a partir desse ponto, como que atraídos por um ímã, e mantivermos os ombros abaixados, assumiremos uma caminhada altiva, lépida e limpa. É um modo de caminhar vigoroso e animado. Se, ao contrário, reagirmos e contrairmos o peito, o corpo todo parecerá encovado, humilhado e negativo.

Fizemos dois exercícios. Primeiramente caminhamos atravessando a sala com arrogância, agressivamente, até mesmo tiranicamente. Ao fazer isso, pensei na peça de O'Neill *Lazarus Laughed* (Lázaro riu) e na fala "*Hail, Caligula, Emperor of Rome!*" (Ave, Calígula, imperador de Roma!) enquanto eu caminhava. Em seguida devíamos caminhar humildemente, e aí fiz a conexão mental com uma imagem que o dr. Zucker nos tinha mostrado de Ma-

---

20 Verso inicial do poema "Music I heard" (Música que ouvi), de Conrad Aiken (1889-1973). [N.E.]

ria menina indo receber a bênção do Sumo Sacerdote. Fizemos outros experimentos: um modo de andar seco, de negociante, grosseiro e despachado. Tentei isso para os colegas e, apesar de não conseguir descobrir em qual parte do corpo estava minha caracterização, os que me viram acharam que estava nos ombros. Para obter essa sensação, tentamos o oposto, o andar poético, depois a figura sensual. A figura sensual, especialmente da mulher, caminha principalmente a partir dos quadris, movendo-se da cintura para baixo, seu corpo seguindo-a. Depois disso, tentamos o personagem seco, com quadris rígidos, movendo-se com os ombros para frente e conduzindo com a parte superior do torso, e aí obtivemos a caracterização perfeita. Concluímos essa aula com alguns movimentos de esgrima, realizados esplendidamente pelo professor, que eu não consegui repetir.

Aula de maquiagem. Continuando a tentativa da semana passada de caracterizar o início da meia-idade, chegamos até os últimos anos da meia-idade. Enquanto a maquiagem da semana passada tinha me feito parecer uma velha prostituta muito doente, nesta semana a classe me perguntou quem tinha me desenterrado. Parece difícil para um professor compreender que num rosto fino e descorado como o meu a menor sombra se destaca como um furo enorme. O lápis pesado, portanto, domina meu rosto inteiro até não sobrar nada senão uma máscara oca. Mesmo assim, estou aprendendo os rudimentos da maquiagem.

Em peças em cartaz, a classe discutiu *Eu e o coronel*, de Franz Werfel, dirigida por Elia Kazan para a Theatre Guild, a melhor comédia que já vi na Broadway, mas da qual minha classe, em geral, não gostou. Talvez o sabor semítico europeu me seja mais próximo.

Na aula de direção, discutimos a ênfase nos bastidores, o que confundiu alguns estudantes, apesar de Piscator ter sido bastante claro. Subindo no palco, ele falou com alguém, depois chamou outra pessoa abaixo: "Ei, Oscar, vem cá. Está vindo?". O modo como o fez foi tão engraçado que a classe se desfez em explosões de riso durante a aula inteira e ninguém conseguiu mais se concentrar. Até

Chouteau Dyer perdeu o controle e precisou sair da sala para Piscator poder continuar a aula. Pelo menos isso esclareceu a ideia de ênfase nos bastidores. Depois trabalhamos na preparação para entrar no palco.

    Discutimos em seguida a peça de marcha do drama de sexta-feira passada, dirigida por Hal Tulchin. Gene Benton nos contou que Hal tinha se esforçado para ajudar o elenco a entender algumas passagens mais obscuras. As falas de *Um novo modo de pagar velhas dívidas* que causaram problema foram aquelas em que *Sir* Giles Overreach elogia a aparência da filha e diz que seus pés também precisam ser bem vestidos, porque chamam a atenção tanto quanto o rosto. Passamos o resto da aula parafraseando essa fala.

TERÇA-FEIRA, 13 DE MARÇO DE 1945
Na aula de conselho de diretores, voltamos a discutir a disciplina. Se um estudante não quiser fazer nenhum trabalho técnico, não poderá participar das aulas de interpretação na escola. Tudo isso pode ser muito importante, mas Piscator tem tanto a nos oferecer que é frustrante perder uma hora ouvindo-o repreender Sidney Schwartz.

    A aula de pesquisa teatral foi uma continuação da repreensão, mas em escala mais elevada. Parece que ninguém além de mim escreveu sua crítica de *Um novo modo de pagar velhas dívidas*. Terminada a repreensão, Piscator pediu-me para ler minha crítica e me fez desejar que não a tivesse escrito hoje de manhã, sem tê-la relido. Sentindo-me amedrontada, naturalmente, dei uma risada. Piscator ainda não sabe desse meu ponto fraco e o atribui ao humor da peça. Consegui me safar dessa vez, e a crítica foi considerada satisfatória.

    Passamos nossa aula de marcha do drama com leituras de Shakespeare. Steffi Blank e eu fomos as primeiras a serem chamadas e fizemos nossa cena de *A tempestade*. Ela enfática, no papel de Próspero, e eu procurando inspirar uma certa leveza como Ariel. Naturalmente os alunos fizeram comparações com as atuações de Arnold Moss e Vera Zorina nesses papéis na Broadway. Como Zorina é bailarina e absolutamente não é atriz, a comparação me foi favorável. Disseram que eu "tinha sentido a peça", o que não era realmente verdade. O que senti foi a poesia, senti a beleza daquilo que estava dizendo, mas mesmo o sentido sendo claro não consegui exprimi-lo emotivamente. Harriet Charney leu uma *Megera domada* muito briguenta e se saiu bem no papel. Eleanor Epstein leu Lady Macbeth com inteligência, quase bonito demais, com belos crescendos até alcançar o clímax. Mas, por mais bem-intencionada que fosse, ela ainda não tem a maturidade emotiva necessária para exprimir a personagem.

Na aula de cenografia, discutimos novos problemas de perspectiva, depois de termos revisado brevemente os métodos extensivo e intensivo. Partindo do mais simples e mais comum, talvez do desenho menos interessante, discutimos a caixa cênica e desvendamos alguns dos problemas que ela apresenta. Começamos por considerar os elementos do palco e suas dimensões, que incluem as medidas do proscênio. Nos teatros mais comuns da Broadway, o palco costuma medir de 89 metros a 101 metros de largura, de 4,80 metros a 5,50 metros de altura, e de 9 metros a 10,30 metros de profundidade. As "bambolinas" e os "bastidores" emolduram o topo e os lados do cenário, respectivamente, enquanto a "sanefa" e as "pernas" são cortinas que cumprem funções semelhantes, e às vezes são chamadas de "falso proscênio". Falamos do ciclorama e da máscara necessária para ocultar sua borda inferior. Um dos erros mais comuns de iluminação é iluminar uma cena externa pela parte superior. A parte mais clara do céu deve ficar perto da linha do horizonte, como nas pinturas.

QUARTA-FEIRA, 14 DE MARÇO DE 1945
Uma aula de voz desastrosa. Minha discussão com a srta. Montemuro não somente foi inútil, mas na verdade prejudicou.

Aula de dança com Madame Piscator. Exercícios na barra e um pouco de dança ao som de músicas estranhas, asiática, russa e bolero. Como estava muito cansada, tive pouco rendimento além de agravar meu cansaço.

Aula de interpretação. Cherie Ross leu o papel de Martha Webster em *Bury the Dead* (Enterrai os mortos), de

Irwin Shaw, que era meu drama favorito alguns anos atrás. Ela leu com lisura e sensibilidade. A srta. Weiler tentou fazer com que ela expressasse os sentimentos de Martha, cujo marido morre, mas se levanta, com outros cinco soldados mortos, por não vèr motivo algum nem para a guerra, nem para sua própria morte, e se recusa a ser sepultado. As viúvas dos soldados, suas mães e namoradas pedem a eles para não perturbarem a placidez dos costumes. Martha realmente não sente piedade pela morte do marido, porque viveu uma vida de pobreza que ela atribui à falta de ambição e habilidade dele. A srta. Weiler queria que Cherie sentisse essa vida pobre e solitária, mas chegou à conclusão de que ela era jovem demais para compreender isso. Achei que era mais a incapacidade dela de compreender a pobreza, porque se eu conseguisse convencê-la de alguma coisa no palco seria da sensação sufocante de ser pobre, da mesma forma que eu consegui capturar a sensação do aprisionamento.

Depois li uma fala, sem preparação. A srta. Weiler escolheu a fala de amor de Martha Dobie em *The Children's Hour* (A hora das crianças), de Lillian Hellman. Minha leitura, segundo ela, tinha sido inteligente, mas bonita demais. Procuro sempre a beleza nas palavras e frases, a ponto de minha leitura se tornar quase estilizada. Tentei ler a fala novamente, mas continuava no mesmo nível, e prejudicada pela interpretação naturalista. Já estava familiarizada com o conteúdo do texto quando a srta. Weiler pediu-me para contar sua essência, sem olhar para o texto, mas falando diretamente para ela. Fiz isso com certa hesitação, mas, como a srta. Weiler tinha esperado, não embelezei tanto. Ela me disse que não estava convencida de meu amor. Lendo o texto me sinto completamente livre para dizer qualquer coisa, mas ao falar diretamente para outra pessoa me sinto embaraçada e hesito. Mas um pouco mais de experiência sem dúvida poderá me curar disso.

Em seguida Steffi leu a fala "Não vamos sofrer mais" de Karen, em *A hora das crianças*, mas de algum modo ela parecia em conflito com o texto. Alice leu com doçura o papel de Alice da comédia *You Can't Take It with You* (Do mundo nada se leva), de George Kaufman e Moss Hart. Como eu precisava de uma fala para fazer comédia sem embelezar, tendo mencionado à srta. Weiler minha inabilidade para atuar em comédias, embora não ache que me falte senso de humor, ela me pediu para ler a fala do avô para o homem rico, da mesma peça. Consegui fazê-lo adequadamente, mas ficou faltando algum humor além daquele já contido na fala.

Na aula de estilos através das eras, sobre a pintura espanhola, o dr. Zucker descreveu a Espanha como um país de extremos. A Inquisição, disse ele, foi o fenômeno mais cruel da história. Falou da pobreza na Espanha – o povo mais pobre da Idade Média – e da riqueza da nobiliarquia espanhola, que transcendia a de qualquer outra. Essa dualidade se espelha na pintura da época, rica em contrastes e cores. A pintura da renascença espanhola também é rica em contrastes. Predominam as linhas abruptas e as fortes variações de luz e sombra, com uma paixão quase russa pelas cores carregadas.

O primeiro *slide*, do portal de uma catedral entalhado com uma cena do inferno, apresenta a maior concentração imaginável de sadismo por centímetro quadrado. Depois, a pintura de um Cristo na mais terrível agonia. Seguiram-se três altos dignitários da Igreja de três pintores, um prelado de Ticiano, um papa de Velázquez e um cardeal de El Greco. Vimos alguns magníficos El Greco que demonstravam o desenvolvimento de sua arte, como *Cristo expulsa os vendilhões do templo,* e depois o mesmo tema pintado vinte anos mais tarde, com pinceladas soltas e figuras livremente apresentadas e o uso de tinta a óleo translúcida. Depois seu *Pedro arrependido* e sua *Vista de Toledo sob a tempestade*, seguidos por Velázquez com uma sinistra pintura histórica, *A rendição de Breda*. Um anão da corte espanhola de rosto tristíssimo ilustrava a tragédia de achá-lo cômico, o que traz à mente o conto de Oscar Wilde *O aniversário da infanta*, com seu anão que morre de tristeza. *As meninas*, o dr. Zucker explicou, é uma pintura em *trompe-l'œil*. O rei e a rainha espelhados no fundo e a inclusão do próprio artista, meio oculto por sua própria tela, eram inovações ousadas.

Depois, *quelle surprise*, uma *Vênus* de Velázquez, a única Vênus magra que já vi, morena e frágil. Fiquei muito contente que, na mesma época em que Rubens ostentava suas mulheres plenas, alguém pudesse pintar uma Vênus esbelta. O dr. Zucker mostrou uma *Vênus* de Ticiano, para contrastar. Seguiu-se Murillo, por quem não tive simpatia, com seus "cartões de Natal". Retratos de Goya e seus desenhos (mas nenhum tão sublime quanto suas gravuras da guerra) encerraram a aula.

QUINTA-FEIRA, 15 DE MARÇO DE 1945
Aula de voz. Depois uma aula fascinante de história e sociologia. O dr. Zucker discutiu a psicologia da plateia, identificando, para começar, sete classes. Trabalhamos em pequenos grupos discutindo todas elas, e justificamos todas as nossas classificações. A primeira classe e a mais alta, o público mais apreciador, é a classe intelectual, "a sociedade receptiva". A sociedade, observou o dr. Zucker, pode parecer uma maneira antidemocrática de designar a classe mais rica, mas as pessoas muito viajadas e com uma boa educação, que não tiveram de passar a vida toda trabalhando, costumam ser muito inteligentes. Naturalmente, desde que sejam receptivas (e não uns palermas). A próxima na escala são os profissionais liberais – advogados, médicos etc. Em seguida, por ordem: os empresários de classe média alta, os assalariados de colarinho branco (bibliotecários, professores), os operários de colarinho azul, os funcionários administrativos de baixa renda (estenógrafos) e, por último, o público das matinês.

Depois ele classificou o tipo de teatro preferido de cada público. As primeiras duas classes, a intelectual e a profissional, preferem o teatro literário e a comédia de costumes (Noël Coward), e o empresário cansado, a comédia musical. O assalariado de colarinho branco prefere o realismo açucarado ou as produções costumeiras da Broadway, como a comédia *The Voice of the Turtle* (A voz da rolinha), de John William Van Druten.

PSICOLOGIA DO PÚBLICO

CLASSE	PREFERÊNCIA	PERCEPÇÃO	NOVA YORK	TUCSON
Intelectuais e sociedade receptiva	Teatro literário	Intelectual / Visual / Auditiva	20%	10%
Profissionais	Teatro literário	Intelectual	20%	20%
Classe média alta	Teatro literário / Comédia de costumes / Comédia musical	Visual / Intelectual / Auditiva	40%	60%
Assalariados	Realismo açucarado	Intelectual	8%	10%
Operários	Todas as anteriores e teatro político	Visual / Intelectual / Auditiva	10%	–
Funcionários administrativos	Musicais / Farsas	Auditiva	2%	–
Público de matinê	Peças sentimentais	Visual	2%	–

Psicologia do público, tabela de Paul Zucker.

O operário aprecia todas as categorias anteriores, mas prefere o teatro político, que fala diretamente a ele. O funcionário administrativo gosta de musicais, enquanto o público das matinês é totalmente sentimental. Decidimos que as primeiras duas classes e a última são as que têm realmente vontade de ir ao teatro.

Na cidade de Nova York, a composição da plateia é provavelmente de 20% das duas primeiras classes, 40% da classe média alta, 10% de operários, 20% de público de matinê e 10% de funcionários administrativos. Em comunidades rurais como Tucson, por exemplo, seria de 10% de intelectuais, 20% de profissionais liberais, 60% de classe média alta, 10% de assalariados e somente um indivíduo ou outro das outras classes. Bom ter isso em mente quando formos nos apresentar em Tucson.

O dr. Zucker elaborou uma segunda tabela para mostrar as diferenças sociológicas e as reações comuns do público moderno, bem como a variedade de interesses teatrais segundo o estrato social. O gosto do público é influenciado por três fatores:

A. peças que tratam de coisas ao seu alcance;

B. visualizar coisas que conhece somente através da leitura ou ensino;

C. esnobismo.

FATORES QUE INFLUENCIAM O GOSTO DO PÚBLICO		
Trabalhadores rurais Desempregados apáticos	Jornais + leitura incidental	Faroeste, mistério
Baixa classe média	Jornais + revistas da imprensa marrom	Faroeste, mistério, histórias de amor
Assalariados	Jornais + romances de amor + revistas de classe média	Musicais, histórias de amor, política
Classe média alta independente	Jornais + romances de amor + revistas de classe média	Musicais, histórias de amor, política com ênfase em entretenimento
Profissionais intelectuais	Jornais + literatura (revista *The New Yorker*)	Musicais, histórias de amor, política, documentário e comédia de costumes
Sociedade	Jornais + literatura + romances de amor mais vendidos	Musicais, histórias de amor, política, comédia de costumes com ênfase em entretenimento

Segunda tabela sociológica de Paul Zucker.

Aula de figurinos: a França tornou-se o centro do mundo da moda no ano 55 a.C., quando César cruzou os Alpes, e continua sendo até hoje. Durante a Idade Média, a moda foi mudando lentamente, devido à dificuldade e ao alto custo de fazer vestimentas. O centro da moda era Marselha, depois mudou-se para Paris, onde continua até agora. A ideia de variedade no vestir começou entre os patrícios da Gália: usava-se cabelos loiros e véus, estola e espartilho ou *strophium*, bem como as primeiras perneiras de malha costuradas (em vez de drapejadas), das quais derivaram as meias-calças. Com relação às vestimentas, o início da Idade Média ficou muito aquém da cultura romana antes de atingir a grandeza medieval.

SEXTA-FEIRA, 16 DE MARÇO DE 1945
Aula de voz. Depois uma aula de interpretação, na qual o sr. Ben-Ari nos deu vários exercícios para concentrarmos a atenção, mas na maior parte do tempo ele nos falou dos vários métodos de interpretação, especialmente o de Vakhtangov, aluno de Stanislavski, que mais tarde rompeu com o método do mestre para acabar com o naturalismo e criar o teatro do "realismo fantástico". Vakhtangov acreditava que o teatro devia adaptar-se à imaginação do ator, o que é muito mais próximo da teoria de Piscator que de Stanislavski. O realismo fantástico requer maior profundidade por parte do ator, exatamente como o método de Piscator, se genuinamente realizado, requer tanto a inspiração quanto a imaginação do ator. Portanto, concluiu o sr. Ben-Ari, Stanislavski oferece uma base tão boa quanto qualquer outra para um método de interpretação. Em seguida, fizemos alguns exercícios que inventamos uns para os outros.

Aula de interpretação com a srta. Weiler. Começamos a trabalhar *A alegre viagem a Trenton e Camden*, estabelecendo a ação e corrigindo-a. Ela nos mostrou como marcar nossos textos, indicando nossas deixas e nossas falas, e desenhando todos os nossos movimentos e ações.

O sr. Gassner deu uma palestra sobre Shakespeare, falando do "sujeito ordinário" em seu trabalho, não da habilidade mental. Shakespeare não inventou enredos, nem originou um estilo – foi um inovador somente na profundidade da caracterização dos personagens.

DOMINGO, 17 DE MARÇO DE 1945
Noite de Reis, para ilustrar a palestra de marcha do drama sobre Shakespeare. Um duplo elenco nos deu a oportunidade de comparar interpretações. Na matinê, apreciei a Viola de Priscilla Draghi, porque sua interpretação se aproximava mais da minha, enquanto a mesma personagem interpretada por Grace Huffman era reflexiva, mais adulta e menos impulsiva. Eugene Van Grona, como o duque Orsino, esteve realmente soberbo. Charles Coleman fez um adorável *Sir* Toby Belch. Elaine Stritch foi uma boba perfeita (quer dizer, atuou perfeitamente como Feste, o bobo da corte) e cantou deliciosamente. Jimmy Walsh interpretou um Malvolio cheio de arrogância, enquanto Eugene o interpretou com uma paixão que quase o tornava atraente demais.

O grande interesse estava no cenário e no estilo da produção. Julian Beck, que assistiu à matinê comigo, tinha assistido a *Noite de Reis* com Helen Hayes na Broadway anos atrás, e comentou que somente esta produção da aula de marcha do drama revelava o verdadeiro humor de Shakespeare. A cenografia de Leo Kerz foi a parte mais original da produção. Ao invés de sobrecarregar a leveza de espírito da peça com cortinas e biombos, colocou um telão no centro do palco, dependurou redes de pesca sobre ele e projetou *slides* no telão, não para indicar o lugar da ação, mas sim a essência de cada cena. Muitos efeitos cômicos, como a prisão de Malvolio, foram obtidos com os atores interpretando atrás do telão, em silhueta.

SEGUNDA-FEIRA, 19 DE MARÇO DE 1945
Dança, com Madame Piscator. Apesar de estar melhorando nos exercícios na barra, os passos muitas vezes são difíceis demais para eu conseguir acompanhar.

Aula de maquiagem, na qual minha tentativa de caracterizar a meia-idade avançada foi novamente um fracasso. Parecia um pouco menos dissoluta que na semana passada, mas em vez de dissoluta fiquei parecendo suja. Trabalhei até ficar com a pele ardendo.

A aula de peças em cartaz foi uma discussão dos fiascos do momento e de outro por vir. Roselyn Weiss, recém-formada, falou aos alunos sobre sua experiência no papel-título de *Sweet Genevieve* (Doce Genevieve), que esteve brevemente em cartaz na Broadway. Como eu queria ter uma oportunidade dessas!

Na aula de direção, continuamos a discutir o livro de Alexander Dean: elaboradas disposições de pessoas em cena, sempre demonstrando ênfase e foco. Piscator tem tanta coisa para ensinar, tantos conhecimentos a serem transmitidos que parece uma perda de tempo estudar as manipulações técnicas do sr. Dean.

TERÇA-FEIRA, 20 DE MARÇO DE 1945
Conselho de diretores, com as costumeiras repreensões e distribuição de tarefas para a produção de *Fuente Ovejuna*, de Lope de Vega. Nesta aula, e depois na de pesquisa teatral, Piscator leu para nós a carta que recebeu de um ex-aluno do Dramatic Workshop, Gilbert Seymour, agora soldado. Escrita do campo de batalha, comenta a vastidão das coisas, a limitada e distorcida perspectiva das pessoas que desconhecem o tamanho do planeta e não participam do combate mundial. "Como esta guerra mundial é distante para mim! Fico feliz quando o rádio anuncia que as notícias são boas e agora a vitória é iminente. Exclamo 'Viva!', mas não me sinto empolgado com o impacto emocional de um feito grandioso. Sinto vergonha de admitir, mas é distante demais!" Seymour era outro que não tinha compreendido o significado do teatro épico e agora, no campo de batalha, estava sentindo que o mundo e os vastos problemas que o compõem são o impulso vital do teatro. Ele afirma que, se não puder voltar para um teatro no qual esses ideais tenham significado, um teatro com um propósito, irá procurar outro lugar para participar do desenvolvimento de seu tempo. "É assim que a guerra ensina nobreza de caráter", concluiu Piscator. Do meu ponto de vista, ele se engana.

Começamos uma discussão sobre *Noite de Reis*, mas as comparações (que Piscator odeia) começaram a aparecer. Na biblioteca, Nisha Rosenberg e eu lemos uma cena entre Manuela von Meinhardis e Fräulein von Bernburg da peça

Mädchen in Uniform (Senhoritas de uniforme), de Christa Winsloe. Senti falta de uma qualidade dramática grandiosa – talvez eu esteja sentindo falta da poesia e grandiloquência dos clássicos que estamos estudando neste momento.

Durante a aula de cenografia, Leo Kerz repassou nossas tarefas de casa. As longas horas que passei desenhando não foram completamente perdidas. Ele disse que os desenhos dos outros que haviam tentado estavam errados e que o meu estava certo. Disse isso enquanto nos devolvia os desenhos. Depois nos mostrou como se faz e nos ensinou a desenhar uma planta baixa e um plano de corte vertical.

QUARTA-FEIRA, 21 DE MARÇO DE 1945
Aula de voz, para arruinar poemas maravilhosos.

Aula de dança com Madame Piscator. Fico surpresa que meu progresso não tenha nenhum efeito sobre minha postura ou meus movimentos fora das aulas. Talvez eu esteja esperando resultados demasiadamente cedo, mas eu deveria pelo menos sentir alguma facilidade de movimento. Talvez eu esteja demasiado cansada para dar ao meu corpo uma chance de ser gracioso, e logo agora estou começando a trabalhar mais pesado ainda, em *Fuente Ovejuna*. Fiz testes para vários papéis, sem sucesso. Temo que a srta. Montemuro seja a responsável por eu não ter entrado no elenco.

Aula de interpretação, com a srta. Weiler. Começamos com *A alegre viagem a Trenton e Camden*. Dessa vez tive a oportunidade de fazer o papel de Arthur, o menino de 10 anos, e finalmente consegui me sentir completamente compenetrada no papel. Steffi interpretou a mãe, e a srta. Weiler observou que estabeleci um bom contato com ela. Meu único problema foi com Alice, a gata, porque a provoquei como uma menina e não como um menino.

Depois fizemos uma cena sobre uma ligação telefônica. Uma pessoa pede a outra para usar seu telefone e esta última nega. Variamos os personagens e o enredo. A última variação foi uma cena dramática para Steffi e eu. Uma amiga bate à minha porta me pedindo para usar o telefone e eu tenho de recusar, porque meu pai está em casa, bêbado, e não posso deixá-la entrar. Ela me diz que a ligação é urgente e eu fico tão comovida que acabo confessando meu motivo para não deixá-la entrar. Exagerei a cena devido à minha relutância habitual em improvisar. Usando Pancho como modelo, visualizei o poeta bêbado como meu pai, alguém que amo tanto quanto se pode amar um pai assim, mas envergonhada como uma filha se sentiria de um pai assim.

Senti o amor e a vergonha com demasiada intensidade. Basta dar uma olhada no meu diário meio desequilibrado do ano passado para constatar isso. O que me ensina que sempre que certos gestos ou reações são exagerados, ou pelo menos amplificados para o palco, também há outros que precisam ser reduzidos, condensados e refinados. Por isso, acabei tornando tudo demasiadamente poético e embelezado, mais uma vez. Prometi a mim mesma que, na minha próxima leitura, escolherei algo completamente sem poesia para provar que sou capaz de fazer isso. Ao interpretar uma tragédia, minha dificuldade é querer tornar bela até uma verdadeira tragédia, e já tentei demais embelezar a vida real.

Na aula de estilos através das eras, cobrimos os mestres flamengos do século XVII – Brueghel, Rubens e Van Dyck – comparando-os com seus contemporâneos Rembrandt e Velázquez. Brueghel tende a moralizar em *A parábola do cego que conduz os cegos* e até mesmo em *Os colhedores de trigo*. Comparamos seu enorme e detalhado *O massacre dos inocentes* com o quadro de Rubens sobre o mesmo tema. O de Brueghel é brilhante, vivaz e intenso, enquanto o de Rubens, com suas curvas e linhas pesadamente barrocas, não cria nenhum efeito emocionante.

Uma comparação entre o quadro de Brueghel *Cristo expulsa os vendilhões do templo* e o quadro de El Greco sobre o mesmo tema teve igual resultado. Brueghel não mostra duas forças opostas, mas um grupo de pessoas terrenas, feias e prosaicas que se opõem ao sagrado e espiritual. O seu *Cristo carregando a cruz* é um panorama, um festival, com muitas pessoas e muitos detalhes não conectados com a pequena figura de Cristo: uma interpretação da indiferença das pessoas ao grande evento. Quanto a Rubens, suas mulheres voluptuosas e obscenas não aumentam meu apreço por ele. Van Dyck, por outro lado, considero um artista incrível. Sua tela *Quatro estudos da cabeça de um mouro* combina uma técnica soberba a uma qualidade moderna.

Aula de voz. Não consegui deixar de fazer outro trabalho durante a aula, pois considero uma provação assistir a essas aulas de voz, e a srta. Montemuro, com razão, me pediu que saísse. De bom grado não voltaria às aulas com ela, mas...

Em história e sociologia do teatro, discutimos a psicologia do ator. Passamos o tempo todo da aula definindo tipos de personalidade de acordo com os quais agrupamos os atores. Discutimos os tipos introvertido e extrovertido, concluindo que quase todos os atores são extrovertidos, por motivos óbvios, embora o dr. Zucker nos assegurasse que o tipo completamente extrovertido é raro porque se torna desagradável. Classificamos quatro tipos e demos exemplos de cada um: o colérico, *i.e.*, o irado, o tipo facilmente exaltado e agressivo, como [o prefeito de Nova York, Fiorello] La Guardia e [o maestro Arturo] Toscanini; o fleumático, *i.e.*, o não emotivo, como Joe Louis; o sanguíneo, *i.e.*, os de raciocínio rápido, como [o presidente, Franklin D.] Roosevelt e [seu oponente republicano Wendell] Willkie; e o tipo melancólico, como o próprio nome implica, como o falecido [Vaslav] Nijinsky. O ator pode pertencer a qualquer um desses tipos, mas deve compreender todos eles.

Uma aula de figurinos para a qual o sr. Kerz havia dado tarefa de casa. Trabalhei por várias horas na biblioteca do Metropolitan Museum of Art fazendo pesquisa sobre togas, e finalmente encontrei uma que consegui transformar num vestido de tarde, mas o sr. Kerz o considerou antiquado. Depois discutimos a roupa medieval. Este foi o primeiro período em que as roupas mostravam as linhas do corpo. A influência oriental e os tecidos asiáticos tais como brocados pesados se harmonizavam perfeitamente com a pesada arquitetura gótica. Túnicas, mangas duplas, jaquetas de pele encareciam as roupas e tornavam-nas voluptuosas e eram tão difíceis de costurar que os estilos foram mudando lentamente.

SEXTA-FEIRA, 23 DE MARÇO DE 1945
Aula de voz, pior que a de ontem. Entre outras coisas, usamos como exercício um verso de um belo poema de Edna St. Vincent Millay, *"like lead into the dust"* (como chumbo na poeira). A srta. Montemuro fez dele uma tal abomina-

ção que não consegui ler com os outros e voltei a sair da sala. E se isso continuar assim?

Na aula de Ben-Ari cada estudante inventou uma improvisação, que então passaria a outro aluno para que fosse continuando. Decidi improvisar como uma jovem que acorda em seu quarto e vê que a casa está em chamas, algo que Arla Gild fez espetacularmente. O exercício foi eficaz e um desafio à nossa imaginação. Ben-Ari fez então uma cena na prisão com Eleanor e Arthur.

Antes de minha aula seguinte, com Margrit Weiler, escrevi uma canção para a cena do casamento de *Fuente Ovejuna*. Começa assim:

> Na mais valorosa tradição da cavalaria,
> ele chegou para conquistar a donzela.
> Na sua atitude mais charmosa,
> a donzela corou e sentiu medo.[21]

Minha tentativa de criar um "diálogo adicional" para a peça de Lope de Vega.

Na aula de interpretação, fizemos algumas leituras, a maioria delas pouco desenvolvidas, com exceção de Charlie Coleman no monólogo do nariz da peça de Edmond Rostand *Cyrano de Bergerac* e a boa embora mal compreendida leitura de Eleanor no papel de Julie na peça *Liliom*, de Ferenc Molnár, na cena da morte de Liliom [seu marido]. Eu esperava fazer uma cena de *Having a Wonderful Time* (O mundo se diverte), de Arthur Kober, só para provar que consigo ser completamente naturalista, sem poesia, mas como foi Eugene Van Grona quem deu a aula, fiquei feliz em não ter tido oportunidade de ler, porque a presença dele me deixa demasiado constrangida.

Na aula de marcha do drama, assisti à apresentação mais evocativa que vi na escola até agora. O sr. Gassner falou dos dramaturgos elisabetanos tardios e de Christopher Marlowe, enfatizando sua mundanidade e rebeldia. Ele leu

---

21 "In knighthood's most valiant tradition, / He came to woo the maid. / In maiden's most charming position, / She blushed and was afraid." [N.E.]

para nós alguns escritos heréticos, anticlericais, atribuídos a Marlowe, que tornam compreensível o fato de ele ter sido preso por heresia pouco antes de ser misteriosamente assassinado. Em seguida assistimos a *A trágica história do Doutor Fausto,* de Marlowe, na excelente versão condensada de David Weiss. A interpretação de Charles Zimmerman no papel de Fausto foi a mais comovente a que assisti em qualquer lugar. Barbara Sisson interpretou Mefisto como um diabo pelo qual se podia sentir compaixão. Afinal de contas, o papel convencional do diabo masculino não é a única opção. Barbara foi muito convincente, especialmente em sua fala: "Espíritos infelizes que caíram com Lúcifer, / Conspiraram com Lúcifer contra nosso Deus / E foram com Lúcifer para sempre condenados"[22], desferindo o *pathos* do mal com toda força. Os anjos foram respectivamente bom demais e mau demais, como devem ser. Garence Garie, que tinha interpretado a Angélique de Molière, fez o anjo bom, enquanto Estelle Press fez um anjo mau bem moderno, com um vestido longo vermelho. As Sete Fúrias trouxeram à mente um teatro de revista ligeiramente ridículo. Mas Charles Zimmerman foi incrível ao definir seu papel com emoção. A fala final de Fausto, como uma chama ardente, foi indescritível. Como fiquei comovida! As frases se seguiam, uma após a outra, como pontadas agudas. O passar do tempo foi tão doloroso quanto a alma de Fausto que lhe era arrancada, naquele último, insuportável e inesquecível grito: "Horrendo inferno, não te abras! Não venhas, Lúcifer! / Queimarei meus livros! Ah, Mefistófeles!"[23]. Foi um momento tão inspirador quanto o teatro pode oferecer. Eu não poderia desejar mais.

SÁBADO, 24 DE MARÇO DE 1945
Trabalhando na cenografia de *Fuente Ovejuna*, aprendi pela primeira vez em que consiste um cenário. Serramos e martelamos e familiarizei-me com essa invenção en-

---

22 Ato I, cena 3: "Unhappy spirits that fell with Lucifer, / Conspired against our God with Lucifer, / And are forever damned with Lucifer." [N.T.]
23 Ato V, cena 2: "Ugly hell, gape not! come not, Lucifer! I'll burn my books! Ah, Mephistopheles!." [N.T.]

genhosa que é a serra tico-tico. Trabalhamos com ela a manhã inteira, até um colega conseguir quebrá-la. Fomos instruídos por uma estudante que está se formando em cenografia e tem bastante experiência. Ela estudou na Goodman Memorial Theatre School, que ela descreve como muito bem equipada, com todas as condições necessárias, mas sem idealismo e, por isso mesmo, completamente estática. Foi o espírito progressista da New School e sua abordagem jovem e idealista do teatro que a atraiu para cá. Como é gratificante construir cenários e martelar pregos quando você se sente impelida a seguir em frente!

Depois dos trabalhos da manhã, fui assistir ao ensaio e Margrit Weiler perguntou-me se eu gostaria de figurar nas cenas de multidão, e é claro, fiquei contentíssima. Escrevi outra canção, infelizmente nada boa, e entrei diretamente em cena. Não me oponho a atuar em cenas de multidão, *au contraire*, lembrei-me de Piscator repetindo o velho adágio: "Não há pequenos papéis, somente pequenos atores".

DOMINGO, 25 DE MARÇO DE 1945
Ensaio de *Fuente Ovejuna*. No papel de uma camponesa, finalmente posso fazer alguma caracterização. Como tenho um companheiro de brincadeiras, Pedrito, construí um personagem em torno de Manuela Malina (que eu mesma inventei). Piscator assistiu ao ensaio e, depois de fazer muitas correções, nos falou sobre a peça, sobre o sentido dela e sua importância. Disse que *Fuente Ovejuna* narra a história não de um indivíduo, mas de um povo. É a tragédia de uma população. Os russos chamavam essa peça de "o primeiro drama proletário". Piscator montou as cenas com a participação da multidão "com tal cautela e inteligência que as tornam significativas para nós, de modo que já não somos meros figurantes, e sim protagonistas históricos".

SEGUNDA-FEIRA, 26 DE MARÇO DE 1945
Aula de dança com Madame. Estou achando mais fácil acompanhar as aulas. Estava esperando que uma certa melhora de meus movimentos fora das aulas fosse perceptível. Mas talvez eu esteja pedindo demais, cedo demais.

Na aula de maquiagem, consegui finalmente caracterizar uma mulher de meia-idade. Não fiquei mais com um aspecto "decadente". Estou começando a entrar num estágio em que espero envelhecer com graça.

Em peças em cartaz, discutimos custos de produção e, usando *Noite de Reis* como exemplo, calculamos as despesas, presumindo que os cenários não custariam nada, exceto o trabalho do cenógrafo, e atingimos a fantástica soma de, no mínimo, 30 mil dólares! Será que existe a pergunta: "O que há de errado com o teatro?".

Ensaiamos *Fuente Ovejuna* num estúdio na Sexta avenida com a rua 8, marcando o restante das cenas e nos divertindo com isso. Tive de deixar o ensaio para não perder a aula de direção, mas quando cheguei o sr. Piscator não estava e, em seu lugar, Chouteau trabalhou numa cena do livro de Dean com vários enredos secundários – um lutador em várias disposições de humor, os vitoriosos e a multidão, os vencidos e um enérgico caçador de autógrafos.

Depois da aula, conversei com Eugene Van Grona enquanto caminhávamos juntos em direção à rua 62. *En route*, ele me contou como aborda um personagem. Tendo chegado à New School como bailarino, não sabia nada sobre interpretação teatral, nem conseguia falar adequadamente. Trabalhou muito por um ano para chegar ao ponto em que se encontra. Sem ser jamais considerado para um papel romântico (apesar de ser fisicamente perfeito para isso, ele tem sido escolhido para papéis com nariz protético), estudou o papel do duque Orsino, mas quando *Noite de Reis* voltou em cartaz foi designado para o papel de Malvolio, como sempre. Mas pediu para ler para o papel do duque e, tendo recebido essa oportunidade, preparou cada fala e cada gesto, aprendeu o personagem não só por fora como também por dentro. Sua interpretação do romântico Orsino certamente conquistou *meu* coração.

TERÇA-FEIRA, 27 DE MARÇO DE 1945
Na aula de conselho de diretores, procuramos designar outros grupos de técnicos de cena, mas, como sempre, não chegamos a conclusão alguma, especialmente porque Piscator não estava presente. Nem para a aula de pesquisa teatral

ele apareceu. Na discussão do *Doutor Fausto* faltou o ímpeto dele. Charlie Zimmerman chocou todo mundo quando anunciou: "A primeira coisa que eu fiz foi não ler a peça". E seguiu adiante nesse espírito sarcástico, atribuindo sua interpretação a uma inspiração momentânea. O sr. Piscator vai ficar furioso quando souber, mas por outro lado ele não assistiu à apresentação. Se é que Charlie deixou mesmo tudo à inspiração, certamente sua inspiração foi pontual e solícita.

Após a aula, ensaiamos *Fuente Ovejuna* até a hora da aula de cenografia. Decidida a provar para Leo Kerz que sou séria em meu trabalho e que estudo o melhor que posso, trabalhei muito além de minha obrigação até conseguir apresentar em classe um trabalho tão bem finalizado que até ele teve de reconhecer. Ele disse: "Aprecio o trabalho que você colocou no desenho, mas (é claro) não está correto". Na verdade estava, mas não de acordo com as especificações dele. Compreendi meu erro, mas devo admitir que foi difícil essa aula, comparando as diferenças entre desenhos de fachadas e de decoração de interiores.

QUARTA-FEIRA, 28 DE MARÇO DE 1945
Não fui à aula de voz e o ensaio interferiu em minha aula de dança, o que quer dizer que não estou assistindo a muitas aulas, porque *Fuente Ovejuna* tem precedência. Na aula de interpretação só tive tempo de ler e tive de sair para celebrar o *Seder* do *Pessach*...

Em vez de *O mundo se diverte*, fiz uma cena de *The Gentle People* (O povo gentil), de Irwin Shaw. A srta. Weiler ficou muito satisfeita. Consegui manter-me com os pés na terra e fui capaz de acreditar em tudo. Se conseguir atingir esse ponto de saturação no papel em tudo que faço, terei realizado meu objetivo. Outro incidente animador aconteceu durante essa leitura. Comecei a rir, em certo ponto, mas com a urgência da situação e minha imersão no papel consegui superar o riso. A srta. Weiler disse que a concentração absoluta pode ajudar nesse sentido.

QUINTA-FEIRA, 29 DE MARÇO, E SEXTA-FEIRA, 30 DE MARÇO DE 1945
Ausente devido ao *Pessach*.

SÁBADO, 31 DE MARÇO DE 1945
Ensaio com Piscator. Vou tentar, na semana que vem, tomar pelo menos algumas notas durante os ensaios com Piscator. Ele oferece tanto que depois, infelizmente, me esqueço.

DOMINGO, 1º DE ABRIL DE 1945
Ensaio. Tenho uma fala toda minha, ou melhor, uma única palavra. Quando meu companheiro de brincadeiras é torturado, devo gritar: "Pedrito!". Fiquei mesmo muito feliz com isso, porque me dá muito mais para construir meu personagem. Realmente sinto que faço parte dessa peça. Os ensaios são, é claro, absorventes, e, à minha maneira, posso fazer tantas coisas para exercitar, modelar e criar a partir do nada. É tão inspirador atuar sem um papel, porque o papel está dentro de mim, de pé no palco, mesmo sem falar nada. Compreendo agora por que não há papéis menores.

SEGUNDA-FEIRA, 2 DE ABRIL DE 1945
Não havia ninguém quando cheguei, bem cedo, para trabalhar no cenário. Então a srta. Weiler deixou que Steffi e eu assistíssemos a sua aula de interpretação. Joan, uma jovem canadense de voz cristalina, apresentou o monólogo de Pórcia sobre a misericórdia, em *O mercador de Veneza*, sem acreditar no que dizia e sem nenhuma interpretação. Mas, em seguida, ela improvisou a mesma cena com Hal Tulchin e me surpreendeu pela sua facilidade de improvisar. Jo Deodato leu uma fala de *Waiting for Lefty* (Esperando Lefty), de Clifford Odets. Sinto que eu teria conseguido um melhor resultado que elas, porque, embora suas leituras fossem inteligentes, ficou faltando nelas o sentimento da verdade.

Ensaiar substitui agora a maior parte de minhas aulas e assim me mantive ocupada, vociferando contra o comendador e gritando durante a cena da tortura até minha aula de direção, à noite. Foi uma das melhores aulas que já tive. Chegamos ao capítulo do livro de Dean sobre a visualização, que Piscator transformou numa lição significativa. Definimos a visualização e depois fizemos alguns exercícios. Um dos estudantes da aula de direção e eu interpretamos várias cenas de relacionamentos: fui repreendida como filha e depois como esposa.

Outros grupos interpretaram várias cenas até que chegamos à "despedida". Piscator falou longamente sobre as variações das despedidas. Num tom casual e engraçado ele disse: "Até daqui a pouco, estou indo à farmácia", e respondeu a si mesmo: "Até logo". Continuou desse jeito com uma descrição de despedidas durante uma caminhada de uma hora, uma viagem de um dia para outro, para passar uma semana em Washington, num navio indo para a Europa, até que ele disse: "Agora chegamos à grande despedida final, o funeral. Assim, temos despedidas da ida à farmácia até o funeral, mas alguns atores interpretam a ida à farmácia como se fosse uma despedida fúnebre e o funeral como se fosse uma ida à farmácia". Nenhum ator encontra isso escrito no texto, e é então que a visualização entra em cena. A história inteira de uma despedida final pode ser demonstrada pelo alinhamento do corpo do ator ou por um aperto de mão. Então Piscator aproximou-se de mim e, debruçando-se sobre meu assento, estendeu o braço quase dolorosamente, com um olhar penetrante, com o qual parecia absorver cada átomo de meu rosto e até mais. Dei minha mão a ele e a classe inteira sentiu o caráter final e a seriedade daquela despedida. Foi uma dessas raras ocasiões em que um artista conquista os outros completamente e mostra a realidade da situação. Para mim, foi uma coisa extraordinária.

Daí trabalhamos nas cenas de despedida do livro de Dean. A primeira era de um menino indo à escola ou à farmácia, enquanto eu, sua mãe, batia um bolo. Hal interpretou o filho casualmente. Já o filho de partida para a guerra foi mais problemático. Eugene Van Grona o interpretou conosco, Hal e Eugene dando um aperto de mão enquanto eu chorava no ombro de um deles. Aí foi levantada a questão – no ombro de qual dos dois? Tentamos as duas possibilidades e finalmente compreendemos que nosso erro tinha sido o de ter esquecido de determinar qual deles estava interpretando o filho. Eu fiquei muito confusa (Gene estava usando um perfume suave e profundo), e quase não sabia como continuar. Piscator interpretou a cena conosco e nos mostrou como devia ser feita.

Depois fizemos duas cenas de *Noite de Reis*, uma com Eugene no papel de Malvolio e, na outra, como o duque.

A cena de Malvolio era a da devolução do anel[24]. Espero um dia conseguir fazer o papel de Viola. Gene ficou esplêndido no papel do duque, mas Piscator criticou a posição em que ele tinha se sentado como "pouco régia" e indicou a qualidade de grandeza que pode ser obtida mediante uma postura mais majestosa e observou: "É interessante porque ele é bailarino". Na semana passada, Gene me contou que, quando começou a atuar, estava tão atento aos movimentos que teve de trabalhar duro para esquecer o movimento. Eu poderia me lembrar disso para aprender a falar menos poeticamente. Priscilla Draghi interpretou com ele a cena no quarto de dormir[25] e foi muito charmosa, embora Piscator quisesse que ela mostrasse mais amor por ele quando ele não a notava. Como quando estava tirando suas botas, "Pense nisso como 'o pé dele'". Tenho certeza de que eu conseguiria fazer esse papel. Ou como disse Gene: "Vou estudar com antecedência" para tentar fazê-lo no ano que vem. Isso me dará um ano inteiro.

TERÇA-FEIRA, 3 DE ABRIL DE 1945
Em pesquisa teatral, o sr. Piscator passou as duas horas falando de seu "teatro político". Foi uma de suas palestras mais inspiradoras. Procurei anotar o essencial do que ele disse:

> A arte em si parece uma bela realização da vida, mesmo quando não a critica. Começamos com a questão de como a arte deve ser usada, e isso implica a pergunta: "Como usar a vida?". Podemos fazer progressos na vida ou apenas em certas descobertas científicas? O ser humano é pequeno ou é grande? Para que propósito ele criou algo maior que ele mesmo, para algum x, para algum deus? Morremos na infância, aos 70 anos. Não conquistamos nada. A arte é conquistada a partir do universo, daquilo que, no ser humano, é maior do que ele. A arte vai além das paredes, aonde nem mesmo nosso cérebro consegue chegar. O gênio – será uma

---

24 Ato II, cena 2. [N.T.]
25 Ato II, cenas 3-4. [N.T.]

patologia, uma deformação do indivíduo? O gênio e a insanidade se equilibram no fio da navalha.

Lênin questionou a ideia de Deus. Retornamos àquilo que vemos. Sabemos que existem outras coisas, mas o que podemos ver é organizável: a sociedade, a justiça, o fim de todas as guerras. Poderemos alcançar, como seres humanos, o que pensamos como seres humanos desde o início, desde Platão e Cristo? Mas os céticos dizem: "Quem me dará o próximo pedaço de manteiga?". Os vencedores são os poderosos que fazem guerra, e os outros são "as massas". Assim, tanto a arte pela arte como a arte com um objetivo começam com esta questão: "Podemos progredir ou seremos conduzidos por forças desconhecidas, pelos ensinamentos fantásticos de Cristo, por Deus, por esse livro revolucionário que é a *Bíblia*?". Há traição por toda parte, da farmácia até a New School: o papa, no suntuoso Vaticano, usa roupas finas; Cristo é um sucesso de vendas que pede a paz eterna; matamos mil pessoas com um tiro só.

Os realistas dizem que, pelo menos, estamos do lado certo. Sabíamos de Iowa[26], mas não de Iwo Jima[27]. Vinte e seis mil homens morreram e agora sabemos de Iwo Jima. É um progresso. As cruzes em Estrasburgo[28] significam progresso. Treze milhões morreram na última guerra, talvez 30 milhões nesta! Progresso? Por trás de tudo isso, o poder XYZ, Deus. A *Vênus de Milo* e *Parsifal*, abaixo de nós na lama, não são vistos. Que progresso! Os realistas garantem que a arte está acima da vida. Deixem que as pessoas saiam de sua escuridão para ver a beleza e a arte nos teatros e nos museus!

---

26 As batalhas no início da Segunda Guerra Mundial reivindicaram um número desproporcional de soldados de Red Oak, Iowa. Seu regimento, de 250 membros, sofreu 160 baixas. Em reconhecimento por esse sacrifício extraordinário, um navio de guerra foi nomeado ss Red Oak Victory e tornou-se um museu flutuante. [N.T.]

27 Na batalha de Iwo Jima, que durou 36 dias, morreram mais de 21 mil soldados japoneses e mais de 26 mil estadunidenses. Foi a única batalha da Marinha dos EUA em que as baixas de estadunidenses superaram as de japoneses. [N.T.]

28 A necrópole nacional de Strasbourg-Cronenbourg em Estrasburgo, França, é um cemitério militar que inclui sepulturas de soldados de todas as nacionalidades, mortos durante as duas guerras mundiais, uma edificante reconciliação póstuma. [N.T.]

Deixem que retornem à sua lama. A lama é imutável. É o que dizem os realistas.

Mas há aqueles que dizem que não devemos separar a arte e a vida. A vida, em si mesma, é arte. Continuemos a construir a vida artisticamente até não precisarmos mais de arte. A arte pode ser vista como uma desculpa para nossas imperfeições. O espírito humano pode construir, nos seus pontos mais elevados, manifestações do espírito – as catedrais, a Acrópole... Já não conseguimos construir nem mais os pilares da Acrópole, hoje em dia. Embora o Banco de Atenas tenha sido construído com as mesmas medidas da Acrópole, ficou faltando o espírito, a harmonia entre espírito e técnica. Transformamos a arte numa coisa especial, assim como fizemos com a religião. A religião tornou-se uma instituição e o espírito voou para longe. O espírito voou para longe quando separamos a arte e a sociedade.

Será que podemos construir a sociedade como quem constrói um automóvel de oito cilindros, compreendendo apenas suas partes? Será que podemos construí-la sem levar em conta a forma espiritual, que governa a felicidade humana? O significado espiritual, o crescimento e a inteligência? Precisamos da arte para completar a incompletude da vida. Mas primeiro precisamos da sociedade e de segurança na sociedade. Aprimoramos o mundo através da nação e através do próprio ser, e precisamos dar um passo nessa direção no nosso teatro. Teatro político é teatro de arte.

Há quem diga que o teatro não é arte, devido à sua forma programática. Na música e na pintura pode-se visar o abstrato ou a beleza pura. Mas o teatro é reflexivo, cada palavra abre um mundo de pensamentos, é uma análise do pensamento. O teatro de arte foi sempre ligado ao pensamento e sempre procurou encontrar a verdade. Assim, o teatro de arte sempre foi um teatro político. O teatro se volta, mesmo inconscientemente, para a política. Recentemente, na União Soviética, os comunistas começaram outra vez a usar o teatro de maneira consciente, para demonstrar os dois lados, o bom e o mau, apresentar os problemas e sugerir soluções. Evitar o negativo não significa construir o positivo. E como construir o positivo? Após a desastrosa guerra de 1914 a 1918, iniciou-se a luta pelo esclarecimento e, com ela, nosso teatro político. Max Reinhardt continuou a fazer seu teatro de beleza estética, mas nós voltamos ao teatro para lutar.

O teatro também pode ser o ópio do povo, como são os musicais, até os clássicos, como a igreja, que escondeu a religião real sob o cerimonial. A igreja, a pousada e o teatro são os três edifícios essenciais de qualquer cidade. Precisamos fazer uma arte que seja consciente. Esclarecer, como o Rei Lear na tempestade, ignorado em seu clamor revolucionário.

Somente uma vez, em Bruxelas, uma revolução teve início num teatro, quando *La Muette de Portici* foi apresentada no Théâtre de la Monnaie e o público irrompeu do teatro, iniciando a revolução que libertou a Bélgica do domínio dos holandeses.

Mas hoje, não somente o alto preço dos ingressos, como também a ausência daquele espírito nos impedem de conceber um teatro do povo. O dinheiro, a ideologia e o espírito estão nas mãos de outra classe e, no meio dessa estupidez, temos a guerra. A arte, a arte consciente, a arte política precisa urgentemente desejar a mudança. Aqui, um dos lados luta pela mudança social, enquanto o outro não a necessita.

A arte não é feita conscientemente para indicar a necessidade moral do que uma obra de arte deve ser. Desse modo, a imagem da propaganda mata o intelecto pela emoção. Para compreender, precisamos permanecer objetivos. Se nos deixarmos levar, paramos de pensar. Os filmes de guerra meramente nos perturbam com a quantidade de corpos caídos por toda parte, mas, mesmo assim, o herói consegue ficar com a mocinha. As verdadeiras causas da guerra precisam ser esclarecidas para mover o público à ação.

Romain Rolland disse: "A ação surge do espetáculo da ação"[29]. O teatro político existe para tirar o teatro da *discussão* política e levá-lo à *ação* política. Mas nós não nos insurgimos, sequer nos movemos. Toda a ação do mundo encontra-se nesta sala. Temos de encarar esse fato. Daí a arte conquista a arte, porque nossa arte é nossa vida, não é mais algo externo. Só assim podemos conquistar pela sabedoria e reconduzir a arte à beleza.

---

29 "L'action doit surgir du spectacle de l'action", junho de 1901. [N.T.]

Eis a questão: para mim, o teatro político é o único teatro de arte. Há aqueles que querem rebaixar o teatro de arte. Para que construir uma história de amor e depois cercá-la de implicações sociais? Não é isso. Devemos formular cada caso, esclarecê-lo e aprofundá-lo.

O teatro épico não tem barreiras, é inclusivo. A palavra "política" vem do grego "pólis", que significa "a cidade toda", incluindo seus arredores. Cada evento é relacionado a um caso específico. Quer dizer mais do que somente um enredo. Sempre usei tudo de que dispunha. Disse que o ator deve demonstrar, usar filme, cenário e o público para descrever o impacto da narrativa. Emocionar pelo pensamento, como em *Natan, o sábio*. Ainda nem chegamos ao início desse tipo de teatro. 1890: no Volksbühne, *Os tecelões*. 1890: naturalismo, Zola, [o teatro de André] Antoine. Na Rússia: Tolstói, ensinando com suas peças, *Os frutos da civilização*; [na Alemanha,] Schiller.

Durante a Revolução Francesa, o teatro fracassou em sua missão. São esses os ancestrais de nosso teatro político. Devemos estudar o teatro de duas maneiras – tecnicamente e dando-lhe conteúdo. O estudo, em nossa época, deve nos conduzir ao problema do conteúdo, para que esses problemas nos levem à grandeza. Quem nada deseja, não é nada. Somos tão grandiosos quanto nossas causas. A arte só pode crescer ao sol do idealismo. Os gregos da Antiguidade chamavam isso de "perfeição". Se você não for casado com sua arte, sua arte é morta. Abrace sua arte como um sacerdócio.

O que podemos fazer para merecer um professor assim?

QUARTA-FEIRA, 4 DE ABRIL, E QUINTA-FEIRA, 5 DE ABRIL DE 1945
Faltei dois dias para celebrar o *Pessach* e digerir essa palestra.

SEXTA-FEIRA, 6 DE ABRIL DE 1945
Nosso primeiro ensaio geral de *Fuente Ovejuna*. Minha ausência não trouxe muito problema porque (ninguém diz isso, segundo uma velha superstição de atores) parece que a produção está indo bem. Piscator, naturalmente, não está satisfeito, mas a considera adequada. Esse en-

saio corrido foi das dez da manhã até a palestra da aula de marcha do drama, às oito da noite. Parecia ser uma peça interminável. Não foi John Gassner, e sim Paolo Milano quem falou sobre o teatro espanhol. A maior parte de sua palestra foi dedicada a Lope de Vega, um homem, talvez um gênio, que não somente era um escritor fecundo, como também alguém que vivia prolificamente, como amante e como pai. Escreveu aproximadamente 2.800 obras e seus *amours* ficaram pouco abaixo desse número. Mesmo assim, se fez sacerdote e morreu, como disse o dr. Milano, "nos braços da Igreja Católica Romana". Não pude ficar até o final da palestra porque precisava voltar para o ensaio, que só terminou às três da madrugada. Arruinei minha voz de tanto gritar "Fuente Ovejuna!" e com a exaustão do árduo trabalho. Mas Piscator, sendo o milagre de energia que é, continuou dirigindo com uma disposição que nenhum de seus alunos de 20 anos consegue igualar.

SÁBADO, 7 DE ABRIL DE 1945

Antes da apresentação, um ensaio com figurinos, mas sem maquiagem. A peça continua indefinida e precisa ser trabalhada, o que não será possível. Ao sermos fotografados, senti-me mais profissional, por algum motivo fútil. Tivemos somente meia hora entre o ensaio e a apresentação. Mamãe me telefonou e, muito agitada, fui com ela comer macarrão na Cafeteria Waldorf, com o figurino por baixo de meu casaco, estranhas meias brancas de algodão e *huarachas*. De volta ao teatro, nos disseram que nossa maquiagem estava leve demais. Começamos a misturar Max Factor nº 7 e nº 8 e consegui um tom rosado, muito escuro, quase demasiadamente espanhol. Vicki Paul, a protagonista, não estava tão nervosa quanto eu, enquanto Harriet Charney, a segunda principal, estava adoentada, assim como metade do elenco. Depois que a peça começou, e o público mal reagia, fiquei aguardando as cenas de multidão como se fossem meus monólogos. Finalmente, a cena da chegada do comendador à entrada da cidade de Fuente Ovejuna. Fiquei tão excitada que meus gritos saíram facilmente, mas logo veio o desapontamento de ter que ficar quieta enquanto a ação continuava. Esse foi o único ponto durante o qual meu bicho-papão, o riso nervoso, tentou se intrometer, mas consegui amordaçá-lo instantaneamente. Tudo correu bem na cena do casamento, e pronunciei com êxito minha única fala, "Pedrito!", durante a cena das torturas. Para meu futuro sucesso, digo: "Katherine Cornell, comecei como um suspiro, fora de cena!".

DOMINGO, 8 DE ABRIL DE 1945
Ensaio corrido e apresentação da peça. Até esta noite, não tinha consciência de que a segunda noite é sempre a pior apresentação devido ao chamado desapontamento. Esta apresentação me pareceu cem por cento melhor, e a diferença estava principalmente no público. Na noite passada, o público achou a peça inapropriadamente divertida, rindo até mesmo nas cenas trágicas do estupro e da morte de Jacinta e na cena das torturas. Mas esta noite o público gostou da peça, chegando a vaiar estrepitosamente o vilão, Harold Dyrenforth, durante os agradecimentos, num estilo melodramático tempestuoso.

    Fez vir à mente a USO[30] em Hempstead com Carl e Don Del Rio, que os soldados vaiaram quando tentamos tropegamente apresentar a comédia *He Ain't Done Right by Nell* (Ele não agiu bem com Nell). Se eu fosse dirigi-la agora, aplicando os conhecimentos que obtive neste breve período, ficaria bem mais coerente, mais profissional e mais divertida. E daqui a dois anos estarei melhor ainda. *Fuente Ovejuna* foi uma experiência inestimável e sinto muito que tenha acabado. Para mim, o desapontamento começa agora. E a dor de garganta, porque no meu entusiasmo contra o comendador e pelo meu papel, ignorando as recomendações da srta. Montemuro, gritei até ficar rouca e quase não consigo falar.

    Aula de dança. Termos como *rond de jambe*, *attitude* e *plié* já fazem parte de meu vocabulário, mas ainda não

---

30 As Organizações Serviços Unidos (United Service Organizations Inc. – USO Show) são uma entidade sem fins lucrativos, patrocinada por contribuições privadas e empresariais, que oferece entretenimento ao vivo às tropas dos EUA. Desde 1941, o USO Show, trabalhando em parceria com o Departamento de Defesa, operou em 160 centros ao redor do mundo. [N.T.]

atingi sua correta execução. Seria útil se eu tivesse aula todos os dias, por breve que fosse, ou se eu pudesse praticar em casa, mas há uma tremenda falta de tempo e o verão está chegando.

A aula de maquiagem causou uma greve geral. A maioria dos colegas de minha classe reclamou que tinha ficado com a pele irritada com a maquiagem de *Fuente Ovejuna* e não queria irritá-la ainda mais. Naturalmente é um álibi bastante fraco para encobrir a preguiça, porque nossa maior ambição era dar uma ou duas apresentações por noite. Esther maquiou Helen Braille indo desde o início da meia-idade até a velhice. Estou cansada de maquiagem de meia-idade, porque depois de ter conseguido fazê-la não tenho problema algum em repeti-la.

A aula de peças em cartaz colocou o sr. Ince no papel em que o havia visto desde minha primeira impressão. Ele está produzindo *Margaret*, e discute conosco seus problemas de distribuição dos papéis e financiamento. A produção dessa peça simples, com dois cenários e dez personagens, vai custar no mínimo 50 mil dólares. O outro lado daquele "produtor com quem você gostaria de fazer um teste" se humanizou, assim como seus problemas para compor o elenco. Lamentou a dificuldade de ser cordial com as centenas de atores querendo ler um papel. Mesmo assim, o sr. Ince diz que quer outra pessoa no papel de Penélope para dar uma oportunidade a uma nova atriz. Mas o teatro, como empresa, continua a trazer aquele sabor amargo que ficou em minha boca desde a experiência com a Genius Inc. e o St. James Hotel, onde eu circulei anos a fio em busca de um papel, rodeada por um odor de gim barato e aguado.

Do prosaico ao divino, chegamos à aula de direção, em que trabalhamos com problemas de ação de fundo. Eugene Van Grona montou uma cena. Extraindo sua ideia da peça de Robert E. Sherwood *A ponte de Waterloo*, ele colocou como ação central uma prostituta e um cliente em perspectiva. Gene me colocou no papel da jovem e Louis Guss como o cliente. Nos divertimos muito improvisando. Outra cena se passava numa loja de departamentos. Eu fiz o papel da vendedora de joias e Esther Nighbert o da cleptomaníaca que tinha roubado um broche de meu balcão.

Foi presa por Eugene, de maneira delicada mas firme. Em seguida, seis pessoas improvisaram, com muito sucesso, estarem suspeitando umas das outras por furto. Interpretamos uma cena de *Noite de Reis*, a cena da comédia, na qual os três comediantes estão atrás do biombo e Malvolio encontra a carta. Eugene, que está procurando mudar seu Malvolio para futuras produções, teve grande dificuldade com a cena, e Piscator encontrou várias falhas na interpretação dele.

TERÇA-FEIRA, 10 DE ABRIL DE 1945
Conselho de diretores. Finalmente consegui uma tarefa! Sou assistente de diretor da leitura de *Electra*, de Eurípides, mas como é a srta. Montemuro que devo assistir, só posso esperar não ter dificuldades. É bom ter essa oportunidade e vou tentar aproveitá-la ao máximo, embora *Electra* seja bastante difícil para uma principiante.

Na aula de pesquisa teatral discutimos *Fuente Ovejuna* e os atores comentaram seus papéis. Vicki Paul, como Laurencia, disse que o que ela precisava era ter uns dez quilos a mais. Sei bem o que isso significa. Piscator acrescentou que, é claro, ela é um tipo urbano, embora tenha interpretado uma camponesa o melhor que pôde. Apesar de não acreditar em escalar um ator para um papel pelas suas características físicas, ele percebeu que Vicki, sendo magrinha e elegante, não era apropriada para papéis de camponesa. Bob Carricart, falando de seu papel, disse que sabia que o mundo inteiro ama o amante e estava certo de que o público faria o mesmo, e confiando nisso ficou à vontade para fazer o papel do amante. Piscator acrescentou: "Sim, mesmo enquanto estava sendo torturado você sorriu cautelosamente para mostrar seus belos dentes!". Louis Guss, que interpretou Mengo, foi o único realmente perfeito para o papel, e certamente o retratou muito bem. Louis conseguiu justificar todas as suas ações.

Em seguida, os atores principais convidados comentaram seus papéis. Dennis MacDonald encarou um problema particularmente desafiador, que ele resolveu magistralmente. Tendo trabalhado antes com Dennis numa peça chamada *Comic Supplement or My Mother-in-Law* (Suplemento cômico ou A minha sogra), que apresentamos para soldados como parte do esforço de guerra patrocinado pela American Women's Service Organization (e que não teve muito sucesso), admiro a capacidade dele de caracterização dos personagens. Em *Fuente Ovejuna* ele desempenhou dois papéis combinados num só e fez também o papel do juiz. Os dois papéis combinados eram personagens antagônicos, e o fato de Dennis ter conseguido assimilá-los foi em si uma proeza. Sua dedicação e seu cuidado são admiráveis.

    Dois anos atrás Dennis tinha acabado de chegar a Nova York, vindo de Iowa, e todos nós que trabalhamos com ele vimos tantas possibilidades para ele fazer o maior sucesso. Agora, dois anos depois, ele tem tido pouquíssimos trabalhos na Broadway e ainda não conseguiu encontrar nenhum emprego estável, apesar de haver grande falta de atores homens na Broadway por causa da guerra. Vejo então o perigo que corro, sendo muito menos capaz do que ele para interpretar um papel estereotipado, não sendo versátil nem fisicamente atraente e, pior de tudo, mulher.

    Ray Hinkley, outro ator convidado, foi cumprimentado por ter sido ferido em ação, tendo quebrado um pulso enquanto era "massacrado" pelas mulheres do elenco. É um veterano de guerra que fez seu primeiro papel. E foi fundo no personagem, atuando quase com demasiada intensidade. Harold Dyrenforth, que não estava presente, foi criticado por Piscator por ter exagerado o oficial nazista. Piscator imaginava o personagem muito mais "na veia de um Charles Laughton". A crítica, com a qual concordei inteiramente, é que Harold tinha interpretado o papel de maneira demasiado atraente, tornando o comendador tão charmoso que o desdém das mulheres ficou quase parecendo falta de bom gosto. Continuaremos as críticas na próxima semana.

    Marcha do drama e discussão do programa sobre a *commedia dell'arte*. Debatemos as possibilidades de demonstrar o estilo da *commedia* com uma série de esquetes satíricos de produções do passado. Começamos bem com uma narração hilariante de Esther Nighbert de *Guerra e paz*. Como temos muitos comediantes improvisadores, acho que o programa será um sucesso.

Na aula de cenografia, Leo Kerz nos mostrou alguns cenários altamente imaginosos que criou para várias peças e balés. Para o Joos Ballet, fez um cenário sensacional usando jornais para um teatro de Johannesburgo. No Dramatic Workshop, seu espantoso cenário para *Winterset*[31] mostrou mais que mera habilidade, mas uma imaginação genial. Fiquei particularmente impressionada com o uso das cores e sua percepção do espaço cênico. Além do bom gosto teatral, os cenários dele se abrem amplamente a novos conceitos, livres e descontraídos.

À noite, Adolph Giehoff levou-me para ver a produção de Margaret Webster de *A tempestade*, brilhante em muitos aspectos, mas que merece tanto elogios quanto críticas. O cenário unitário sobre um palco giratório sequer explorou suas possibilidades. Arnold Moss manteve-se discretamente poderoso, mais do que eu poderia supor ao ler *A tempestade*. Sua força era mais completamente mental do que a do Próspero que eu imaginava. Quanto ao papel mais caro ao meu coração, o de Ariel, achei Vera Zorina adorável, mas ficou faltando poesia. Sua interpretação, clara e inteligente, permaneceu sempre uma declamação das falas. Apesar de, na sala de aula, minha interpretação delas ter soado mais sincera, tecnicamente eu não tinha tanta segurança. Ela pronunciou impecavelmente a fala: "Minha liberdade!" [quando Próspero pergunta a Ariel: "O quê? Você está de mau humor? O que mais você poderia querer?"][32], enquanto eu entendi o que eu queria transmitir mas não consegui comunicá-lo.

Canada Lee, no papel de Caliban, saltava e grunhia, numa espécie de roupa espalhafatosa com lantejoulas que não consegui entender. A interpretação dele não chegou

---

31 *Winterset* é uma peça de Maxwell Anderson de 1935. Um drama em verso, trata indiretamente do famoso caso Sacco-Vanzetti, em que dois imigrantes italianos, ativistas anarquistas, foram injustamente executados em Massachusetts em 1927. [N.T.]
32 Ato I, cena 2. Ariel é um espírito cativo, servo de Próspero, que o libertara da árvore em que a bruxa Sycorax o havia emprisionado por vingança. Embora o novo amo fosse solícito, Ariel ansiava ser um espírito livre. [N.T.]

ao nível de seu Bigger Thomas em *Native Son*[33]. Miranda e Ferdinand foram doces em papéis que não rendem muito. Os "bandidos" foram combinados de tal modo que pareciam simplesmente um grupo, sem definição nem caracterização. O espírito de magia da peça não transpareceu. Temi que fosse minha atitude crítica que estivesse me impedindo de entrar no espírito da peça. Mas a srta. Webster colocou no fim da peça esta fala de Próspero: "Nós somos essa substância de que são feitos os sonhos, e nossa vida, breve, acaba com um sono"[34]. Senti então a magia, pela primeira e única vez. Efeitos em si não bastam para transmitir magia. É preciso boas interpretações.

QUARTA-FEIRA, 11 DE ABRIL DE 1945
Aula de voz, a que assisti por dois motivos, apesar de ter perdido a maior parte delas até agora. Primeiramente porque devo trabalhar na produção de *Electra* com a srta. Montemuro, e em segundo lugar porque arruinei minhas cordas vocais completamente com uma coisa tão simples como gritar contra o comendador em duas apresentações. Desse jeito, sete apresentações por semana num papel cobrindo três atos acabariam com minha voz numa semana! Apesar de não aprovar o método dela, devo aprender o controle de voz que a srta. Montemuro pode me ensinar. Discutimos *Electra* e as possibilidades de composição do elenco. O fato de eu não ter lido a peça dificultou as coisas, mas a lerei esta noite.

Aula de dança com meus problemas de sempre, tentando acompanhar os passos. Madame Piscator conversou comigo depois da aula sobre a ideia de um programa de movimentos de dança, e ela acha que eu poderia escrever a narração que acompanha os movimentos. Eu adoraria fazer

---

33 *Native Son* (Filho nativo) é um romance de 1940 de Richard Wright, sobre um negro estadunidense de 20 anos de idade que vive na pobreza, em Chicago, após a depressão de 1929. Wright era membro do Partido Comunista dos EUA já antes e mesmo depois da publicação do livro, que defende a justiça social. Em adaptação para o palco por Paul Green e pelo autor, *Native Son* estreou em 1941 na Broadway sob a direção de Orson Welles, com Canada Lee no papel de Bigger Thomas. [N.T.]

34 Ato IV, cena 1. [N.T.]

isso, mas não estou conseguindo encontrar um tema, e espero que Madame Piscator me dê uma base para trabalhar.

Aula de interpretação com Margrit Weiler. Eleanor Epstein interpretou a fala da mulher de Curley em *Ratos e homens*, de John Steinbeck, papel que interpretei com o Experimental Showcase. Por algum motivo, ela não foi convincente, como eu tampouco tinha sido. Tive algumas improvisações com Arthur Greene, que fica fazendo micagens em cada situação, algo que somente seu talento para a caricatura pode justificar. Evelyn Bigge fez uma cena simples, conseguindo certa naturalidade e um charme inerente e franco, embora o mais profundo de seu talento ainda não tenha chegado à tona. Arla novamente deu provas de si mesma, superando todos com sua facilidade para atuar, parecendo quase demasiado realista. Para a próxima semana, cada um de nós terá de preparar uma cena. Ousarei interpretar Viola, embora com tremendo receio. Estou terrivelmente ansiosa para impressionar, antecipando a produção de *Noite de Reis* no ano que vem. Tenho pouca chance de fazer esse papel, mas estudá-lo não poderá fazer mal algum.

A aula de estilos através das eras nos levou à França do século XVIII e realizou o aparentemente impossível quando o dr. Zucker nos mostrou como diferenciar os estilos dos vários Luíses – as distinções desconcertantes entre Luís XIV, Luís XV, Luís XVI – e o neoclassicismo da era napoleônica. O período de Luís XIV é dominado pela combinação de tons creme e rosa pálidos com dourado, tendo o retângulo como forma predominante. Todas as decorações transbordantes acabam de alguma forma se encaixando no retângulo. Luís XV dispensou o retângulo, diluindo o estilo completamente em curvas de tons pastel, sendo predominante o dourado ou o prateado. Esse estilo é também chamado de rococó. Quando se instalou a reação de Luís XVI a toda essa confusão, o retângulo retornou e as cores se acinzentaram, ficando mais pálidas e simples. No período napoleônico, os desenhos do tempo de Luís XIV começaram a se repetir, mas com o acréscimo de alguns motivos egípcios e desenhos de abacaxis, usando-se o preto e sombras mais profundas. Esses períodos foram ilustrados com *slides* de alguns salões do Palácio de Versalhes que esclarecem bem esse tema. As imagens dos jardins e a disposição dos edifícios e das praças com suas fontes e escadarias eram tão bonitas que fiquei com vontade de conhecer o lugar pessoalmente. Talvez, se não forem arruinados pela guerra, eu consiga realizar esse desejo.

Comparadas à arquitetura e à decoração, as pinturas pareceram fracas e enfadonhas. Talvez eu aprenda algum dia a apreciá-las, mas atualmente Watteau, Lancret, Chardin e Boucher se parecem demasiadamente com creme de *chantilly*. Fragonard é particularmente fofo e completamente insignificante. Dentre esses artistas, os desenhos de Chardin talvez sejam as únicas obras de arte. A escultura desse período, com suas modestas deusas neogregas, é de gosto ainda mais duvidoso. Temo julgar demasiado asperamente o que é reconhecido como arte, com o receio de algum dia perceber beleza naquilo que antes só me inspirava desdém (quantas vezes isso não me aconteceu durante o curso do dr. Zucker?). Já começo a sentir as dores do arrependimento.

QUINTA-FEIRA, 12 DE ABRIL DE 1945

É difícil descrever um dia como hoje, a começar das primeiras aulas do que deveria ser um dia ordinário na escola, mas que agora parece cheio de sortilégios. Começou muito simplesmente, depois da aula de voz, quando a srta. Montemuro falou comigo sobre a tragédia grega a ser montada. A mudança de *Electra* para *Medeia* alterou nossos planos. Me senti mal com isso, pois *Electra,* na leitura de ontem à noite, me deixou profundamente impressionada com sua tragédia descaradamente passional, normalmente tão mascarada pela interpretação moderna. Mas *Medeia* será interpretada por Margrit Weiler, o que seguramente será uma experiência maravilhosa. Cortamos o texto de três horas de *Medeia* para algo que esperamos dure menos de uma hora, uns 45 minutos, e foi uma tarefa dolorosa. Cada verso parece gritar para ser incluído, cada fala parece ser a mais adorável de toda a peça.

Na aula de história e sociologia, discutimos o teatro como encenação *versus* texto dramático, questionando se o efeito principal da apresentação é sensual ou intelectual. A maioria dos alunos parecia tender para o lado sensual, enquanto apenas quatro de nós (eu inclusive) preferimos o lado intelectual. Ao escolher entre uma boa peça com uma mensagem ou uma fantasia poética extraordinariamente bela, todos, menos três estudantes (eu inclusive), escolheram a peça com uma mensagem. O resto dessa aula foi completamente obliterado pelo que se seguiu.

Lola Ross e eu saímos para tomar um café e tivemos de correr de volta, porque eu tinha logo em seguida uma aula de cenografia com Leo Kerz. Entrando no elevador, senti alívio vendo que Kerz estava justamente a caminho da sala de aula, já atrasado. Hal Tulchin estava dentro do elevador e, quando Lola saiu, Hal disse para ela: "Você soube da notícia?". Mas ela já havia saído antes dele terminar. Voltando-se para mim, ele disse: "O presidente Roosevelt morreu". Que choque! E uma reação de protesto, de que estava sendo enganada. É claro que eu tinha acreditado nele, mas queria tanto que ele estivesse brincando que insisti que ele não estava dizendo a verdade. A expressão em seu rosto me disse que eu estava sendo injusta. Leo Kerz, enquanto saíamos do elevador, olhou para mim e disse: "É sim".

Caminhei até a sala de aula e sentei-me ao lado de Hal. O sr. Kerz pediu um cigarro e disse: "A maioria dos professores suspendeu a aula devido à morte do presidente Roosevelt". Foi interrompido pela respiração suspensa da classe e por uma voz que exclamou: "Não!". O que senti naquele momento, e pelo resto da noite, foi indescritível. Não diria chocada, nem abalada, nem usaria palavras desse tipo. Meu impulso atroz de dar risada, a risada que é minha maneira sublimada de chorar, explodiu horrivelmente. O sr. Kerz disse algo mais sobre a aula e fomos embora, incrédulos e pesarosos. Fui procurar Lola e, quando nos encontramos no corredor, ambas demos risada, uma risada cruel, quase histérica, e ainda não consigo dizer o que estava sentindo. Era tristeza, ensombrecida pelo medo.

SEXTA-FEIRA, 13 DE ABRIL DE 1945
Aula de voz com um ritmo mais lento, mas as pessoas parecem estar menos afetadas pela morte de Roosevelt do que eu, embora eu tente disfarçar.

Aula de interpretação com o sr. Ben-Ari. Começamos falando de *Fuente Ovejuna*, mas todos sentimos que queríamos "fazer alguma coisa". Ben-Ari nos deu um exercício de improvisação sobre a vida no teatro. Arla estava para ter sua grande oportunidade, um teste de atriz com um diretor importante, mas chegava atrasada e perdia a oportunidade. Fiz a candidata precedente e Charles, o diretor importante. Mais uma vez encontrei meu problema de deixar minha vida real interferir na minha interpretação teatral. Entrando para me apresentar, já sabia de antemão que não seria aceita, e minha imaginação não se contrapunha a esse instinto provocado pela Broadway. Por mais que tentasse, não consegui ser ambiciosa. Ao contrário, Arla (que nunca fez teste de audição com Bettina Cerf e a Theatre Guild) chegou com imensa esperança e confiança e, ao ser repreendida por ter chegado atrasada, sua súplica foi tão estupenda que ele pareceria um monstro se a recusasse. Mas, quando a recusou, Arla sentou-se no palco e chorou, chorou realmente, a ponto de não conseguir mais parar enquanto saía do palco.

É claro que Arla é uma atriz magnífica. Eu não conseguiria chorar lágrimas tão verdadeiras no palco, nem quereria isso, mas ser capaz de controlar essa técnica é admirável. Ela alegou que tinha chorado porque era o que havia sentido, mas me sinto inclinada a pensar (não tenho certeza) que sentir as coisas assim tão completamente não é nada bom. Daí improvisamos sobre *Fuente Ovejuna*, imaginando um poço no meio do palco, e fizemos algumas ações em conexão com o poço. Steffi começou a tirar água, Charles tentou assoviar uma canção e bebeu um gole de água para preparar o assovio. Ethel lavou o rosto e eu continuei no meu papel da pequena Manuela, de 10 anos de idade, brincando com um gato que caminha na beira do poço, e gritando horrorizada quando o gato cai dentro dele. A única crítica de Ben-Ari foi que reação alguma acontece tão rapidamente quanto a minha, porque se leva um tempo até compreender algo antes de reagir. Com isso, me senti mais livre do que em qualquer outra improvisação, provavelmente porque tinha alguns minutos para planejar minhas ações e não precisava ficar procurando palavras.

Entre as aulas, a srta. Montemuro cortou o texto de *Medeia* para um décimo do original, ou pelo menos assim parecia. Novamente, a omissão de tantos versos me pareceu cruel, mas em compensação significa que faremos a peça inteira e não somente um trecho.

Na aula de interpretação com a srta. Weiler, voltamos às nossas falas de *Santa Joana*, que tivemos que aprender de cor. Steffi foi a primeira, com Ethel Sheppard no papel do inquisidor. Steffi fez um trabalho excelente, embora sem polimento. Emotivamente, saiu-se bem, mas não tecnicamente. Margrit Weiler criticou-a especialmente por não ter sabido o que fazer com o corpo. Conheço bem essa sensação. Steffi, que é alta e grandalhona, sentiu-se desajeitada, enquanto eu costumo sentir-me tão insignificante, tão magricela que me sinto tentada a contrair-me para parecer mais maciça, com receio de que meus membros estendidos me façam parecer um boneco palito.

Recomendaram a Ethel corrigir seu tique irritante de balançar a cabeça para cima e para baixo quando fala, um cacoete da vida real que ela leva para o palco. Eleanor fez o inquisidor quando eu interpretei Joana D'Arc. Preocupada em não perder tempo, dediquei-me ao papel muito menos do que devia, apesar de surpreender-me com a facilidade para ler que adquiri recentemente, e a fluência da fala que só o texto decorado permite. Sabendo as palavras de cor, posso me mover na direção que eu quiser, o que me dá uma sensação de segurança que antes eu não tinha. A srta. Weiler disse que compreendi completamente minhas falas, mas que tinha a tendência de gritar com intensidade ao invés de impostar a voz. Essa tendência a gritar parece também exprimir raiva, ainda que não intencionalmente. Sinto que meus erros se devem principalmente à falta de planejamento do ritmo e do volume, que, acredito, convém "fixar" para não deixar ao acaso.

À noite, Paolo Milano fez uma palestra sobre a *commedia dell'arte* como um teatro de pura improvisação, tendo somente um vago enredo para orientar os atores. Lembro-me de como eu improvisava bem com Rachel Falk, que vivia perto do Broadway Central Hotel, onde eu morava com mamãe quando era menina. Estabelecendo o enredo antecipadamente, trabalhávamos horas a fio, e por vários dias, às vezes até mesmo semanas, o mesmo enredo e os mesmos personagens, com uma infinita variedade de situações, caracterizações e efeitos dramáticos. Me pergunto agora como é possível perder uma habilidade instintiva dessas com o estudo e a sofisticação. Era incrível como acreditávamos inocentemente na história com a mais absoluta seriedade. Às vezes, Avis Jean Weiser interpretava essas histórias comigo e, por último, Marguerite Ditchik, mas já com alguma inibição e variedade bem menor de recursos do que com Rachel. E agora já não consigo mais improvisar. Para mim, a improvisação, como a *commedia dell'arte* em si, é uma forma morta, que certas vezes se tenta reviver de maneira forçada e sem frescor algum.

Depois da apresentação de *Fuente Ovejuna*, a New School foi fechada e as aulas do Workshop foram canceladas por dois dias até segunda-feira, em sinal de luto pela morte de Roosevelt.

SEGUNDA-FEIRA, 16 DE ABRIL DE 1945
A aula de dança mais maravilhosa que já tive, com Leni Van Grona[35], esposa de Gene. Não somente ela possui o conhecimento de dança e a capacidade de dançar de Madame Piscator e de Eugéne, como tem também uma clareza magistral para explicar. Leni conduziu uma série espantosa de exercícios aos quais se refere como "o método sueco". Eu nunca tinha sentido tanta soltura, liberdade e poder na dança. E também uma profunda compreensão das origens do movimento. A percepção da parte do corpo que conduz cada movimento foi, ao mesmo tempo, esclarecedora e irresistível. Fui bem, inclusive, até chegarmos aos passos estabelecidos. Daí não consegui mais acompanhar. Mas o vigor, a energia e o esplendor de seu modo de dançar são cativantes. Ela é muito parecida com Eugene, podia quase ser sua irmã, apesar de aparentar ser a mais forte dos dois. Posso facilmente visualizar os dois dançando juntos. Ah, se eu conseguisse dançar! Eu trabalharia muito. A expressão mais viva é o movimento. A fala é uma invenção artificial, é pequena e preciosa quando comparada à verdadeira

---

35   A bailarina Leni Bouvier Van Grona (1905-1994). [N.T.]

e divina expressão do movimento. Que sacrilégio esta súbita paixão me leva a expressar contra o teatro? Voltarei a pensar nisso mais objetivamente. Mas até lá vou me deliciar completamente com esta minha obsessão.

Sentindo-me com uma predisposição ampla demais para uma aula de maquiagem, traçar minúsculos pés de galinha com realces cuidadosamente colocados foi quase insuportável, e depois de fazê-lo uma vez não consegui fazer de novo. Finalmente, encontrei uma solução pintando meu rosto de vermelho, com olhos e lábios bem pretos. Sei que truques assim são totalmente errados, uma regressão psicológica a algo que jurei evitar muito antes de entrar para esta escola.

Em peças em cartaz, o sr. Ince continuou sua discussão sobre a produção de *Margaret* que está sendo programada, depois da qual começaremos a distribuir os papéis para *Medeia*, inclusive o coro e os homens.

A aula de direção dessa vez foi focada na "área cênica" e em sua importância para determinar os valores emotivos. O livro de Dean define uma atmosfera particular para cada área do palco, regras puramente técnicas, e não sem exceções. Talvez sejam mais ou menos supérfluas. Trabalhando numa produção, um diretor imaginativo não se preocuparia em planejar áreas pelo valor emotivo, nem seria tão insensível a ponto de fazer aparecer um fantasma no palco baixo à direita. Demonstramos os efeitos apresentando a mesma ação em diferentes áreas do palco. Harriet Charney e eu representamos primeiro uma discussão sobre diretores, depois passamos a uma ação mais violenta, na qual Harriet e eu tivemos uma genuína "briga de mulheres". Não posso dizer que não gostei disso. Uma luta mais viril aconteceu entre Jimmy Walsh e Bob Carricart numa cena entre dois soldados, um nazista e o outro, um sabotador. Embora as improvisações fossem interessantes, não conseguimos provar nada com relação ao valor emotivo das áreas do palco. Discutimos as marcações das cenas de *Fuente Ovejuna* e depois montamos algumas cenas dessa peça. Depois das apresentações da peça, ver algumas de suas partes fora do contexto com todas as suas imperfeições foi decepcionante.

TERÇA-FEIRA, 17 DE ABRIL DE 1945
Conselho de diretores. Harriet Charney acha *Medeia* interessante e provavelmente dividirá comigo a função de assistente de diretor, pelo menos segundo os boatos.

Pesquisa teatral. Piscator nos falou de Roosevelt e seu significado para nós, como artistas. Minhas anotações da palestra de Piscator são dignas destas páginas. Como são citações diretas e, na maioria, fora de contexto, a gramática e o sentido às vezes ficaram obscuros, mas no geral Piscator disse:

> Deveríamos considerar a vida de um grande estadista como procedente da mesma necessidade histórica do trabalho de um artista. O ser humano é a continuidade de uma tremenda massa de pessoas. Como as folhas de uma árvore, as pessoas vêm e vão. Mas o que elas constroem é maior do que um indivíduo isolado. A grandeza de Roosevelt estava na visão comovente de uma alma de artista. Seus discursos tinham o toque fremente de algo por detrás de suas palavras, uma visão idealista do futuro da humanidade. Seu rosto era um rosto de ator, dominado por pensamentos que podíamos ler nas suas expressões. Seu legado para vocês deve ser ver um homem assim do ponto de vista de vocês, como um companheiro, um verdadeiro amigo e um exemplo. Não somos isolados. Assim como Roosevelt construiu por doze anos todo um mundo de pensamentos, vocês também precisam construir um mundo edificante através da arte. Dedico minhas energias para passar a vocês aquilo que aprendi vinte anos atrás. Para que vocês ganhem vinte anos. Vocês podem estar vivendo uma vida insignificante, quando na verdade deveriam viver uma grande vida. O teatro é, na realidade, a construção da vida, e isso é algo imenso. Roosevelt foi um artista, além de ter sido um político. Ele está encarnado em vocês, agora.

Quando Piscator diz coisas assim, sinto que sou capaz de realizar tantas coisas. É por isso que, mesmo gostando muito de ouvir, tenho de tomar notas, porque assim posso voltar a apreciá-las, quase ouvindo-o dizê-las novamente.

Passamos então à crítica de nossas atuações individuais em *Fuente Ovejuna* e chegamos a Jimmy Walsh, cuja habilidade como ator é muito maior que as interpretações que ele ofereceu. Quando Laurencia retorna, depois de ser estuprada, e acusa seu pai de não tê-la protegido, nem tentado defendê-la, Jimmy não exprimiu as emoções que um pai, em sua situação, deveria estar sentindo.

Piscator perguntou a ele: "Você tem uma filha?". Jimmy riu e disse que não, mas que tinha um cão. Piscator retrucou que mesmo um cão poderia ajudá-lo a entender a situação e falou da encantadora cachorrinha *dachshund* que ele tinha tido, chamada Trilby. Tinha que atirar pedras contra os cães que viviam cercando a casa, procurando Trilby, especialmente "um vira-lata atrevido e trapaceiro, de olhos pretos". Certa manhã, ele acordou e viu, segundo ele, a cena mais horrível que podia imaginar: "Aquele velho e imundo Mefisto com minha Trilby. Escorracei-o a pontapés, mas o estrago já tinha sido feito. A pequena Trilby teve cachorrinhos e morreu. Aquele acasalamento não devia ter acontecido". Apesar de Piscator ter embelezado a história com todo o humor e charme de que dispunha, o que ele queria dizer é que podemos aprender a atuar inspirados em qualquer coisa, porque nosso amor por um animal pode ser equivalente ao que sentimos por uma pessoa. Daí nos contou sobre um *dobermann* que ele tinha tido, um cachorro que ele amava muito, e foi morto por um carro. Piscator disse que, com a morte daquele cão, ele tinha sofrido tanto quanto se fosse um ser humano. Se tivesse que encenar seus sentimentos naquela época, não teria conseguido, tão forte era a emoção que estava sentindo. E Jimmy percebeu que realmente não tinha sentido nem interpretado seu papel em *Fuente Ovejuna*.

Passamos a aula de marcha do drama distribuindo os papéis de *Medeia*. Margrit Weiler, nossa Medeia, a srta. Montemuro e eu assistimos aos testes e escalamos Harriet como líder do coro, Marian Cohen como a ama e Louis Guss como o rei Creonte. Para o papel de Jasão certamente não temos nenhum ator entre os estudantes à altura de Margrit Weiler e teremos que convidar alguém de fora.

Em cenografia, Leo Kerz nos mostrou desenhos de cenários desde o teatro moderno japonês até as construções biomecânicas de Meyerhold. Nenhum deles era realista e nenhum me pareceu particularmente bonito. Meyerhold, cujas teorias muito me impressionam, parece neste caso[36] chegar ao extremo em matéria de feiura. Seu cenário parecia um balé mecânico com um grande elenco completamente desindividualizado, sem ênfase, numa espécie de arranjo complexo menos estético que uma planta baixa. Mas não devo julgar as habilidades de encenador de ninguém a partir de duas fotos de uma mesma produção. Deveria Piscator ser julgado pela nossa *Fuente Ovejuna*?

À noite, Lola, Sidney e eu fomos ao balé. Conseguimos penetrar na Metropolitan Opera House durante o intervalo e ver os últimos três números do American Ballet Theatre, um programa exclusivamente coreografado por Antony Tudor. O primeiro, um novo balé esplêndido (segunda apresentação) com base psicológica, chamado *Undertow* (Ressaca). Embora os personagens tivessem nomes mitológicos de lendas obscuras, achei incrível a história do desenvolvimento psicológico de um menino, apesar da narrativa certas vezes ambígua. A cena inicial do nascimento é uma obra-prima e a coreografia é perfeita. Bastante moderno, no estilo de Tudor, embora o pano de fundo fosse medieval, com torres e morcegos. John Kriza dançou estupendamente, mas vou precisar ver *Undertow* várias vezes para melhor apreciá-lo e compreender o suficiente para perceber quanto não entendi.

No intervalo seguinte, encontrei minha professora de apenas duas lições de balé, mas que me proporcionou muitos momentos de felicidade, Madame Beatrice Stavrova, a bailarina russa que me ensinou os princípios básicos do balé. Espero encontrá-la novamente e talvez tomar algumas lições. Ela convidou-me para ficar em seu camarote, mas depois não consegui mais encontrá-la. *O julgamento*

---

36 Referência a fotos da farsa de Fernand Crommelynck *O magnífico cornudo*, dirigida por Meyerhold, com cenografia construtivista de Liubov Popova. [N.T.]

de Páris proporcionou um breve espaço para respirar antes do exótico e extraordinário *Pilar de fogo*, de tirar o fôlego, com Nora Kaye dançando Hagar e Janet Reed como a irmã mais nova. Nora Kaye é a única bailarina que me impressionou como forte, real e humana. O balé todo parecia verossímil, embora expresso na forma estética da dança.

QUARTA-FEIRA, 18 DE ABRIL DE 1945
Estou tendo mais sucesso nas aulas de voz agora que estou trabalhando com a srta. Montemuro, e é incrível, mas estou achando tudo muito útil. Na verdade, estive trabalhando minha voz desde que tive laringite durante *Fuente Ovejuna*. Mas não estou deixando passar o treinamento para minha maneira de falar no dia a dia e essa negligência está fazendo minha voz piorar.

Na aula de dança, dei mais duro do que nunca, depois de ter preparado o livro de direção de *Medeia*. O balé continua dando aquela estranha sensação que faz qualquer pessoa que assista a um espetáculo querer ser bailarina. Lola ficou ainda mais entusiasmada do que eu. Sinto-me perfeitamente contente fazendo exercícios na barra, mas os passos continuam sendo impossíveis. De qualquer modo, usei todas as minhas energias, quando ainda tinha um dia inteiro pela frente.

Aula de interpretação e *Santa Joana*. Cherie Ross fez o papel de Santa Joana e Hal fez o inquisidor, mas sem encontrar o peso, a importância da cena. Lola tentou mas, mesmo sentindo o papel em profundidade, não conseguiu interpretá-lo tecnicamente, embora parecesse brotar de dentro dela. Arla Gild fez um grande esforço emocional e certamente se saiu bem. Ela é uma atriz emocional absolutamente bem-sucedida. Seu realismo é surpreendentemente convincente, mas quanto mais aprendo a atuar, mais consigo equilibrar meus sentimentos com o intelecto. Sinto vontade de pensar e, quanto mais penso, melhor realizo meu trabalho, embora Piscator diga que atuar intelectualmente não é a melhor coisa. Mas ele admite que há atores que criaram grandes papéis por meios completamente intelectuais. Mesmo a expressão de Arla, maravilhosa como ela é, duvido que uma série de 200 apresentações não a destruíssem, ou quase. Ela precisaria evocar a emoção com a mesma força, e até acho que seria capaz. Li o papel do inquisidor e a srta. Weiler gostou muito, mais do que qualquer outra que tinha ouvido, mas observou: "Aqui sua estilização é bem adequada". Minha "estilização", essa que estou procurando superar, é meu "estilo" e é sem dúvida um protesto contra o infernal naturalismo, ainda que não intencionalmente. Trabalhando em *Santa Joana* em casa, tenho sido o mais naturalista possível sem ser descontrolada, enquanto como Viola ainda tenho que encontrar a personagem. Até agora não cheguei a ir mais longe como Viola, mas assim que conseguir me livrar das entonações interpretativas de Priscilla e Grace conseguirei encontrar meu próprio modo.

Em estilos através das eras, o dr. Zucker discutiu a Inglaterra do século XVIII. Sentindo-me cansada e sem encontrar nada de interessante na pintura inglesa do século XVIII, não aproveitei muito da palestra. Todas as pinturas pareciam ser ancestrais dos cartões-postais e cartões de felicitações de mau gosto, com exceção do extraordinário William Hogarth, cujas pinturas satíricas, à beira da caricatura, e gravuras de cobre são realmente cativantes, apesar da moralidade implícita no cuidado e na observação daquilo que mostram.

QUINTA-FEIRA, 19 DE ABRIL DE 1945
Aula de voz, com a última parte do alfabeto fonético internacional que eu tenho a vantagem de ter aprendido há tempos. Talvez agora possamos fazer a leitura fonética, que me agrada, embora eu tenha tendência a pronunciar tudo de maneira um tanto pedante. No meu tempo livre, trabalhei em *Medeia*. Margrit Weiler, mesmo nestes estágios preliminares de leitura, cria uma personagem maravilhosa com sua bela voz.

Em história e sociologia, discutimos a dramaturgia, ou seja, as peças por oposição ao teatro. Há duas escolas de pensamento sobre a dramaturgia. A primeira afirma que o drama é uma forma literária e que as peças são escritas para serem lidas; em outras palavras, texto dramático é coisa de biblioteca. Essa teoria foi de fato apoiada por grandes homens como Aristóteles, Lessing e Voltaire. Mas a maioria de nossos contemporâneos concorda com a segunda escola: o teatro, e não a estante, é o objetivo último da peça.

Depois o dr. Zucker falou sobre os elementos do drama: a exposição, uma antiga forma de introdução apresentada por personagens secundários, tais como criados, que conversam entre si, ou a explicação mais moderna, feita pelos próprios personagens; a caracterização; e a importância do enredo; esses foram alguns dos tópicos cobertos. Como exemplo de uma peça quase perfeitamente estruturada e de um drama perfeito, estudaremos *The Great God Brown* (O grande deus Brown), de O'Neill, que o dr. Zucker considera um dos mais refinados exemplos da dramaturgia moderna.

Na aula de figurinos procuramos compensar o tempo perdido desenhando esquematicamente as principais tendências de figurinos de 1600 a 1890. As mudanças parecem ocorrer com tanta rapidez, as roupas elisabetanas mudam rapidamente para as elaborações do período às vésperas da Revolução Francesa, depois repentinamente a Revolução, o Império, as anquinhas e a alegre década de 1890. Fomos desenhando no quadro-negro, um após o outro, e meu interesse em criar imagens (não ouso dizer desenhar) me veio repentinamente e me fez encher meu caderno com rostos mefistofélicos em vez dos figurinos de 1690 a 1725.

SEXTA-FEIRA, 20 DE ABRIL DE 1945
Aula de voz. Aula de interpretação com o sr. Ben-Ari. Repassamos o que foi discutido desde o início deste semestre para descobrir que progresso fizemos em nossos problemas pessoais. Declarei que, embora tenha melhorado muito em interpretação, a ideia de improvisar ainda me apavora. Por isso tive que fazer uma improvisação que me foi muito difícil.

Tendo recebido uma carta de meu marido e ficado sabendo que ele se encontra preso num campo de concentração na Alemanha, vou à igreja, acendo uma vela e faço uma oração. Frivolamente, tentei ser Arla em vez de ser eu mesma, mas acima de tudo o que me bloqueou foi minha recusa de fazer o sinal da cruz e ajoelhar-me diante do crucifixo que eu via em minha imaginação. Tentei várias vezes, mas minhas mãos tremiam e meus joelhos resistiam em dobrar-se.

Não tenho nenhuma memória sensorial dessas ações, que são sempre um tabu, e uma dessas coisas que nos separa, como judeus, de nossos amigos cristãos. Do que eu poderia me lembrar? Lembrei-me de minha coleguinha de escola, Mariya Lubliner, que entrou em pânico porque, sendo judia, ao morrer não seria aceita no céu, e converteu-se ao catolicismo na igreja [Santo Nome de Jesus,] na esquina da rua 96 com a avenida Amsterdam.

Fui com ela à igreja, certa vez, e a vi ajoelhar-se e fazer o sinal da cruz. Tentei basear minha interpretação naquilo que tinha observado, mas o fato é que minha observação tinha sido demasiado crítica, e eu me sentia muito despersuadida pelo que tinha visto para conseguir encontrar-me naquilo em que ela acreditava.

Depois de muito esforço, finalmente consegui realizar os vários rituais e ajoelhar-me para rezar, embora eu pensasse mais na minha inabilidade de evocar lágrimas do que em orar realmente, o que afinal consegui fazer, meditando em silêncio. Imediatamente, a classe percebeu que eu estava mais interessada na cerimônia eclesiástica que no meu marido.

Na aula de interpretação com a srta. Weiler, Charles Coleman e Joel Rene leram a cena "Se a música é o alimento do amor, não parem de tocar"[37], mas conseguiram fazer apenas leituras inteligentes. Nenhum deles chegou perto da compreensão de Gene do espírito do texto. Steffi leu Eliza Doolittle, de *Pigmaleão*, de G. B. Shaw, e a srta. Weiler disse que o problema estava nos seus movimentos pesados, mas acho que ela não consegue comunicar a delicadeza rude, os olhos sonhadores e a boca suja de Eliza. Fizemos então uma improvisação sobre um restaurante, em que eu era uma das garçonetes e a srta. Weiler disse que eu tinha mostrado excelente senso de observação no modo como manipulei meus invisíveis objetos de cena e na minha atitude com relação aos fregueses e à recep-

---

37 Duque Orsino, na *Noite de Reis*, de Shakespeare, ato I cena 1. [N.T.]

cionista. A srta. Weiler não sabe dos dois anos que passei fazendo esse serviço, durante os quais desenvolvi essas habilidades até se tornarem completamente automáticas. Consegui "acreditar" e "viver" meu papel, pois assim que olhei para os estudantes como se fossem os fregueses eles ficaram sendo os fregueses e os tratei como tais. (Quantos clientes assim servi no Beggar Bar de Valeska Gert?) Com isso concluímos a aula, que foi abreviada devido a um ensaio de *Medeia*.

À noite, assistimos *O segundo auto dos pastores*, um drama medieval inglês, montado para a aula de marcha do drama. O dr. Tannenbaum, uma autoridade em drama shakespeariano e pré-shakespeariano, deu uma palestra recapitulando a dramaturgia até a Idade Média. *O segundo auto dos pastores* é realmente uma comédia charmosa, a mais antiga farsa inglesa, que inclui todos os traços de palhaçada com um enredo ingenuamente comovente. Os personagens, no entanto, são obras de arte, cada um deles. Laura Curly interpretou livre e desinibidamente a robusta, feia e desajeitada Jill, a esposa de Mac, desagradável e resmungona. Os três pastores foram desempenhados por Charles Coleman que, como sempre, deu uma interpretação extraordinária com seu natural bom humor. Joel Rene esteve bem em seu primeiro papel, apesar de ainda estar faltando aquela qualidade "ou-você-tem-ou-você-não-tem" que distingue um ator e está além das palavras. Arthur Green, por sua vez, está melhorando imensamente e, se seu temperamento se desenvolver juntamente com seu comportamento histriônico, ele poderá ter sucesso. Buddy Stratton antagonizou Laura como Mac, o ladrão de ovelhas, cumprindo o papel com bastante humor. A distribuição dos papéis produziu um efeito cômico colocando Laura, de 1,50 metro de altura, como mulher de Buddy, que tem 1,80 metro, explorando plenamente essa diferença.

A encenação e a direção demonstraram que Esther é capaz de fazer grandes coisas. Além de seu talento natural, ela é quase única em aproveitar tudo o que Piscator tem para dar e trabalha realmente na escola, não só fazendo o mínimo necessário. Sinto que ela é a única que chega perto de meu ardor por Piscator e pela New School.

SÁBADO, 21 DE ABRIL, E DOMINGO 22 DE ABRIL DE 1945
Ensaio de *Medeia*.

SEGUNDA-FEIRA, 23 DE ABRIL DE 1945
Aula de dança. Madame Piscator às vezes me apavora devido à minha incapacidade. Meus exercícios na barra estão melhorando rapidamente, enquanto meus passos continuam incrivelmente desajeitados. Por mais que eu amasse minha escola anterior, a Hunter College Model School, recusei-me a exercitar os passos que nos ensinaram nas aulas de educação física (para tornar instintiva a distinção entre minha direita e minha esquerda, porque seria muito útil na vida). Agora, aos 18 anos, encontro-me na embaraçosa situação de ainda não conseguir distinguir esquerda e direita sem hesitar e, consequentemente, não ser capaz de dominar os passos mais elementares. Lembro-me agora como eu costumava disfarçar os passinhos de sapateado que tinha de dançar na aula de educação física na Hunter Model. Mas certa vez tive de fazer um *"break"*, que ficou sendo o único passo que aprendi. Ainda consigo fazê-lo. E continua sendo o único passo que sei. Meu amor pela dança e meus esforços realmente sinceros tornam meu fracasso ainda mais desalentador. Fiquei tão desanimada que cabulei a aula de maquiagem e inclusive evitei o ensaio de *Medeia*.

Em peças em cartaz, discutimos os "fracassos". A classe já havia assistido a tantos que era uma autoridade no assunto. A maioria deles eram pequenas tentativas de fazer teatro tão deploráveis que nos perguntamos como um dramaturgo, um produtor e um diretor podiam estar todos tão enganados, quando qualquer frequentador de teatro podia perceber como a peça era péssima logo no primeiro ato. Falamos em acreditar na peça, ou "estar por dentro" dela, isto é, não seguindo-a criticamente, mas participando da ação. Virginia Baker e eu admitimos que acompanhamos as peças por fora, embora tenhamos tendência a acreditar em filmes. Eu acho que é uma questão de não resistência. Não penso em julgar filmes porque acho que não vale a pena. Não tenho familiaridade com as técnicas e aceito quase qualquer coisa que me é oferecida por aquilo que é, já que não tem vida, é um "enlatado" mesmo. Portanto, sendo intelectualmente desinteressante, minhas emoções podem divagar livremente pela história sem interferências críticas.

Na aula de direção continuamos a explorar o aspecto técnico da encenação que, segundo Dean, é o menos interessante. Mas Piscator prefaciou a aula com um discurso brilhante sobre o palco e o espaço cênico. Ele disse: "O palco em si não é um espaço arquitetônico, é uma onírica sala vazia. A nossa força é que constrói o espaço".

Daí ele descreveu algumas de suas produções e outras de Meyerhold do ponto de vista do espaço do palco. Em sua produção de *The Lower Depths* (A ralé), de Máximo Górki, Piscator usou uma imensa escadaria, inspirando-se nas de seu professor Leopold Jessner. Na penumbra, sentados nos degraus, cada vez que falavam os atores acendiam faroletes, iluminando o próprio rosto, até o dia amanhecer e as pessoas irem para o trabalho subindo os degraus, através das ruas e casas. Os que se sentavam nos degraus mais baixos iam para o trabalho lentamente; e mais lentamente, ainda mais baixo, aqueles que faziam o tipo mais baixo de trabalho. Enfim, sempre no escuro, estavam os que não tinham trabalho: os últimos degraus, os mais baixos, "a ralé". Durante a cena da revolta, os atores desciam correndo pela escadaria em direção à plateia, enquanto homens armados se levantavam do fosso da orquestra mirando contra eles para proteger o público da massa enfurecida.

Esses degraus foram usados por Jessner em sua produção de *Édipo Rei* em Berlim, em 1919. O herói iniciava de pé, no topo, e ia descendo os degraus um por um à medida que ia perdendo sua honra e prestígio de rei, até ficar de pé, cego e despojado, no último degrau inferior. É um uso quase primitivo, mas bem direto do valor dos níveis. Nós demonstramos o valor dos níveis em escala muito menor, a partir do livro de Dean.

TERÇA-FEIRA, 24 DE ABRIL DE 1945
Conselho de diretores. Em pesquisa teatral, terminamos a discussão da imorredoura *Fuente Ovejuna* e passamos à apresentação do *Segundo auto dos pastores*. Piscator ficou satisfeito com a maioria dos atores. A interpretação de Arthur Green foi comparada ao seu trabalho em *Fuente*

Ovejuna, na qual ele tinha apresentado uma caracterização mais profunda, colocando um personagem cômico numa situação trágica. Hoje ele disse a Piscator que era impossível misturar comédia e tragédia. Piscator sorriu e recusou essa declaração peremptória e nos falou de algumas de suas experiências com a reação do público.

Numa situação tensa, surge uma súbita descontração – a risada. Depois desse alívio, as emoções voltam imediatamente a ficar tensas outra vez. Tendo se descontraído, o público pode retornar à situação mais profunda com uma visão renovada e torna-se mais consciente da profundidade da tragédia graças ao contraste de humor. Depois Piscator começou a falar misteriosamente sobre nosso "ator convidado". Como não tínhamos tido nenhum ator convidado na produção, levou um tempo até percebermos que ele estava falando de Charles Coleman, cuja maquiagem tinha sido tão bem feita que durante a apresentação Piscator havia perguntado a Chouteau: "Quem é esse aí?", e ela, com seu humor travesso, tinha respondido que era um ator convidado e ele acreditou no que ela disse. O fato de Charles conseguir ocultar tão bem sua própria identidade, apesar de Piscator o conhecer muito bem, é um bom sinal do ponto de vista da interpretação.

Na aula de marcha do drama, nos foram atribuídas tarefas para a montagem de *O círculo de giz caucasiano*, de Bertolt Brecht. Fiquei com os figurinos, que deverão ser costurados à mão para essa apresentação, com a ajuda de uma costureira contratada. Apesar de me prometerem que eu terei somente que aplicar pinturas nos figurinos, temo que me pedirão para costurar. Ah, temor e tremor! Talvez eu tenha uma oportunidade de mudar para aderecista, que é fascinante em seu espírito de procure-até-achar-ou-faça-você-mesma.

Em cenografia, trabalhamos nos problemas do cenário simples. Nos foi dada a tarefa de construir um cenário único, com três arcos, para apresentar cinco cenas nos vários ambientes de um castelo, usando somente cortinas simples, ou recortes, ou um ciclorama. Os efeitos mais simples são os mais bem-sucedidos, mas a tendência de empetecar é absolutamente dolorosa. Um cais, uma cripta, um terraço e dois interiores sobraram como tarefa de casa.

QUARTA-FEIRA, 25 DE ABRIL DE 1945
Aula de voz. Depois tivemos uma aula de dança, mas por falta de professor Alice Blue assumiu a função. Alice fez bastante sucesso como bailarina, seus movimentos são dóceis e delicados: seguramente não o resultado de sua formação inicial com Michel Fokine, mas provavelmente sua própria natureza adorável. Fizemos exercícios de coordenação e algumas de suas rotinas, mas consistiam em passos fixos que foram demasiado difíceis para mim.

A aula de interpretação incluiu o grupo de atores "B", a fim de poupar as energias de Margrit para os ensaios de *Medeia*. Fiquei feliz em não ter sido escalada no papel de Viola, porque continuo um tanto desconfiada com relação à opinião desses estudantes mais velhos. Não que eu tenha medo de ser julgada; *au contraire,* as avaliações de Margrit Weiler ou Piscator são preciosas. Mas a petulância de um jovem que não é superior a mim, como ele se imagina, definitivamente deve ser evitada. Vários estudantes fizeram leituras, alternando-se entre o grupo dos mais novos e o dos mais velhos, e a diferença não foi tão grande.

Mimi Rosenberg fez o papel de Martha em *Enterrai os mortos*, de Irwin Shaw. Mimi se aprofundou o bastante para captar a emoção envolvida e, até certo ponto, me convenceu da mulher de classe baixa que estava tentando interpretar. A interpretação de Mimi depende mais de seu coração que de sua teatralização.

Em seguida, Cherie Ross tentou fazer uma cena de *O homem que veio para jantar* [comédia de George S. Kaufman e Moss Hart], no papel da atriz [Maggie Cutler], mas abordou a sofisticação a partir de uma perspectiva ingênua. Margrit explicou que, embora não aceitável para os sofisticados, a aparência de uma falsa sofisticação é, pelo menos, uma postura real, e deve ser interpretada com tanta sinceridade quanto qualquer outra ação que o personagem exigir.

Myrna Seld interpretou essa mesma personagem na cena da conversa ao telefone. Sendo naturalmente mais sofisticada que Cherie, Myrna conseguiu dar vida à ilusão mas, embora ela negasse veementemente, notava-se muitas vezes um tom sarcástico em sua voz. A exuberância requerida para essa cena também foi bem executada. Mas me pergunto se Myrna conseguiria fazer algo mais profundo, porque tem uma dessas mentes lógicas, modernas, huxleianas, e não consigo visualizá-la numa paixão arrebatadora ou em qualquer emoção realista, exceto a raiva.

Gerance Garie leu então a descrição da morte de Martin feita por Olwin, no fabuloso quebra-cabeças que é *Dangerous Corner* (Esquina perigosa), de J. B. Priestley. A personagem é, naturalmente, uma pessoa sóbria, mas Gerance interpretou-a como indiferente. Senti que ela estava somente repetindo uma história que havia ouvido e não contando um incidente do qual tinha participado.

Anna Curtis Chandler, "a contadora de histórias", continua a deixar sua impressão em minha mente com relação à sua aptidão artística. Continuo tendendo a ler como ela. Algumas semanas atrás, li um poema de Ezra Pound para algumas pessoas. Depois da leitura, uma delas comentou: "Ela não lembra você daquela mulher que costumava contar histórias na Biblioteca Central, alguns anos atrás?". Perguntei a ela se se referia a Anna Curtis Chandler e naturalmente eu estava certa. A srta. Chandler foi minha professora cinco anos atrás e minha leitura continua sob sua influência. Como é incrível a importância de um professor!

Em estilos através das eras, o dr. Zucker nos mostrou a insignificante e desinteressante arte norte-americana do século XVIII, cujo exemplo mais notável é o retrato de George Washington por Gilbert Stuart, que, de tão conhecido, tornou-se um estereótipo de doer. Os outros são tão sem imaginação que não consigo me lembrar de nenhum, e nem tomei notas.

QUINTA-FEIRA, 26 DE ABRIL DE 1945
Aula de voz. Em história e sociologia, continuamos nossa conversa sobre os ingredientes dramáticos lendo *O grande deus Brown*, um drama cuja grandeza me maravilha de novo a cada leitura. Virginia leu Dion com sua voz agitada. Arla leu a outra mulher e Louis Guss e Charles Coleman leram os papéis masculinos. Achamos que é uma peça quase perfeitamente exemplar. Já a primeira cena mostra como O'Neill usou cada frase com plena previsão: na cena

inteira não há uma fala sequer que não sirva para estabelecer um personagem, ou ajudar o público a compreender o enredo e o ambiente ou para prenunciar o desfecho da peça. É uma cena simples em que nenhuma ação ocorre. Duas famílias, dois negociantes ambiciosos pensando na carreira de seus filhos, duas mães sentimentais e uma jovem comum amada por ambos os rapazes. De um lado, temos o sensível, o belo e o inefável e do outro o trivial, o vulgar. Encontramos o jovem Brown, simpático, simples, e a jovem Dion, espiritual, poética, destinados ao infortúnio por possuir uma alma frágil. Tudo isso é colocado numa cena simples com tremendo impacto.

Em figurinos, desenhamos diagramas de roupas masculinas de 1450 a 1900 e constatamos que são tão variadas quanto as de suas contrapartes femininas. Em 1450 os homens se vestiam muito parecido com os marinheiros britânicos, com calças apertadas, a parte de cima justa e uma gola em V que faz lembrar o marujo inglês de hoje. Em 1500 foi acrescentado um roupão. Em 1625, o gibão e as bombachas começaram a tender para a "indumentária dos puritanos", que continuou na moda na Inglaterra, enquanto os franceses começaram a enfeitar-se com os lacinhos da Restauração que, modificados, acabaram conhecidos como o "traje colonial antigo". Daí foi um passo de modificação (eliminação dos jabôs, estreitamento das jaquetas e acréscimo das calças) para o traje moderno, sem esquecer a moda de 1900, com seus padrões de mau gosto e corte reto. Durante a aula, enquanto os esboços iam sendo traçados no quadro-negro, o sr. Kerz comparou o teatro europeu do pré-guerra ao teatro norte-americano. Arbitrariamente, tomei o partido do teatro europeu, embora ele contrastasse cada afirmação que fiz com três bem melhores. Seu conhecimento do teatro e da dramaturgia contemporânea é suficiente para me fazer sentir mais humilde num assunto em que eu pensava ser uma autoridade. O que ainda tenho para estudar é impressionante.

SEXTA-FEIRA, 27 DE ABRIL DE 1945
Aula de voz. Na aula de interpretação, Lola e eu fizemos uma improvisação que eu senti que foi uma grande melhora comparada com qualquer uma de minhas improvi-

sações anteriores. Tínhamos de planejar tudo entre nós mesmas e nosso tema foi o seguinte: eu ia contar a uma mulher que estava apaixonada pelo seu marido. Entrei em seu apartamento e apresentei-me nervosa, totalmente preparada para aguentar uma cena e declarar meu direito de amar, pouco me importando com sua oposição aos meus comentários. Perguntei pelo seu marido, mas ouvindo que não estava em casa sentei-me, e preparava-me para iniciar o discurso que havia preparado quando Lola mencionou o nome de uma jovem que meu personagem conhece, sugerindo que eu vá vê-la, por ser alguém que ele costuma visitar de noite, ou uma outra jovem, "Ele está sempre andando por aí". Com isso, a desgraçada conseguiu embaraçar-me tão completamente que me senti forçada a retirar-me ofendida. Em seguida, para piorar ainda mais, assim que saí ela gritou chamando o marido, que estava no quarto ao lado. Mesmo tendo arruinado minha cena dramática, devo admitir que ela demonstrou rapidez de raciocínio.

Eu tinha subestimado a qualidade dramática da cena. Depois, quando eu e Lola nos sentamos para discuti-la, ela me contou um paralelo exato em sua própria vida, tão íntimo quanto verdadeiro. A história era exatamente a mesma, exceto o fato de que Lola não tinha sido a esposa, mas a outra mulher. Minha reação tinha sido tão completamente diferente que percebi que não tinha me permitido pensar, no palco. Este é o processo mental que eu poderia ter percorrido: a esposa é um obstáculo predeterminado. A jovem sabia que o homem era casado, e que sua vitória seria conquistá-lo com a derrota da mulher dele. Mas uma outra mulher é um fato novo. Aqui, o ciúme e a raiva deveriam intervir, pois a outra se encontra na mesma situação que ela, portanto é uma rival. Para a jovem, ser só uma entre tantas outras era de cortar o coração, uma reação totalmente nova. Poderia ter chorado, ou ficado histérica.

Steffi e Charles Coleman também fizeram uma improvisação muito boa. Charles interpretou um marido alcoólatra e Steffi, sua mulher. Charles interpretou uma maravilhosa cena como bêbado e Steffi, como sempre, reagiu perfeitamente. Fiquei intrigada com o jogo de cena entre eles porque Charles atua como eu, mentalmente, enquanto Steffi se entrega completamente ao seu papel. Talvez eu tenha de fazer isso, quando tiver dominado minha técnica a ponto de atuar naturalmente, sem pensar, embora Charles atue puramente pela técnica e o faça com sucesso.

Passamos a tarde preparando *Medeia*, entre testes de iluminação, alguns cenários simples e muita ansiedade. Piscator compareceu ao ensaio e graças à sua sensibilidade investigativa até a atuação perfeita de Margrit beneficiou-se com suas críticas. Achávamos que era perfeita, mas nessa perfeição Piscator encontrou margem para melhora. Sua compreensão da personagem de Medeia é excepcional. Nunca imaginei que um homem pudesse entender uma paixão tão genuinamente feminina.

Marcha do drama e *Medeia*. A interpretação de Margrit foi absolutamente espantosa. Não somente sua atuação e sua voz, mas ela realmente parecia uma rainha, linda e selvagem. Nunca tinha visto ninguém tão surpreendente. Jasão quase alcançou a mesma intensidade. David Lewis interpretou-o com uma tensão recatada. Charles Coleman leu o papel de Creonte com dignidade, mas Medeia não se permitiu ser ofuscada. O tempo todo, sentia-se a presença de Medeia. Era através dela que os outros, os homens, viviam. Margrit Weiler deu impulso a todo o elenco.

O REPERTÓRIO DO DRAMATIC WORKSHOP 1940-1952
Estreias em Nova York

Borchert, OUTSIDE THE DOOR
Bruckner, CHAFF
Bruckner, THE CRIMINALS
Frisch, HOUSE IN BERLIN
Gabrielson, DAYS OF OUR YOUTH
Herczeg-Herald, THE BURNING BUSH
James, WINTER SOLDIERS
Kaestner, EMIL AND THE DETECTIVES
Klabund, THE CIRCLE OF CHALK
Matthews, THE SCAPEGOAT
Neuman-Piscator, TOLSTOY'S WAR AND PEACE

Pagodin, THE ARISTOCRATS
Palma, THERE IS NO END
Penn Warren, ALL THE KING'S MEN
Salacrou, NIGHTS OF WRATH
Sartre, THE FLIES
Shaw, VILLAGE WOOING
Yordan, ANY DAY NOW

PEÇAS EXPERIMENTAIS
Os autores são participantes das aulas de dramaturgia

Abel, HANDS AGAINST ONE
Arluck, WOLF ARE YOU READY?
Bennett, NO HIDING PLACE
Bradford, CHAMELEON
Cunningham, MARIE'S NEW DRESS
Druck, CRISIS AT QUIET REST
Druck, HALF A LOAF
Ehrlich, KING OF THE HILL
Gillivan, ALONG THE WAY
Gregory, THE LAST ENEMY
Irving, JOHNNY CASEY
Mark, WHEN YOU HEAR THE SIGNAL
Orlovitz, CASE OF THE NEGLECTED CALLING CARD
Peterman, MOMENT OF DECISION
Pitcher, SNAKE SNAKE
Pitcher, THE CHIMES
Pollock, WEDDING IN JAPAN

SHORE, WHO ARE THE WEAVERS?
Peças clássicas e modernas

Anderson, Stallings, WHAT PRICE GLORY?
Aristófanes, LISÍSTRATA
Bennet, O HOMEM QUE VENDEU A ALMA
Calderón, O GRANDE TEATRO DO MUNDO
Tchekhov, A PROPOSTA DE CASAMENTO
Carroll, ALICE NO PAÍS DAS MARAVILHAS

Conkle, PROLOGUE TO GLORY
Coward, VIDAS PRIVADAS
Galsworthy, ESCAPE
Gógol, O INSPETOR GERAL
Gozzi, TURANDOT
Hauptmann, A ASSUNÇÃO DE HANNELE
Heiyermans, THE GOOD HOPE
Hellman, THE LITTLE FOXES
Hoffman, THE SEA SERPENT
Kesselring, ARSÊNICO E ALFAZEMA
Ibsen, ESPECTROS
Kingsley, THE WORLD WE MAKE
Laurents, HOME OF THE BRAVE
Lessing, NATAN, O SÁBIO
Lope de Vega, FUENTE OVEJUNA
Maltz, PRIVATE HICKS
Millay, ARIA DA CAPO
Miller, TODOS ERAM MEUS FILHOS
Molière, O DOENTE IMAGINÁRIO
O'Casey, JUNO E O PAVÃO
O'Casey, A SOMBRA DE UM ATIRADOR
Odets, ESPERANDO LEFTY
O'Neill, LUTO SE TORNA ELECTRA
Patrick, THE HASTY HEART
Pirandello, ESTA NOITE IMPROVISAMOS
Saroyan, O TEMPO DE SUA VIDA
Saroyan, HELLO OUT THERE
Segall, O CÉU PODE ESPERAR
Shakespeare, MACBETH
Shakespeare, SONHO DE UMA NOITE DE VERÃO
Shakespeare, ROMEU E JULIETA
Shakespeare, A MEGERA DOMADA
Shakespeare, NOITE DE REIS
Shaw, ANDROCLES E O LEÃO
Shaw, O DISCÍPULO DO DIABO
Shaw, HOMEM DO DESTINO
Shaw, A MILIONÁRIA
Sherwood, A FLORESTA PETRIFICADA
Steinbeck, RATOS E HOMENS
Thurber-Nugent, THE MALE ANIMAL

Tolstói, THE CAUSE OF IT ALL
Treadwell, MACHINAL
Wilder, NOSSA CIDADE

MUSICAIS

Arden-Harburg-Herzig-Saldi, BLOOMER GIRL
Hoyt-Carter-Selden, TEXAS STEER
Myer-Eliscu-Gorney, MEET THE PEOPLE
(Revista original), MIDDLE MAN, WHAT NOW?
Kaufman-Ryskind-Gershwin, OF THEE I SING
Hart-Rodgers, CONNECTICUT YANKEE

PRODUÇÕES TEATRAIS DE VERÃO

Barry, PHILADELPHIA STORY
Booth-Luce, THE WOMEN
Coward, ESPÍRITO ALEGRE
Denham, LADIES IN RETIREMENT
Franken, CLAUDIA
Holm-Abbott, THREE MEN ON A HORSE
Miramova-Leontovich, DARK EYES
Williams, O MILHO ESTÁ VERDE
Sternheim, MÁSCARA DA VIRTUDE

---

16. Repertório completo das peças produzidas no Dramatic Workshop de 1940 a 1952.

17. O teatro do arquiteto Joseph Urban na New School.
18. O Mural de McGrew no teatro de Joseph Urban.

19. Piscator com Simone de Beauvoir e Saul Colin.

20. Piscator com um estudante.

21. "A Escola que chegou para ficar".
22. A produção de *Rasputin*, de Piscator, 1927.

23. *Frankenstein*, The Living Theatre, 1967.
24. *A torre do dinheiro*, The Living Theatre, 1975.

25. Piscator na prisão na Alemanha, em 1930.
26. Judith Malina e Julian Beck na prisão no Brasil, em 1971.

7. Judith Malina e Maria Ley-Piscator, aulas magnas no Dramatic Workshop II, em 1990.
8. *Eureka!*, The Living Theatre, 2008.

29. Judith Malina, Brad Burgess e Tom Walker ensaiando *A história do mundo*, The Living Theatre, 2011.
30. Judith Malina e Brad Burgess apresentam *Occupy Your World* em Washington Square, Nova York, em apoio ao movimento Occupy Wall Street, 2011.

TERCEIRA PARTE

O ÉPICO CONTINUA

Éramos uma geração de jovens atores e atrizes, cenógrafos, músicos, e Judith e Julian abriram o caminho para nós. Embora muito do que fizemos no início da década de 1960 tenha se tornado comum no teatro por toda parte, o Living Theatre continua a experimentar – com temas sociopolíticos, improvisação, envolvimento da plateia, um teatro altamente poético.
ROBERT DE NIRO

O trabalho que Piscator iniciou continua em evolução. Os anos após seu retorno à Alemanha provaram ser mais uma aventura dolorosa que sua perseverança acabou transformando em sucesso.

Quando lamentava seu fracasso, na passagem de seu diário escrita a bordo da aeronave que o reconduzia à Alemanha, não pensava que o trabalho de sua vida ainda estava para acontecer. Nos onze anos que passou se desesperando como diretor independente, ele divulgou a mensagem de seu trabalho em muitas cidades, influenciando toda uma geração de atores. As três maiores produções que ele dirigiu quando finalmente lhe deram o Volksbühne em Berlim ocidental resultaram num revigoramento do teatro político e no despertar das técnicas de teatro total nas ruas e em lugares específicos; aquilo que Brecht chamou de "as grandes inovações cênicas de Piscator".

Na conclusão deste livro, atrevo-me a elencar as peças do Living Theatre cobrindo um período de 65 anos, para indicar certos estratagemas cênicos e teatrais que tiveram sua origem na experimentação de Piscator. Muitos são os teatros que se inspiraram nas criações de Piscator, mas menciono aqui o teatro que conheço melhor.

Em 1990, dei um curso na New School com Maria Ley-
-Piscator, já idosa, sobre a obra de Piscator. Madame Piscator chamou o curso de Dramatic Workshop II, porque ela nunca desistiu da ideia de reviver aquela escola... Naquelas aulas magnas, falamos da contínua ressonância do trabalho de Piscator, analisando e redescobrindo as ideias de seu teatro tão progressista.

O FIM DO CADERNO E AS PRIMEIRAS PEÇAS DO WORKSHOP

Em 27 de abril de 1945, em meio à montagem de *Medeia*, parei de tomar notas porque estava me envolvendo demasiado profundamente nas atividades da produção para dar-me ao luxo de perpetuar o momento na forma que um diário pessoal permite. Preferi dedicar todas as minhas energias ao trabalho que tinha de fazer. Arrependi-me muitas vezes de ter interrompido tão bruscamente aquelas anotações. Mas quando entrei no tremendo aqui-e-agora da produção teatral, não tinha vontade de escrever, somente de participar da ação.

Quando parei de manter o caderno de notas, naquele 27 de abril, já estava trabalhando nos adereços de cena para *O círculo de giz*, de Klabund, e em maio fui escalada no papel da mulher de Esparta na produção da *Lisístrata*, de Aristófanes, dirigida por Maria Piscator, toda em metal, plástico e celofane. Depois, em junho, interpretei o papel de uma das estudantes em *The Corn is Green* (O milho está verde) [de Emlyn Williams], cantando "All Through the Night", dirigida pela professora, a srta. Moffat, interpretada por Chouteau Dyer.

Essas foram as peças de que participei nos primeiros meses de estudo no Workshop, mas não foram em absoluto todas as que lá assisti. Em sua teoria didática, Piscator afirmava que era necessário familiarizar-se com as várias formas teatrais, clássicas, acadêmicas e tradicionais, para conceber o novo. Naquela temporada do Workshop, assisti *O doente imaginário*, de Molière, *Electra e os fantasmas*, de O'Neill, *Androcles e o Leão*, de G. B. Shaw, e *Peer Gynt*, de Ibsen.

Minha primeira atuação num evento do Dramatic Workshop foi como membro do coro na leitura de marcha do drama da *Ester* de Racine. Tivemos apenas alguns ensaios; fiz anotações sobre dois deles em meu caderno. Logo deparei-me com meu problema de cair na risada sem querer. Procurei compreendê-lo e superá-lo, o que só consegui anos mais tarde. Felizmente, sendo apenas um membro do coro, deixei que as outras vozes cobrissem meu vexame. Aparentemente, passou despercebido, ou, se alguém notou, não disse nada. O tempo todo que passei no Workshop, consegui que Piscator não tomasse conhecimento dessa minha falha como atriz. Ele não tinha paciência com coisas desse tipo, esperava dos alunos a mesma disciplina rigorosa que impunha a si mesmo.

Minha tarefa teatral seguinte foi participar da equipe de figurinistas de *O doente imaginário*, um guarda-roupas de época bastante requintado. Fizemos aquilo que chamávamos de "turnê" numa escola pública no Brooklyn. Foi minha primeira, mas não a última, porque mais tarde passei grande parte de minha vida em turnês, lidando com limitações práticas como camarins inadequados e apertados, ou um único espelho para um grande elenco e falta de água corrente. Foi um bom treinamento, embora eu tenha reclamado à época em meu caderno, porque eu detestava perder aula. No início era difícil compreender por que Piscator priorizava sempre a produção em detrimento das aulas.

Essa apresentação foi também o primeiro evento com envolvimento de plateia de que participei. O fato de ter sido uma apresentação para crianças, mesmo sendo uma peça para adultos, permitiu uma soltura formal, e apesar do texto de Molière nem sempre ter sido correto, os atores saltavam do palco para a plateia e saíam pelos corredores ao encontro das crianças. Apresentaram as relações de conflito entre os personagens com tanta vivacidade que acabaram criando um tumulto, mas as crianças adoraram.

Em 1968, quando o tumulto no teatro extasiava os espectadores do Living Theatre em *Paradise Now!*, procuramos romper todas as regras do jogo teatral, e tudo parecia possível. Piscator nunca viu essa produção, nem acho que ele teria reconhecido nela quantas das muitas premissas de sua filosofia procuramos realizar. Mas para mim aquela montagem de *O doente imaginário* foi uma lição extraordinária sobre o que pode acontecer quando os atores se sentem livres e desinibidos em cena. Produções como essa eram criadas em torno de uma intensa programação de aulas, estruturadas de modo a serem parte integrante da educação.

JULIAN BECK
Assisti a essas apresentações que faziam parte do programa central do Workshop, a marcha do drama, junto com Julian Beck, um pintor abstrato expressionista [do círculo de Peggy Guggenheim] e minha alma gêmea do momento em que nos conhecemos, em 1943, até sua morte, em 1985. Ele passou muitas horas no Workshop, assistiu a todas as montagens e sentou-se ao meu lado em muitas das aulas, tendo ajudado, certas vezes, nas tarefas de produção. Apesar de não ter se matriculado em nenhum dos cursos, Julian absorveu mais ensinamentos de Piscator que muitos de seus alunos. Mediante o testemunho do trabalho posterior de Beck como diretor, produtor e cenógrafo, pode-se dizer que ele foi um dos discípulos mais fiéis de Piscator.

Julian se impressionava especialmente com o empenho político coerente que sempre esteve à frente da estética teatral de Piscator. Pouco antes de meu ingresso no Workshop, frequentei o Salão de Outono da Galeria Art of this Century, de Peggy Guggenheim, onde quadros de Julian foram expostos ao lado de obras de Robert Motherwell, William Baziotes, Mark Rothko, Jackson Pollock e Willem de Kooning. A partir disso desenvolveu-se uma relação entre o Living Theatre e a Escola do Expressionismo Abstrato de Nova York, que muitas vezes enriquecia o Living Theatre, assim como o trabalho de Piscator foi enriquecido pela sua interação com George Grosz, John Heartfield e os dadaístas.

UMA COMÉDIA E O TEATRO DE ARTE ÍDICHE DE MAURICE SCHWARTZ

Com a chegada das férias de verão, o Dramatic Workshop ficava fechado, ou melhor, se mudava para Sayville, em Long Island, onde Piscator dirigia o programa de verão, mas eu não tinha meios para participar. Por isso passei uma parte do verão [de 1944-45] atuando no elenco de uma comédia, *By Any Other Name,* no Cherry Lane Theatre [em pleno Greenwich Village], onde o Living Theatre realizaria sua primeira temporada uns seis anos mais tarde. Passei o resto do verão fazendo o papel de um dos anjos em *Dray Matones* (Os três dons), de Isaac Leib Peretz, dirigido por Maurice Schwartz, no Teatro de Arte Ídiche, situado na Segunda Avenida.

Maurice Schwartz era uma figura lendária no teatro ídiche de Nova York, rivalizado unicamente pelos membros da família Adler. No espaço, depois transformado no cinema Loew's da Segunda Avenida, Schwartz produziu o Teatro de Arte Ídiche por 30 anos, montando, além de obras da dramaturgia ídiche, peças de Shakespeare, Ibsen e Oscar Wilde na língua ídiche. Com Maurice Schwartz aprendi uma disciplina diferente, derivada do Teatro Ídiche de Vilna, no estilo que havia sido criado para sua famosa produção de *O dibuk*, de S. Ansky. É uma luta interminável entre protesto e repressão, o protesto judeu que derruba as restrições da opressão.

Em outubro, quando o Dramatic Workshop reabriu, comecei a compreender como as produções de marcha do drama expressavam a visão de Piscator, como estágios de uma ampla iniciação, indo de Ésquilo a O'Neill. Nesse mês trabalhei fora de cena na montagem de *O doente imaginário*, e nos dois meses seguintes fiz um pequeno papel em *Esta noite improvisamos,* de Luigi Pirandello, uma peça que depois o Living Theatre produziu duas vezes, em 1955 e em 1960.

A QUESTÃO BÁSICA DE PISCATOR: O PAPEL DO ESPECTADOR

Em seu artigo "O teatro do futuro", publicado na *Tomorrow Magazine* em fevereiro de 1942, Piscator afirmou:

> O objetivo do drama é envolver o público na ação, e a história do teatro é simplesmente a história desse maior ou menor triunfo na [...] participação da plateia.

Nesse mesmo artigo, Walter Gropius, o arquiteto que desenhou o projeto do Teatro Total de Piscator, jamais construído, escreveu:

> Mediante esses meios técnicos (projeções, andaimes, estruturas móveis etc.) pretendemos forçar o público a entrar em íntimo contato com a ação cênica, fazê-lo participar da ação, e não permitir que se esconda atrás das cortinas.

O uso da palavra "forçar" é significativo porque, quando se trata de "participação na interpretação", Piscator sentia que precisava controlar, proteger o trabalho ensaiado, em vez de lidar com o caos da improvisação dos espectadores.

Piscator compreendia tanto a necessidade de livrar-se da arquitetura elitista do teatro tradicional quanto o imperativo revolucionário da participação. Lutou a vida inteira para encontrar os meios, dramáticos ou técnicos, de cumprir esse imperativo, e inventou os dispositivos mais extraordinários para realizá-lo. Somente uma coisa, o passo mais evidente e disponível, ele não deu nem podia dar. Ficou para seus discípulos, para sua progênie artística, a tarefa de construir a ponte entre o público e o ator.

O QUE FIZ PARA SER DIRETORA TEATRAL: UMA CONFISSÃO

Tinha me matriculado no Workshop como aluna de interpretação, porque tinha sido criada para ser atriz. Mas, poucos dias depois de entrar e de ter visto, umas poucas vezes,

Piscator dirigir, tive a certeza de que precisava trabalhar naquele âmbito mais amplo, com o objetivo mais extenso do diretor, que absorve a peça inteira e consegue transmitir seus significados aos atores e ao público. Alguém que pode, quando necessário, reinterpretar os significados do dramaturgo, pesquisar a verdade histórica e, usando cenografia, iluminação e sonoplastia, relacionar a apresentação da peça à época e ao ambiente onde ela se desenrola. Eu queria ser diretora.

Como brevemente mencionei em meu Caderno, fui ao escritório de Piscator com grande receio. Soberbo, sentado à frente de seu mapa da Europa em guerra, ele ouviu meu pedido friamente. "As mulheres", explicou-me com certa impaciência, "carecem do poder de permanência no teatro. Tendem a casar-se e desistir do trabalho. Então é melhor você persistir na interpretação." Senti-me ferida. O que poderia dizer quando o exemplo de minha mãe parecia provar seu argumento, e como poderia convencer aquele misógino da sinceridade de minha intenção e da persistência de minha dedicação ao teatro?

É com vergonha que admito agora que usei uma velha tática à qual as mulheres costumam apelar para alcançar consideração dos homens que acham que elas não têm competência em certas profissões exigentes, que eles acreditam serem de domínio exclusivamente masculino. Chorei. E consegui a permissão para fazer o curso de direção com Piscator.

A ARQUITETURA INSPIRADORA DE JOSEPH URBAN

A New School for Social Research foi projetada por Joseph Urban[38] em 1930 e é um exemplo sensacional de uma visão

---

38 Joseph Urban (1872-1933) foi um arquiteto, cenógrafo e ilustrador austríaco-americano, entre os criadores do estilo American Art Deco, tendo projetado numerosos edifícios nesse estilo. Foi diretor da Ópera de Boston e, em Nova York, desenhou produções tanto do Ziegfeld Follies como da Metropolitan Opera. [N.T.]

grandiosa da arquitetura moderna em sua fase pioneira. Foi a primeira construção desenvolvida exclusivamente para a educação de adultos, e é aclamada como um exemplo destacado do "estilo internacional" da arquitetura do século XX. Para os estudantes, seus espaços espetaculares eram, em si, uma inspiração, inclusive o auditório banhado de sol, onde montamos nossas peças, com seus comoventes murais pintados por José Clemente Orozco, e a esplêndida Benton Room com o magnífico panorama do humanismo norte-americano [*America Today*] pintado por Thomas Hart Benton [em 1930-31]. Em seus últimos anos, o Dramatic Workshop foi relocado para o President Theatre, um pequeno enclave de trabalho sério no coração da Broadway, e mais tarde mudou-se para o Rooftop Theatre, no Lower East Side, um antigo teatro de *vaudeville* da rede Minsky ao qual Piscator esperava atrair seu tão desejado "público proletário". Desde as primeiras aulas que tomei naquele edifício de Joseph Urban, senti que era um lugar miraculoso no qual cada espaço, cada parede haviam sido criados para transmitir uma estética fundamental para a educação que estávamos recebendo. Um lugar propício para acolher os ensinamentos de Piscator.

ELEANOR FITZGERALD
Mary Eleanor Fitzgerald, sempre chamada de Fritzi, era uma dessas notáveis figuras do teatro daquela época. Tinha tido uma longa carreira na Provincetown Playhouse, naqueles tempos áridos em que O'Neill e Edna St. Vincent Millay carregavam a bandeira do teatro de arte. Mais tarde ela escreveu um livro sobre a Playhouse. Ela também foi amante do anarquista Alexander Berkman por muito tempo.

Ela era uma dessas fontes de energia que se conectava com certas pessoas geniais, encorajando-as e prestando-lhes assistência. De acordo com Maria Piscator, o poeta e. e. cummings disse de Fritzi: "Ela era a encarnação do mistério do individualismo, de tristezas e alegrias noturnas, um ser humano prodigioso, generoso, destemido, único e apaixonado". Piscator às vezes fazia piada de suas saídas "para um sanduíche líquido", mas a tinha em alta consideração. Eu costumava sentar-me sobre uma estantezinha que havia no fundo da bilheteria para ouvi-la contar as histórias de sua vida, de seus amores e de teatro.

Para Piscator ela cuidava da bilheteria e das assinaturas, organizando o público que assistia às apresentações. Fazia esse trabalho porque adorava Piscator e assim saciava sua sede de estar perto de um grande homem.

Quando Piscator e Alvin Johnson [fundador e presidente da New School] concordaram em criar uma escola de teatro, foi Fritzi quem disse: "Precisamos criar uma escola que seja um teatro, porque Piscator precisa ter um teatro para trabalhar!". Foi graças à sua insistência que o Studio Theatre foi finalmente estabelecido no Dramatic Workshop. Depois do fracasso fiscal do Studio Theatre – e o trabalho de Piscator era constantemente esmagado pela economia teatral – um plano mais modesto foi desenvolvido: a marcha do drama.

AS AULAS

A MARCHA DO DRAMA

Nossas aulas começavam às 10 da manhã e o Workshop fechava às 11 da noite, ou depois da peça às sextas-feiras (cf. p. seguinte).

Foi a aula de marcha do drama que acabou sendo a semente daquela "escola que era um teatro". A marcha do drama, ideia linear e pedagógica, apresentava um panorama da história do teatro de Ésquilo até o presente. A escola de Piscator não podia apresentá-la como um curso histórico sem relacioná-lo especificamente aos tempos modernos, na perspectiva de Karl Marx e Arnold J. Toynbee, através das lições do socialismo e do fascismo, através de duas guerras mundiais e de nossas esperanças para o futuro. Reproduzo neste volume duas páginas do catálogo da escola para demonstrar o objetivo dessa vasta produção.

HORÁRIO	SEGUNDA	TERÇA	QUARTA	QUINTA	SEXTA
10-11		Conselho de diretores B.R.	Voz C D.S.		Voz C D.S.
11-12		Pesquisa teatral B.R.			Interpretação D
12-13		Pesquisa teatral B.R.		Voz C D.S.	Interpretação D
13-14	Dança		Dança	Marcha do drama	
14-15	Dança B D.S.	Marcha do drama D.S	Dança B D.S.	Marcha do drama	Interpretação D
15-16	Maquiagem B	Marcha do drama D.S.		Marcha do drama	Interpretação D
16-17	Maquiagem B	Marcha do drama D. S.	Interpretação D	História e sociologia do teatro	
17-18	Peças em cartaz		Interpretação D		
18-19		Cenografia		Figurinos	
19-20		Cenografia		Figurinos	
20h30-21	Direção D.S.	Estilos através das eras A			Marcha do drama
21-22h30	Direção D.S.	Estilos através das eras B			Marcha do drama

Horário semanal de Judith.

Nas noites de sexta-feira, John Gassner ou Paolo Milano discutiam um período e delineavam suas perspectivas históricas. Analisavam o trabalho específico a ser mostrado como um exemplo do estilo e da política de cada época. Gassner e Milano, duas das figuras mais proeminentes da história do teatro e da crítica teatral naquela época, apresentavam cada período em seu contexto econômico e cultural. Demonstravam para nós a qualidade épica que coloca a dramaturgia no curso das mudanças históricas e como ela aprofundava nossa compreensão do entretecer dos tempos. Depois de uma palestra de Milano ou Gassner, um dos estudantes de direção apresentava uma leitura dramática da peça escolhida pelos estudantes do Workshop.

MARCHA DO DRAMA

A. ESCOPO GERAL. 2 HORAS.
John Gassner, Paolo Milano

Obrigatória para todos os estudantes matriculados num ou mais cursos do Dramatic Workshop que não tenham completado seu primeiro ano. A taxa de matrícula para eles é nominal.

Participantes desta disciplina não são considerados estudantes, mas público e plateia em leituras de peças e debates de obras de arte dramática que constituem um tipo de história viva do teatro, enfatizando a expressão característica e o estilo nos vários estágios de seu desenvolvimento. O curso pode ser pensado como o centro nervoso que unifica todos os ramos separados do estudo da arte dramática na própria dramaturgia teatral.

Mestres do teatro, de John Gassner, é usado como preparação e fundamentação para a compreensão das forças culturais e sociais às quais o teatro respondeu nas várias épocas. A disciplina é complementada pelo curso do dr. Zucker sobre estilos mediante as obras-primas das artes e pelo curso sobre estilos de dança de Maria Ley e Vincenzo Celli.

SEMESTRE DE OUTONO

Palestras		Leituras de peças
I	Ritos primitivos e dramas da Paixão: as funções do teatro	
II	Ésquilo e o início da tragédia: o dramaturgo como pensador; a dramaturgia e o teatro épico	Agamêmnon
III	Sófocles e o desenvolvimento da técnica dramática	Antígona
IV	Eurípides e o drama moderno: o drama-problema; o drama psicológico	As troianas
V	Aristófanes e a comédia romana: as funções da comédia	Lisístrata
VI	Teatro oriental, sensualidade, ética e misticismo no teatro	Shakuntala
VII	Teatro medieval: teatro comunal	Todo mundo; Segundo auto dos pastores
VIII	*Commedia dell'arte* e a renascença	
IX	Lope de Vega e Calderón: o século de ouro do teatro espanhol	Fuente Ovejuna
X	Marlowe e a ascensão do teatro elisabetano: o teatro da vontade e da autoafirmação	Dr. Fausto
XI	Shakespeare: o teatro do individualismo; a arte da caracterização	Ricardo II
XII	Shakespeare e o mundo moderno. Ben Jonson e os últimos elisabetanos	Rei Lear
XIII	Teatro clássico francês: Racine, Corneille, individualismo e ordem	Fedra
XIV	Molière e a comédia social	O misantropo
XV	Congreve e a comédia da restauração; Lessing e o iluminismo; racionalismo e teatro	A maneira do mundo; Natan, o sábio
XVI	Goethe e o romantismo: o teatro da aspiração	Fausto
XVII	Victor Hugo e o declínio do romantismo; Scribe e a ascensão da peça "bem feita"	Hernani

SEMESTRE DE PRIMAVERA

Palestras	Leituras de peças
I Ibsen: a ascensão do realismo na sociedade moderna	Peer Gynt
II Ibsen: o desenvolvimento do realismo, personagem e sociedade no teatro realista	Hedda Gabler
III Strindberg e o teatro naturalista: Zola, Antoine etc.; a ascensão do naturalismo	O pai
IV Hauptmann: significado e modificação do naturalismo	Os tecelões
V Neorromantismo: Maeterlinck e Rostand	
VI Pirandello e Benavente: teatro cerebral	Seis personagens em busca de um autor
VII Realismo russo: de Gógol a Tolstói	O inspetor geral
VIII Anton Tchekhov e o teatro de atrito	O jardim das cerejeiras
IX Máximo Górki e o teatro soviético: novos aspectos do realismo e do teatro comunal	Ralé
X Expressionismo: Wedekind, Kaiser, Toller, Čapek etc.; o drama interior; distorção teatral e ênfase	Do amanhecer à meia-noite
XI A ascensão do teatro épico: Brecht e Piscator; conceitos épicos do drama	Uma tragédia americana
XII Giraudoux, Bourdet etc.: teatro francês do século XX, teatro e entretenimento	Anfitrião 38
XIII O despertar do teatro inglês: G. B. Shaw e seus precursores	Pigmaleão
XIV Bernard Shaw e a comédia de crítica social	Santa Joana
XV Teatro inglês do século XX: Galsworthy, Granville-Barker, Barrie, Masefield etc.	Strife
XVI Eugene O'Neill e o despertar do teatro norte-americano	Desejo sob os olmos
XVII Dramaturgia norte-americana a partir de 1918: Anderson, Howard, Rice, Paul Green, Behrman, Kaufman, Barry etc.	Winterset
XVIII Novas forças da dramaturgia norte-americana: o teatro social, os jornais vivos e o teatro épico	Desperta e canta

Programa das palestras da marcha da disciplina de marcha do drama apresentadas por John Gassner e Paolo Milano.

Cada estudante de direção procurava usar sua hora no palco para ultrapassar o semicírculo das cadeiras dos atores sentados com o texto na mão. Não havia orçamento para essas leituras de marcha do drama, mas quem dirigia podia acrescentar um xale, uma coroa ou uma cadeira especial trazida de casa, ou acrescentar um pouco de música, tocando uma flauta ou um disco. E o diretor podia escolher o elenco entre os estudantes que concordassem em decorar o papel para dispensar o texto. Daí, o que os impediria de se mover pelo palco? Em pouco tempo, acrescentando algumas luzes, as leituras feitas para ilustrar a aula de marcha do drama foram se tornando verdadeiras produções semanais. Essa tendência era inevitável. As melhores produções se tornaram o repertório de marcha do drama, e pronto! A escola virou teatro.

PESQUISA TEATRAL

As aulas de pesquisa teatral eram o seminário de Piscator, a plataforma a partir da qual ele nos comunicava suas ideias e nos ensinava a esclarecer e expressar as nossas. "O objetivo da pesquisa teatral é estabelecer uma filosofia do teatro", disse ele.

Cito a definição que constava da brochura da escola:

> Pesquisa teatral: Palestras de Piscator seguidas de debate, para coordenar e dar continuidade a todos os estudos e atividades do Dramatic Workshop, visando uma filosofia de teatro coerente. Baseando-se na crítica das produções programadas, são investigados e interpretados todos os aspectos do teatro como uma herança clássica, uma arte contemporânea e uma instituição social e moral.

Era a única aula à qual se esperava que todos os alunos assistissem.

No dia após a morte de Franklin D. Roosevelt, Piscator usou a aula de pesquisa teatral para nos falar da vida do presidente falecido e nos sintonizar com a dimensão histórica, isto é, o senso de estar dentro do processo histórico. Todos nós vivemos a história, mas podemos fazer isso plenamente conscientes do processo de que fazemos parte, ou podemos viver a vida sem considerar nossa participação e responsabilidade.

CRÍTICA DE PESQUISA TEATRAL

As tarefas de pesquisa teatral eram muito específicas. Tínhamos de apresentar uma crítica por escrito da apresentação da aula de marcha do drama da noite da sexta-feira precedente. Piscator disse:

> A crítica não é essa coisa ignóbil que lemos hoje nos jornais. Ela desempenha uma nobre missão para o teatro. Houve grandes críticos, como Aristóteles e G. E. Lessing. Sem Lessing não teria havido um Goethe, nem um Schiller. Criticamos com preconceito – e gosto é preconceito. Mas precisamos pensar dialeticamente (Hegel) – isto é, precisamos considerar mais de um ponto de vista.

Se achássemos difíceis essas ideias, e as achávamos, era previsto o seguinte esquema para aplicarmos à nossa crítica das peças:

I. A NECESSIDADE DA PEÇA

    A. O objetivo original do dramaturgo

    B. A mensagem da peça em termos de hoje

II. O DRAMATURGO – SEU MUNDO, SEU PONTO DE VISTA

III. A PEÇA

    A. Enredo da peça, num parágrafo: mencionar a situação, o conflito e o resultado

    B. Ação: como o enredo é desenvolvido, descrição detalhada da narrativa

    C. Estilo: as várias características e as exceções específicas

IV. A REPRESENTAÇÃO

A. Direção

    a. Dramaturgia – adaptação, cortes?
    b. Estilo – a peça atinge o ânimo e a mensagem que pretendia?
    c. Atores – que tal a escolha do elenco, seu treinamento?
    d. Encenação – qual é o conceito como um todo?

B. Interpretação – descrever um ator em particular e os outros em geral

C. Cenografia – o cenário, os figurinos, os adereços

D. Iluminação

E. Sonoplastia e música

F. Execução técnica

V. A OPINIÃO PESSOAL DO CRÍTICO

A. Objetiva: a montagem da peça se justifica por ser necessária?

B. Subjetiva: como você a teria montado?

Esquema sugerido por Piscator para tarefas de casa da aula de crítica de pesquisa teatral.

Segui esse esquema ao pé da letra e era uma tarefa pesada cobrir todos os pontos toda semana, além das aulas e dos ensaios das peças para marcha do drama. Procurei fazer a pesquisa integralmente: o mundo e os pontos de vista de cada autor, de Sófocles a Goethe, de Marlowe a Sean O'Casey, e, com a ajuda de Gassner e Milano, procurei analisar cada peça. Piscator gostava de meus ensaios e me pedia para lê-los em voz alta para os alunos, todas as semanas. Mas com o passar do tempo, pelo mesmo motivo que segui o esquema dele tão à risca, ele me acusava de ser "uma diretora datilógrafa".

Anos mais tarde soube que esses meus ensaios juvenis foram incluídos nos arquivos de Piscator na Akademie der Künste em Berlim, onde se encontram à disposição de estudiosos e pesquisadores. E sessenta anos depois descobri que ainda possuo oito desses ensaios de pesquisa teatral: *Natan, o sábio*; *Fausto*; *A revolta dos pescadores* (o filme de Piscator); *Electra e os fantasmas*; *Claudia* [de Rose Franken]; *The Jail Gate* [de Lady Gregory]; *Vidas privadas* [de Noël Coward]; e *The Cause of it All* [de Tolstói].

Vários colegas de classe escreveram críticas excelentes que, sem tender a usar o esquema tão metodicamente, focavam mais sua atenção nas interpretações. Eu tendia a enfatizar o material literário, histórico e dramatúrgico.

Depois da leitura de uma ou duas críticas, vinha o discurso de Piscator sobre a peça, à luz da história. Diante do pano de fundo da história, a peça épica é uma espécie de tapeçaria panorâmica na qual as ideias proeminentes são interpretadas por atores conscientes do contexto e conduzidas pelo diretor, que torna mais coerentes os três elementos da interpretação piscatoriana:

1. o fundo épico
2. a imediação da representação
3. a utilidade da representação para o espectador

As categorias de Piscator: o passado = a história interpretada:

1. pelo dramaturgo
2. pelo diretor e pelo cenógrafo
3. pelos atores
4. pelo espectador participante

O presente = a peça no teatro:

1. teatro total
2. participação do espectador
3. interpretação político-social

O futuro = os resultados políticos do teatro total

AS PEÇAS

FUENTE OVEJUNA

Em abril de 1945, *Fuente Ovejuna* foi a primeira produção em que atuei no Dramatic Workshop. A peça, que Lope de Vega extraiu da história da Andaluzia no século XV, é um romance sobre um governador tirânico e a resistência que uma cidadezinha chamada Fuente Ovejuna oferece quando um casal de jovens desafia o abuso senhorial de passar a noite de núpcias com a noiva. O tirano é morto e o povo da cidade é torturado para revelar o nome do perpetrador. [Quando perguntados: "quem matou o comendador?",] Todos respondem em uníssono: "Fuente Ovejuna!".

Em seu artigo "O teatro proletário: seu princípio fundamental e suas tarefas", publicado em 1920, Piscator escreveu:

> Seria possível fazer de cada peça um instrumento para fortalecer o conceito da luta de massas e aprofundar a visão revolucionária das necessidades históricas [...] Desse modo, uma vasta porção da literatura mundial poderia ser colocada a serviço da causa do proletariado revolucionário, assim como toda a literatura mundial poderia ser lida com o objetivo político de propagar o conceito da luta de classes.

Em *Fuente Ovejuna*, a luta de classes e a solidariedade da resistência são essenciais à trama, embora Piscator, como sempre, modificasse o texto.

Deram-me o papel de uma menina do povo da cidade de Fuente Ovejuna. Na sua primeira fala para o elenco, Piscator indicou que "o povo é o protagonista" e que nós, que representamos as massas, desempenhamos o papel principal. Na exuberância de minha juventude, trabalhei no meu papel coral com caracterização completa, inventando um nome e uma história para meu personagem, e me senti recompensada quando me deram uma única palavra para exclamar, uma fala só minha, gritando o nome de meu amiguinho, "Pedrito!", quando ele estava para ser torturado.

Piscator dirigiu as cenas de multidão pessoalmente, com particular atenção às implicações sociais de cada movimento, certificando-se de que estávamos conscientes da significação política de cada gesto.

Piscator encenou as torturas como um teatro de sombras, atrás de uma tela branca. Quando perguntavam aos cidadãos, um a um: "Quem matou o comendador?", respondíamos em coro: "Fuente Ovejuna!". Isto é, todos nós do vilarejo, juntos, éramos responsáveis pelo ato de rebelião contra o opressor. Todos os atores se inclinavam para ver as vítimas. Os torturadores começavam o diálogo de Vega, mas conforme cada vítima se aproximava, ficava parada numa das várias posições de tortura e dava um grito. O ritmo ia se intensificando até que, no fim, a pergunta "Quem matou o comendador?" e a resposta do coro se tornavam frenéticas.

Piscator estreou *Fuente Ovejuna* em 7 de abril no auditório projetado por Joseph Urban para a New School. Voltamos a apresentá-la no dia 8 e estava programada para os dias 13 e 14, mas no dia 12, com a morte do presidente Franklin Roosevelt, as aulas foram canceladas, a escola e o teatro ficaram fechados, enquanto a cidade e o mundo entravam em estado de choque.

A MORTE DE FRANKLIN ROOSEVELT

No dia 17 retomamos as aulas, mas só voltamos a encenar *Fuente Ovejuna* um ano depois. Na aula de pesquisa teatral, Piscator fez um de seus discursos mais memoráveis sobre "a vida de um grande homem", incitando-nos a "conduzir a vida com grandeza".

Não compartilho sua irrestrita admiração por FDR. Meu pai tinha se dedicado à suspensão das cotas de imigração, o que teria salvado um grande número de vidas. Mas as petições, os protestos e os apelos foram em vão. Roosevelt defendeu as limitações legais que impediram massas de judeus de escapar de seus perseguidores nazistas. Para Piscator, no entanto, Roosevelt representava o grande líder da guerra, o Agamêmnon de nossa época, e o senso que Piscator tinha da história me emocionava até as lágrimas.

Voltamos a apresentar *Fuente Ovejuna* um ano mais tarde, nos dias 6, 7, 13 e 14 de abril, no President Theatre. E mais uma vez no ano seguinte, de 26 a 30 de abril de 1947, no Rooftop Theatre. Tive a sorte de interpretar meu pequeno papel todas essas vezes e de ouvir minha canção "In knighthood's most valiant tradition" (Na mais valorosa tradição da cavalaria), que Piscator tinha me pedido para compor a fim de descrever o namoro dos dois jovens, cantada pela talentosa Elaine Stritch. Eu achava lamentável que Piscator pensasse em mim mais como autora do que como atriz.

Sete meditações sobre o sadomasoquismo político, um espetáculo do Living Theatre, tem suas raízes mais antigas nessa peça. Julian Beck, que tinha assistido a várias apresentações de *Fuente Ovejuna*, sentia que essa carga explosiva de responsabilidade social de Piscator havia deixado nele uma impressão duradoura. Para mim, ecos da *Fuente Ovejuna* de Piscator podem ser ouvidos em todas as produções do Living Theatre.

LISÍSTRATA

Lisístrata foi uma produção dirigida por Maria Ley-Piscator e era cheia de decorações cintilantes. Demos uma única apresentação, no estúdio de dança, em 25 de maio de 1945. Arla Gild interpretou uma Lisístrata durona. Deram-me o papel de uma mulher espartana que eu suponho tenha sido para fazer piada, porque eu era pequena e magrinha, e o estereótipo da mulher de Esparta é alta, forte e implacável. A encenação era cheia de extravagâncias: ficávamos enleadas em papel prateado e serpentinas de carnaval, que representavam o desejo sexual que as mulheres da peça estavam reprimindo para acabar com a guerra.

Muitos anos mais tarde, nos dias do movimento contra a guerra do Vietnã, quando participei da Greve das Mulheres pela Paz, houve frequentes discussões sobre a possibilidade de uma greve do sexo, como no enredo clássico de *Lisístrata*. Mas as mulheres do movimento pacifista sentiam que seria inapropriado para elas porque seus parceiros também eram ativistas contra a guerra. No entanto, em 2003, quando a guerra do Iraque estava em seu auge mortífero, houve centenas de produções de *Lisístrata* no mundo todo, no mesmo mês, como parte de um protesto chamado "Projeto Lisístrata".

Na produção de Piscator em 1945, apesar das plumas e paetês, o tema da oposição à guerra nem precisava ser enfatizado. Mesmo assim, Piscator, em sua posição de supervisor, falou para nós como a peça era ousada e pioneira, capaz de falar de uma ação pacifista de dois mil anos atrás, não como a rebelião individual de Antígona, mas como uma estratégia de resistência das mulheres organizada em movimento de massa.

A SONATA DOS ESPECTROS
No final do ano me deram para fazer minha primeira direção, *A sonata dos espectros*, de Strindberg. No primeiro ensaio, Piscator veio falar para nós sobre a interpretação dele no papel de Arkenholtz em seu teatro em Königsberg, em janeiro de 1920, quanto tinha 26 anos de idade. Ao contar para nós que ele mesmo tinha interpretado o herói, Arkenholtz, bem no início de sua carreira, ele quis deixar claro que seria exigido um padrão muito alto. E explicou a significação dessa peça misteriosa no contexto de Königsberg em 1920: uma peça sobre as culpas e crimes da sociedade venenosa do passado, e como a juventude ainda imaculada precisa lutar para não se imiscuir na vergonha da história. A Primeira Guerra Mundial tinha acabado, mas continuava suficientemente próxima para projetar sua sombra poluidora sobre os jovens. A visão idealista de uma nova filosofia salva o jovem herói dos espectros do passado.

Piscator descreveu a primeira cena: como o jovem Arkenholtz acaba tornando-se um herói ao salvar uma criança de um incêndio, deixando o local antes que pudessem agradecê-lo ou louvá-lo. Tendo se estabelecido como um jovem herói, ele deve enfrentar os piores aspectos da velha sociedade podre, e os pecados dos pais o envolvem. A sociedade decadente, cheia de culpas secretas e assassinatos, tenta seduzi-lo. Uma bela jovem o intriga – mas ele reconhece nela um defeito e sua própria pureza transcende todos os males ao seu redor. Ele é a própria madeira da arca que levará os sobreviventes a um mundo novo. Ele representa aquilo que os artistas progressistas e os pensadores daquela época chamavam de "nova objetividade".

Piscator tinha entrado para o Partido Comunista apenas dois anos antes de atuar em *A sonata dos espectros*. Ele nunca mencionou essa afiliação partidária naquele tempo precedente à era McCarthy, em que Brecht e Eisler seriam intimados a prestar depoimento diante do Comitê de Atividades Antiamericanas da Câmara dos Deputados. Mesmo assim, ele conseguiu passar para nós as profundas implicações sociais dessa história de amor e decadência, o que era seguramente a intenção do dramaturgo sueco.

Eu não estava realmente preparada para dirigir aquela obra-prima, mas a força do elenco me sustentou. Eugene Van Grona, o bailarino renomado que tinha decidido no meio de sua vida tornar-se ator, fez o papel do velho Hummel, embora eu achasse que ele devesse ter sido Arkenholtz, porque eu ficara encantada com seu estilo heroico ao vê-lo dançar *Rhapsody in Blue* como solista no imenso palco do Radio City Music Hall. Anna Berger, que continuou sendo minha amiga por toda a vida, fez o papel da cozinheira, em que colocou aquela dinâmica fantástica entre a personagem e sua própria personalidade que mais tarde ela usou para construir uma carreira brilhante no teatro e em Hollywood. Eu estava apenas começando a compreender a função do diretor com relação ao ator.

Encenei a peça usando escadas sobre as quais sentavam-se os fantasmas, inclinados acima de todos, mas presentes para cada um. Piscator amou minhas escadas. Eram um equivalente mambembe dos degraus de Jessner.

Por ser uma leitura da aula de marcha do drama, só teve uma apresentação, em 14 de dezembro de 1945. Mas foi produzida novamente no Workshop em 1948, depois de minha formatura. Howard Friedman dirigiu-a e pediu-me para fazer dois papéis: a jovem e a múmia. Deu o papel de Arkenholtz a Louis Criss e o de Hummel a Alexis Solomis.

Montada em 1954 no Loft Studio[39] da Broadway com a rua 100, *A sonata dos espectros* foi uma produção seminal para o Living Theatre. O cenário escuro, desenhado por Julian Beck, que descrevi em meu diário como "uma caverna negra, profunda, densa, chamuscada [...] manchada de pontos luminosos violeta, laranja, verde e dourado", era uma reflexão sobre o cenário que Piscator tinha descrito para nós, quase dez anos antes, no qual "as cadeiras eram como aranhas, infestando a casa velha como manifestações da sociedade decadente". Alan Hovhaness compôs um acompanhamento musical profundamente apropriado para a produção do Living Theatre e Richard Edelman fez o papel de Arkenholtz com uma grandeza seguramente à altura da interpretação de Piscator, embora nossa estética não fosse conscientemente fiel à da nova objetividade na época.

Piscator nos ensinou que o mundo torturado de Strindberg, assim como o de todos os clássicos ou dos dramaturgos modernos, estava disponível para uma interpretação épica. Piscator interpretou o papel de Arkenholtz entre os eventos dadaístas que ele havia organizado com Georg Grosz em Berlim, em 1919, e os eventos dadaístas que dirigiu em junho de 1920, na Galeria de Arte Burchard. O teatro de Strindberg, misturando o romantismo e a psicologia freudiana, está muito longe dos ultrajantes experimentos dos dadaístas. Mesmo assim, nessa mesma época, Piscator dirigiu também Wedekind, Kaiser, Górki e Upton Sinclair! Na aula de marcha do drama e em suas aulas magnas de pesquisa teatral, Piscator nos ensinou que qualquer peça pode ser abordada a partir de um ponto de

---

39 O Loft Studio, instalado no terceiro andar do último prédio de madeira remanescente na Broadway, construído em 1871 por Henry Grimm na esquina com a rua 100, foi adaptado pelo Living como teatro de 1954 a 1955. Lá foram montadas sete peças antes de o prédio ser fechado por insuficiente segurança contra incêndios. [N.T.]

vista político, porque toda peça contém os conflitos que mostram as relações econômicas e hierárquicas e as lutas comuns à humanidade inteira.

A ASSUNÇÃO DE HANNELE
Nos três primeiros dias de fevereiro de 1946, fiz o papel de Flossie em *A assunção de Hannele*, de Gerhart Hauptmann. Foi durante um dos ensaios de *Hannele* que me conscientizei do significado do empenho teatral. No final daquele ensaio, Piscator anunciou que os ensaios seguintes teriam lugar na noite de sexta-feira e na manhã de sábado. Eu já tinha trabalhado muitas vezes no *shabat*, justificando cada caso como algo especial, uma exceção. Talvez tenha sido o espírito dessa peça, profundamente religiosa, sobre uma jovem que se esforça para alcançar a pureza de alma, que despertou em mim o pensamento que eu tentava afastar: eu teria de escolher entre fazer teatro ou observar o *shabat*. Porém, como eu já havia tomado minha decisão pelo teatro, o melhor que eu podia fazer era acender as velas do *shabat* no camarim, ou num quarto de hotel, o que consegui fazer pela vida inteira. Desenhei uma charge com uma jovem segurando um cartaz de piquete diante de uma sinagoga, para horror dos pios judeus, com o lema: "Quando meu trabalho é a oração e o louvor, trabalho os sete dias da semana".

A assunção de Hannele foi produzida no Dramatic Workshop pela primeira vez em janeiro de 1944, quando, no papel duplo do professor de escola que salva Hannele e da figura de Cristo que a protege do pai abusador, o talento de Marlon Brando irrompeu no mundo. Uma agente famosa, Maynard Morris, foi vê-lo, por insistência de Stella Adler, e o achou de tirar o fôlego. A peça voltou a ser apresentada no Sayville Summer Theatre, e já fazia parte do mito de Brando quando a remontamos em fevereiro de 1946, logo após Brando ter entrado no mundo da Broadway e de Hollywood.

A grande obra-prima de Hauptmann, *Os tecelões*, uma dramatização compassiva da revolta dos tecelões da Silésia em 1844, foi montada por Piscator em Berlim, em 1927. Além de ser um profundo pensador social, Hauptmann era um refinado escritor de peças espirituais.

OS ARISTOCRATAS

Os aristocratas, de Nikolai Pogodin, é uma peça monumental sobre a construção do canal entre o mar Branco e o mar Báltico, usando presidiários como mão de obra. Esse documentário sobre o "Plano Quinquenal" soviético e a conveniência do trabalho braçal dramatiza a luta da União Soviética para cumprir um projeto tecnologicamente difícil por puro capricho e ousadia, e com o uso de trabalhos forçados.

Fiz o papel de uma prisioneira menor de idade e tive algumas cenas cômicas deliciosas com Anna Berger, que fazia o papel de uma prisioneira mais experiente tentando me iniciar. Sessenta anos mais tarde ainda gostávamos de reviver a cena em que ela me ensinava como cuspir e como esfaquear um homem. Piscator não queria que a peça tivesse um realismo grosseiro, e eu me perguntei se ele hesitava em mostrar a crueza desesperada da vida dos prisioneiros. Chouteau Dyer, responsável em grande parte pela produção de *Os aristocratas*, compôs uns versinhos para nós prisioneiras cantarmos enquanto marchávamos para o trabalho carregando nossas pás:

> Somos as rameiras
> Que cavam as trincheiras
> Na grama fecunda,
> Estamos atoladas
> Nas águas paradas
> Até a... canela![40]

Mas Piscator achou demasiado ofensivo e, para nosso desapontamento, insistiu em cortá-los.

E mais uma vez, ai de mim, Piscator mostrou mais interesse pela minha redação do que pela minha interpretação. Pediu-me para escrever uma cantata para o coro, que colocasse a peça em seu contexto épico. Escrevi uma cantata de oratório que começava assim:

---

40 "See the bitches who dig ditches / In the grass, / We are stuck in the muck / To our... knees!" [N.E.]

> Havia um mercador chamado Bakin,
> Que viveu em 1789.
> E Bakin o mercador
> Foi ver o tsar e disse:
> "Tem ouro, cobre e petróleo
> Bem fundo na Carélia,
> Leve-o para o mar Branco,
> Pelo bem da Rússia
> E do meu comércio..."[41]

E seguia traçando a história do canal do mar Branco, que, é claro, não foi construído pelo tsar, mas pela União Soviética. A peça não dá a mínima atenção à opressão dos prisioneiros, nem Piscator a enfatizou, nem minha cantata a reconheceu. Ao contrário, a produção mostrava o triunfo da ética comunista do trabalho, e os prisioneiros recalcitrantes apareciam como vigaristas não cooperativos, que em pouco tempo seriam convencidos a assumir uma atitude mais colaborativa.

O cenário era uma construção épica exemplar, colocada sobre um palco giratório construído em cima do palco do President Theater. Como o palco giratório não era mecanizado, tinha de ser empurrado manualmente pelos atores, puxando duas cordas ligadas a polias. Costumávamos exagerar dizendo que era mais difícil que construir o canal.

No livro de Maria Piscator, *The Piscator Experiment*, ela descreve assim o cenário de *Os aristocratas*:

> O palco era aberto e vazio. Sobre o palco giratório, quatro biombos atados em canos de aço e montados sobre rolimãs eram manobrados por quatro atores em várias posições e formações. Imagens cambiantes eram projetadas sobre esses trainéis, como mais uma forma narrativa. O palco giratório permitia que o cenário e os trainéis se movessem

---

41 "There was a merchant named Bakin, / And he lived in 1789, / And the merchant Bakin / Went to the Tsar and said: / 'There is gold, and copper, and oil / Deep in Karelia, / Bring it to the White Sea, / For the good of Russia, / And for my trade...'" [N.E.]

independentemente. Formavam salas muradas ou árvores enfileiradas. Enquanto sobre uma tela era projetado um *slide* das barracas dos prisioneiros, na outra via-se o mapa do território, numa terceira as estatísticas relacionadas ao progresso da construção do canal, e numa quarta uma imagem dos trabalhadores e seus *slogans*.

A "técnica como necessidade artística", de que falava Piscator, nem sempre exigia orçamentos imensamente altos. Na cena final do triunfo, quando o canal é terminado, os atores marchavam para a frente e as telas se tornavam grandes bandeiras brandidas por eles, enquanto cantavam a estrofe final de minha cantata, no estilo heroico soviético:

> Esta é uma peça sobre pessoas,
> Gente que trabalhou,
> Gente que se preparou para a vitória,
> Gente que se preparou para a paz
> – após a guerra –
> Pessoas unidas.
> Esta é uma história dedicada
> À união do povo
> E à união
> De todas as pessoas![42]

Apresentamos *Os aristocratas* nos dias 10 e 26 de abril de 1946 no President Theatre. No dia 2 de maio saiu uma resenha de Julius Bab no *New Yorker Staats Zeitung*, memorável para mim porque foi a primeira vez que li meu nome numa crítica de jornal. Voltamos a apresentá-la no dia 5 de maio e nos dias 19 e 20 de dezembro. Depois, em janeiro de 1947, quando eu já tinha me formado oficialmente pelo Workshop e Julian Beck e eu tínhamos começado a fazer planos para o Living Theatre, ela foi reinaugurada no Rooftop Theatre, o

---

42 "This is a play about people, / People who worked, / People who prepared for a victory, / People who prepared for peace / – after war – / People united. / It is a story dedicated / To the unity of people, / And the unity / Of all people!" [N.E.]

que exigiu vários ensaios para adaptá-la a um palco muito maior. Apresentamos a peça novamente de 15 a 19 e de 22 a 27 de janeiro, e nos dias 1º, 2, 8, 9, 15 e 16 de fevereiro, a última data em que registrei apresentações dessa peça.

AGAMÊMNON
Howard Friedman, filósofo e meu amigo especial entre os estudantes, dirigiu *Agamêmnon* para a aula de marcha do drama. Escalou o poderoso ator negro Marcus St. John no papel do rei e a mim no papel de Cassandra, num figurino costurado por minha mãe, reciclando umas cortinas velhas. Na abordagem acadêmica de Friedman, Cassandra dizia suas primeiras falas em grego clássico: "Apolo, guia dos caminhos, estás perdido? / Aonde me conduziste, a qual morada?".

Como de costume, Piscator veio falar ao elenco sobre a peça, para que nossa motivação ficasse bem clara. E disse:

> Como os reis são aparentados aos deuses, não se pode contradizê-los. Para desafiar um deus, é preciso pedir ajuda a outro deus – pois os deuses gregos estavam sempre envolvidos em rivalidades muito mais graves e inflexíveis do que qualquer disputa mortal. Pode-se tomar o partido de um contra o outro e, com isso, obter valiosas alianças. A guerra de Troia é uma delas. Essas estratégias e esses estratagemas continuam até hoje, sem a aprovação de deuses ou demônios: os ricos e poderosos da terra, tomando o lugar das forças celestes, continuam a nos dominar e regular nossas paixões, sem cessar.

Friedman, um verdadeiro visionário, estava convencido de que somente o *Pássaro no espaço*, de Brancusi, aquela magnífica obra de purismo formal sugestiva de um movimento apesar de sua imobilidade (e que redime o conceito do minimalismo de muitos abusos cometidos em seu nome), poderia comunicar a análise que Piscator fez dessa obra-prima de Ésquilo. Ele encomendou a um escultor uma cópia de madeira, de tamanho natural, pintada de dourado. Colocou-a no palco baixo central, dominando a cena como uma imagem do conflito divino e mortal. Na imagem vertical do voo e na poética imagem do pássaro ficava implícita a transcendência desse conflito.

Agamêmnon teve uma única apresentação, na marcha do drama, em 31 de março de 1946.

O CÍRCULO DE GIZ
A versão de Klabund do clássico chinês *O círculo de giz* foi dirigida pela primeira vez por Max Reinhardt, com Elisabeth Bergner no papel de Hi Tang, no Deutsches Theater, em Berlim, em setembro de 1925. Em 1931, Piscator dirigiu uma peça intitulada *Tai Yang erwacht* (Tai Yang desperta)[43], de Friedrich Wolf, no Wallner Theater, em Berlim, que era uma contrapartida da peça de Klabund. Wolf conta a história do despertar político de uma operária que, opondo-se às condições laborais na China, ajuda a organizar uma greve entre os trabalhadores de uma fábrica de fiação. Wolf foi amigo e colega de Piscator a vida toda e, no pós-guerra, um dos que mais influiu na longa disputa para reconduzir Piscator à Alemanha, contra as resistências tanto de Piscator como dos comunistas ortodoxos alemães. *Tai Yang erwacht* teve como cenógrafo um grande colaborador de Piscator, John Heartfield, que dispôs muitas faixas e letreiros de protesto que também serviam como telas para a projeção de frases de conteúdo político e gráficos estatísticos, uma técnica que Piscator repetiu em sua produção de *Os aristocratas* no Dramatic Workshop, em 1946.

---

43 *Tai Yang erwacht* se passa durante a revolta dos tecelões de Shanghai, em 1927. A jovem Tai Yang chega a Shangai em busca de trabalho e é explorada como amante do dono da fábrica, Chu Fu, mas obtém melhor salário que os outros trabalhadores. O despertar de Tai Yang acontece quando testemunha os maus-tratos que Chu Fu inflige a uma operária suspeita de participar na revolta. O proprietário pede a Tai Yang para espionar e delatar quem entre os operários está distribuindo panfletos subversivos. Ela se apaixona secretamente pelo operário Wan que, por ser ativista, é preso e torturado por Chu Fu diante de seus olhos. Ela decide aliar-se a Wan e à revolução. Com sua ajuda, Wan consegue escapar e começa a planejar uma revolta imediata, a ser anunciada por Tai Yang, que entra clandestinamente na fábrica. Os trabalhadores protegem Tai Yang, contra as ordens de Chu Fu, e a rebelião eclode. *Tai Yang erwacht* estreou no Jungen Volksbühne em 1931, a única produção na Alemanha e último trabalho de Piscator antes do golpe que levou Hitler ao poder, dois anos depois. [N.T.]

Traduzida para o inglês, *O círculo de giz* de Klabund estreou em 1929, no New Theatre, em Londres, sob a direção de Basil Dean, com Anna May Wong [a primeira atriz sino-americana] no papel principal e Laurence Olivier como o príncipe Pao. A peça conta a história de um assassinato seguido de uma disputa entre duas mulheres pela maternidade do herdeiro do morto. A contenda é esclarecida com uma espécie de "justiça de Salomão" e mostra como uma jovem corajosa procura encontrar soluções para viver num mundo corrompido pela injustiça social e econômica.

Em Nova York, Piscator produziu *O círculo de giz* no Studio Theatre, estreada em 24 de março de 1941, sob a direção de James Light, tendo Dolly Haas como a protagonista. Foi a segunda produção de Piscator no Studio Theatre, logo após o *Rei Lear*, e foi mantida no repertório do Dramatic Workshop. Na época em que entrei no elenco, James Light já não estava mais no Workshop. Foi Chouteau Dyer que a remontou, sob a supervisão de Piscator, com Priscilla Draghi no papel de Hi Tang. Inicialmente fui encarregada da mesa do material de cena, cheia de leques, lanternas e chinesices de todo tipo. Isso foi em maio de 1945, quando eu ainda era novata na escola e até trabalhar na coxia me entusiasmava. Mais tarde, em dezembro de 1946, fiz o papel de uma das três moças da casa de chá. Nessa produção, o comentário sobre a estrutura de classes era claro. Cantávamos juntas, em ligeiros tons asiáticos:

Em Tong, na praça de homens apinhada,
Sou uma boneca que pode ser comprada,
Para sua luxúria e para suas carências,
Cedo tudo, menos minha consciência.[44]

É interessante a tendência que temos para lembrar as canções, muito tempo depois de a história já ter se apagado da memória.

---

44 "To the men Tong's courtyard thronging / I'm a toy that can be bought, / To their lust, and to their longing / Yielding all except my thought." [N.E.]

Klabund era o pseudônimo de Alfred Henschke, que foi colega de classe de Piscator e, assim como Friedrich Wolf, também era um amigo pessoal muito próximo. Klabund era poeta e pacifista, casado com a famosa atriz Carola Neher.

Em 1944, Brecht escreveu *O círculo de giz caucasiano*, uma adaptação da peça de Klabund, escrita enquanto vivia na Califórnia. Brecht tinha a intenção de encená-la na Broadway, mas não conseguiu encontrar produtor. A peça acabou sendo montada no Carleton College, em Northfield, Minnesota, em 1948, na tradução de Eric Bentley. Depois o próprio Bentley a dirigiu para o Hedgerow Theatre, em Filadélfia, tornando-se então, por algum tempo, a peça mais popular de Brecht nos Estados Unidos.

AS MOSCAS

As moscas, na produção de Piscator, é um exemplo extraordinário de como pegar um mito clássico e moldá-lo para iluminar a política e a filosofia contemporâneas. Há um ditado popular: "Ninguém se cansa da *Oréstia*", o que quer dizer que as peças antigas continuam permitindo infinitas interpretações, profundas e frívolas, progressistas e reacionárias, políticas e filosóficas. Sartre empregou a imagem de Orestes e das Fúrias que o perseguiam para nos mostrar a possibilidade existencial de nos livrarmos do peso da culpa pelos crimes do passado. Ao se livrar das Fúrias, Orestes livra seu povo da tirania.

Fiz a líder do coro das moscas (a Corifeia), mas gostava de me gabar dizendo que fazia o papel-título. Vestíamos colantes pretos e tínhamos o rosto coberto com máscaras de tela. Zuníamos e, dançando ao redor de Orestes e Electra adormecidos, cantávamos: "Pousaremos no teu coração apodrecido, como moscas numa fatia de pão com manteiga..."[45]. No final, rejeitadas por Orestes, pulávamos através do fosso da orquestra e desaparecíamos pelos corredores da plateia. De vez em quando, durante as apresentações, uma de nós pulava mal, caía no fosso e machucava

---

45 "Nous nous poserons sur ton coeur pourri comme des mouches sur une tartine..." (ato III, cena 1). [N.E.]

o tornozelo. Consequentemente, o número das Fúrias foi diminuindo. O triunfo de Orestes sobre sua culpa era um negócio arriscado para nós.

As moscas tinha sido encenada originalmente por Charles Dullin em 1943, no Théâtre de la Cité, na Paris ocupada. Maria Piscator acreditava que os alemães não a tinham impedido só porque queriam mostrar-se culturalmente superiores. Ela escreve em *The Piscator Experiment*: "*As moscas* representavam mais ou menos o credo existencialista, um apelo à resistência". Piscator pediu-me para escrever uma cantata relacionando a narrativa clássica às circunstâncias da França sob a ocupação nazista, quando Sartre foi feito prisioneiro de guerra, antes de escapar e juntar-se ao movimento pela resistência[46]. Piscator queria que a peça refletisse aquela experiência. Escrevi a cantata mas, no final, Piscator teve uma ideia melhor. Como prólogo, projetou filmes documentários dos nazistas marchando pela avenida dos Campos Elíseos em Paris e atravessando o Arco do Triunfo de Napoleão.

No entanto, o uso do filme na produção de Piscator causou controvérsia. Durante o ensaio geral, várias pessoas, John Gassner entre elas, objetaram ao prólogo dizendo que seu impacto enfraqueceria a estrutura clássica. A notícia da controvérsia chegou até Sartre, que enviou Simone de Beauvoir a Nova York como sua emissária. Piscator sugeriu que apresentassem duas versões na pré-estreia, uma com o filme e a outra sem. Obviamente o público mostrava mais entusiasmo quando a peça era precedida pelo filme.

---

46 Em 21 de junho de 1940, Sartre foi feito prisioneiro em Padoux, Vosges, no norte da França, e transferido para um campo de detenção de 25 mil presos na Alemanha. Essa experiência marcou-o profundamente, ensinando-lhe a solidariedade humana. Longe de sentir-se intimidado, participou com entusiasmo da vida da comunidade, contando histórias e piadas aos companheiros de alojamento e participando de lutas de boxe. Chegou a escrever e dirigir uma peça, *Bariona, o filho do trovão*, representada na véspera do Natal. Essa experiência do campo de prisioneiros marcou uma virada em sua vida: abandonou o individualismo e passou a defender o senso do dever para com a comunidade. [N.T.]

Simone de Beauvoir também o aprovou, considerando a produção "uma das poucas experiências teatrais que elevam o teatro além de sua insensatez autocomplacente, restituindo ao público seu papel ativo". Beauvoir veio ao camarim para louvar nosso trabalho e posou conosco para fotografias diante da estátua de Zeus de papel machê, com Piscator e Maria Ley, bem como Maya Abiliea, Dan Matthews, que fez Orestes, Carol Gustafson, a Electra, Jack Burkhardt como Zeus, Walter Matthau como um humilde soldado e Frances Adler, da famosa família de atores teatrais, como Clitemnestra. Esperando o posicionamento da câmera, ouvi Beauvoir dizer para Piscator: "Essa peça não acontece no passado, mas no nosso futuro – é a crise moral de nosso futuro...". E Piscator a contrariou, com cortesia: "Não creio. É a crise moral do presente que estamos apresentando aqui".

No programa lia-se: "Dirigida por Paul Ransom, sob a supervisão de Erwin Piscator". Citando o que diz Maria Piscator em *The Piscator Experiment*: "Supervisão era o modo de Piscator dizer 'Trabalhamos coletivamente, como grupo, juntos, como uma unidade e como uma só pessoa. O teatro é um coletivo, o mais desafiador e também o mais ambivalente, já que, na análise final, a vontade de um deve prevalecer'". Da maneira como me lembro dos ensaios, Piscator era um supervisor poderoso. Paul Ransom conduzia os ensaios diários, mas a vontade de Piscator prevalecia.

Estreamos *As moscas* em 17 de abril de 1947 e a última apresentação foi dada em 21 de dezembro. Foi minha última peça no Workshop, com exceção de uma única apresentação da *Sonata dos espectros,* dirigida por Howard Friedman, para a aula de marcha do drama.

Durante esse período, Piscator estava decidindo se devia retornar à Alemanha. E lá decisões estavam sendo tomadas para convidá-lo a dirigir um dos vários teatros disponíveis, como parte da reabilitação da cultura alemã. Os companheiros que estavam reconstruindo a vida teatral no Setor Russo, que mais tarde se tornaria a Alemanha Oriental, não tinham inclinação para Sartre e o existencialismo. Assim como o surrealismo, o existencialismo focava o indivíduo em detrimento do coletivo. Eram críticos até de *Our*

Town (Nossa cidade), de Thornton Wilder, porque no fim da peça os mortos falam, e isso violava seu senso de realismo. A *Antígona* de Brecht foi alvo de críticas por exaltar a opção de uma única pessoa. O Orestes de Sartre faz de sua opção existencial uma escolha pessoal, manifestando um individualismo perigoso, embora libertador para o povo.

As críticas à produção de Piscator de *As moscas* dificultaram seu retorno à Alemanha. Muitos desconfiavam de sua posição política, da mesma forma que, nos Estados Unidos, havia outros que tampouco confiavam nele. Na América do Norte, era suspeito de ser um comunista em potencial, na Alemanha, de não ser suficientemente comunista. Foi esse o motivo pelo qual, depois de retornar à Alemanha em 1951, Piscator teve de trabalhar inicialmente em teatros de província, aguardando onze anos até que lhe dessem seu próprio teatro em Berlim.

ESTA NOITE IMPROVISAMOS, DE PIRANDELLO: ROMPENDO A QUARTA PAREDE

Foi Luigi Pirandello quem conseguiu colocar as questões básicas teatrais na obra dramática sem perder a poesia. E foi na produção de Piscator de *Esta noite improvisamos* que Julian Beck e eu encaramos pela primeira vez a questão de quem é o ator com relação ao espectador. *Esta noite improvisamos* foi a grande produção pirandelliana de Piscator, na qual ele pôde experimentar os principais conceitos que o preocupavam, e que mais tarde se tornaram centrais também no trabalho do Living Theatre.

Em *Esta noite improvisamos* a ficção e a realidade do teatro colidem com a realidade do aqui e agora dos atores e espectadores. Muitas vezes não se sabe em qual realidade acreditar, ou melhor, não sabemos como conciliar a dualidade da presença real do ator e de seu personagem ficcional.

No Workshop fiz o papel de uma freguesa do cabaré, embriagada de absinto, no local onde o protagonista, Samponetta, encontra sua comovedora Chanteuse. O papel da Chanteuse coube a nossa colega de classe Elaine Stritch, que depois ficaria famosa na Broadway. Em *Esta noite improvisamos* ela cantava uma canção que escrevi para a ocasião, a pedido de Piscator:

> Vendi minha alma por amor e agora a perdi.
> Queimei minha única ponte antes de cruzá-la.
> Eu tinha uma alma, mas joguei-a no inferno.
> Não tenho mais um mundo a ganhar,
> Mas também não quero mais pecar.[47]

Esta noite improvisamos, como o título sugere, é uma peça sobre a arte teatral. Os atores interpretam um drama em família, mas continuam sendo atores, e o diretor os manipula, embora ele também seja um personagem, interpretado por um ator. No final, as realidades se fundem e a atriz principal, vítima de abuso e à beira da morte, pronuncia o grande monólogo de Pirandello sobre o que é realmente o teatro. O papel havia sido escrito para a atriz que Pirandello mais amava, a formidável Marta Abba, que não permitiu que qualquer outra atriz interpretasse a personagem enquanto ela vivesse, embora já estivesse velha demais para representá-la. Tendo vivido até os 88 anos, ela relegou essa grande peça às bibliotecas e a montagens de escola de teatro, como o Dramatic Workshop.

No final do segundo ato, a família vai ao teatro, o que faz parte do comportamento napolitano da mãe, mas considerado impróprio pelos sicilianos do lugar. A mãe, suas filhas e seus respectivos namorados, homens da força aérea italiana, entram pela porta de ingresso da plateia, causando comoção. É uma das realidades misturadas tão importantes para Piscator, e um dos motivos pelo qual o Living Theatre decidiu mais tarde produzir essa peça, duas vezes, em sua história.

Na produção do Living Theatre de *Esta noite improvisamos*, mudamos o nome do diretor da peça, que Pirandello chamou de Hinkfuss, para Beckfuss, incluindo assim o conceito de direção de Julian Beck e mantendo a raiz germânica que devia ser a intenção de Pirandello. De fato, a

---

[47] "I sold my soul for love and now I've lost it, / I burned my only bridge before I crossed it, / I had a soul and down to hell I tossed it, / Now there's no world to win anymore, / But I don't want to sin anymore." [N.E.]

maioria dos críticos considera o personagem uma referência a Max Reinhardt.

A primeira produção do Living Theatre de *Esta noite improvisamos* foi em 1955, no Loft Theatre, esquina da Broadway com a rua 100. Lá interpretei o papel que Marta Abba queria só para si e que tinha sido interpretado por Priscilla Draghi no Workshop. Em nossa primeira produção de *Esta noite improvisamos*, a apresentação a que a família ia assistir era um filme que Julian fez com uma câmera de 8 mm, que incluía alguma animação de desenhos abstratos e algumas imagens de Nossa Senhora, que ele intitulou "Sicília, terra de paixões". Na versão de 1960, na sede do Living Theatre da rua 14, a família ia à ópera e assistia a Jerry Raphael dublando *Pagliacci* num disco que chiava.

Em 1955, o Living Theatre já estava procurando um papel mais profundo para os espectadores que nem Piscator, nem Pirandello lhes tinham permitido. Quando entrávamos no teatro pela porta de ingresso do público, Mommina, a filha mais flertadora, sentava-se no colo de um espectador. Seu marido ciumento mandava-a levantar-se, mas ela pedia proteção ao espectador. O espectador tinha então que escolher qual cena representar, e decidir até que ponto estava com medo de estar sendo, de fato, ameaçado. Diante da resposta do espectador, nem Pirandello nem Piscator estavam dispostos a enfrentar o desafio da improvisação do público e a possível irresponsabilidade. Lidar com isso exigia um comprometimento do elenco inteiro com essa experimentação e mais confiança no público de que Piscator dispunha. Por outro lado, era justamente nesse experimento que o Living Theatre estava interessado.

A GRANDE DESCOBERTA DE KANDINSKY

Em 1888, na primeira exposição impressionista em Moscou, quando Kandinsky se pôs a contemplar os *Montes de feno* de Claude Monet, teve uma de suas grandes revelações, talvez o início da arte moderna. Kandinsky percebeu que a pintura era mais pertinente à arte do que o objeto pintado. Depois disso, a arte nunca mais foi a mesma. Do mesmo modo, ao formular os princípios daquilo que chamava de atuação objetiva, Piscator percebeu que a presença do público é mais pertinente ao ator que a ficção dramática. A pintura que Kandinsky viu era real; os montes de feno eram um construto mental transmitido ao observador por Monet através do meio real da tinta. A presença do público é real; a ficção dramática é um construto transmitido ao espectador pelo autor, pelos atores e pelo diretor.

No livro *Actors on Acting* (Atores falam sobre atuação)[48], Piscator diz do ator objetivo: "Ele atua com o conhecimento de que a vida é mais importante do que a peça, mas ao mesmo tempo de que se compreende que, naquele momento, não há exemplo de vida mais digno que aquela peça. É a finitude do teatro contra a infinitude da vida".

PISCATOR E O PÚBLICO

Piscator não ensinou nenhuma técnica de interpretação em particular. Era importante para ele que os professores de sua escola apresentassem aos alunos disciplinas amplamente diferentes. Ele ensinava os jovens atores a terem consciência da plateia e a se manterem atentos a ela. Exigia que o ator colocasse o centro de sua atenção não no meio do palco, e sim no meio dos espectadores. Instava ao ator que olhasse para o público olho no olho e não deixasse seu olhar "percorrer as cabeças dos espectadores como se nem estivessem ali".

Piscator escreveu:

> Sinto-me um tanto envergonhado desse comportamento porque parece humilhante para o ator. Ele perde contato com o público e se coloca numa posição falsa e desigual. Veja como a situação muda quando seu olho encontra o público.

---

48 Toby Cole e Helen Krich Chinoy (org.), *Actors on Acting: The Theories, Techniques, and Practices of the World's Great Actors, Told in Their Own Words*. Nova York: Random House, 1949, 1957, 1970 (Atores falam sobre atuação: as teorias, técnicas e práticas dos grandes atores do mundo, em suas próprias palavras). [N.T.]

O palco inteiro parece ter vida. Através dessa fixação do olhar se estabelece uma verdade entre o ator e o público que resgata um contato vital, uma realidade maior para a ação.

A atuação objetiva não é uma técnica de interpretação, é uma postura estética e política.

Entre os professores de interpretação do Dramatic Workshop havia propagadores eminentes do trabalho de Stanislavski, Meyerhold, Vakhtangov e da *commedia dell'arte*. Entre eles estavam Stella Adler, que lá havia ensinado antes de meu tempo, Herbert Berghof, que continuou como ator convidado depois de fundar seu próprio estúdio, e Lee Strasberg, com quem tive duas aulas e decidi que seu método não é meu estilo, apesar da contribuição formidável que ele deu mais tarde com o Actor's Studio.

O importante para Piscator era a intensidade na comunicação, sem emoção. Se ela fosse autêntica, induziria o ator a encontrar os meios de tornar a comunicação completa. Mas Piscator parou no olhar, no contato pelo olhar. Por quê? Por que o ator não podia falar diretamente com o espectador? E, acima de tudo, por que o espectador não podia responder, exprimir-se, discutir, gritar... atuar? Porque Piscator, para quem o epicentro era a plateia, também temia a plateia. Como ele escreveu em *Actors on Acting*:

> Se queremos um público inteligente, para quem o teatro é mais do que um entretenimento, precisamos romper a quarta parede do palco. (Cole e Chinnoy, 1949)

Já em 1929 ele havia escrito:

> A remoção de todas as barreiras entre o palco e o espectador, o envolvimento pessoal de cada espectador na ação, forja o público numa única massa para a qual a coletividade não permanece um conceito aprendido, mas uma experiência de teatro.

O palco era um espaço fechado. Os atores ficavam circunscritos à segura inocuidade do proscênio, suas cortinas, suas luzes confinantes e a escuridão externa, como parte do aprisionamento que nos mantinha seguros, mas distantes dos golpes e perigos da vida. O teatro de Piscator forçava a abertura da porta desse espaço, e essa brecha, que nos custou a tradição de nossa segurança, foi uma libertação que mudou o teatro para sempre. O ator não pode mais fingir ser outra pessoa; sua presença é não ficcional porque ele se coloca à luz da realidade. Atuar, agora, não pode mais ser fingir. Embora possamos mostrar ao espectador os personagens de Hedda Gabbler ou Júlio César, só podemos fazê-lo usando a figura do narrador de Piscator, que compara a realidade com outra, mostrando-nos como se assemelham e como diferem. Isto é, eu não sou Antígona, mas passo para o espectador minha compreensão daquilo que Antígona sentiu, ou daquilo que Antígona sabia, ou de como Antígona se movia e, finalmente, do que ela fez quando desafiou a autoridade.

Em 1927 Piscator disse: "As massas reconhecem a importância de nosso teatro. Sabem que faz parte do campo de guerra onde a batalha de seu destino está sendo travada". Porém, houve dois períodos de grande desapontamento com a plateia na carreira de Piscator. O primeiro, que ele descreveu em 1929, foi sua decepção porque o proletariado, o público da classe trabalhadora, não frequentava seu teatro em Berlim, mesmo oferecendo poltronas a baixo custo. Ele lamentou:

> Infelizmente, os próprios trabalhadores negaram seu apoio, e apesar da intensa promoção em todos os sindicatos e organizações operárias o teatro continuava vazio. Dentro daquilo que estiver em meu poder, o teatro se tornará novamente um instrumento de luta. Mas só minha vontade, no longo prazo, não basta. Os trabalhadores precisam finalmente reconhecer que o palco de Piscator é algo pelo qual eles devem lutar. Quanto mais poltronas do teatro forem ocupadas por trabalhadores, tanto melhor o teatro de Piscator poderá expressar sua luta. Um teatro revolucionário sem um público revolucionário não faz sentido. Depende de vocês se devemos fechar a cortina, na amarga constatação de que, apesar do tempo estar maduro para um teatro revolucionário, o proletariado não está.

Que passagem mais trágica!

O segundo e ainda mais trágico desapontamento foi sua percepção de que o povo alemão estava disposto a permitir que Hitler e o nazismo tomassem o poder. Esses dois fracassos foram considerados por ele como a razão de sua convicção de que um narrador é necessário no teatro porque o público precisa de um "explicador". Ele sentia que não podia confiar no público para "tomar suas próprias decisões" com base nas informações apresentadas. Essa perda de confiança no público, que Piscator teria sido o primeiro a reconhecer, é equivalente à perda da confiança no povo, e isso era custoso para a fé que ele tinha em seu trabalho. Historicamente, portanto, o período fascista foi um fracasso para todo mundo. Por isso, toda vez que desanimamos, a vitória é do fascismo; mas, no fim, não deixaremos isso acontecer. Piscator não desesperou completamente dos espectadores, embora sentisse que deveria ter dado a eles mais orientação.

ATUAÇÃO OBJETIVA

O teatro épico, na visão de Piscator, requer "um novo ator". Nem o estilo declamatório do ator clássico, nem aquilo que Piscator considerava ser "o ator tchekhoviano que se auto-hipnotiza por trás da quarta parede" poderiam servir ao propósito épico da arte política. A argumentação de Brecht de que, para superar esse impasse do sistema de Stanislavski, era preciso usar um efeito de distanciamento parecia ser, para Piscator, um conceito romântico, que ele acreditava ter sido "formulado com base no teatro clássico oriental", embora concordasse com Brecht que "a ação devia ser apresentada ao público, em vez de envolvê-lo por empatia".

Piscator disse:

Quero abraçar o ser humano por inteiro. Só separo a inteligência e a emotividade para voltar a uni-las num nível superior. Para fazer isso, o ator moderno precisa ter um controle superior para não ser dominado pelas próprias emoções. Necessita aquilo que chamei de "nova objetividade".

A "nova objetividade" era uma expressão que inspirava os artistas da época da República Soviética da Baviera, proclamada em Munique em abril de 1919, quando a liberdade política de um experimento de organização social anarquista coincidiu com o trabalho dos artistas em busca de novas formas. Naquela época, os artistas realmente tomaram o poder, procurando aplicar a ousadia experimental da criatividade artística à arena política. Mas o esforço terminou num massacre sangrento e, entre os líderes visionários, o poeta Erich Mühsam e o dramaturgo Ernst Toller foram presos, enquanto o filósofo Gustav Landauer foi pisoteado à morte pela *Freikorps*, tropa de assalto da direita [enviada de Berlim]. Durante seu encarceramento, Toller escreveu o drama político *Die Wandlung* (A transformação), montado por Piscator em seu teatro Die Tribune, em setembro de 1919. O conceito da "nova objetividade" permaneceu em estado latente por várias décadas.

Nunca ouvi a expressão "atuação objetiva" no Dramatic Workshop. Ouvi-a bem mais tarde, mencionada por Maria Ley, e li a descrição dela por Piscator em seu artigo publicado em *Actors on Acting*. Demasiado mistério foi feito a respeito da teoria da atuação objetiva de Piscator. O significado da atuação objetiva está na atuação que não ignora a presença da plateia além da quarta parede, mas assume aquela presença como sua principal motivação. Atuação objetiva significa um teatro inspirado pelo espectador, transformado pelo espectador, e responsável para com o espectador. É nisso que ela difere do conceito de Stanislavski, no qual o ator se relaciona primeiramente com o personagem fictício e seu engajamento pessoal na ficção.

No precioso estudo de Thea Kirfel-Lenk *Erwin Piscator im Exil in den USA* (Erwin Piscator em exílio nos EUA), ela discute o ensaio de Piscator sobre a atuação objetiva, dizendo:

> Piscator deixou enfaticamente claro que uma das duas polaridades no teatro é o espectador, que sustenta o assunto que está sendo tratado em cena tanto quanto os atores. Para o intérprete, o centro da atenção deve ser a plateia (*Zuschauerraum*), e não o palco, como ensinava Stanislavski.

O ator deve atrair o espectador para o processo da ação (*Spielprozess*); deve capacitá-lo a praticamente olhar por cima do ombro do ator, ativando todos os seus sentidos, para participar junto com o ator do desdobramento do processo vital.

Naturalmente, o pré-requisito para isso é livrar-se da atitude de "como se" arraigada no naturalismo, que continua sendo de praxe nos palcos norte-americanos e força a simulação, porque nega a presença do espectador.

Piscator via o intérprete, acima de tudo, como um treinador do espectador, ensinando-o a ser um parceiro inteligente, com quem ele quer aprender algo sobre "as maravilhas do mundo".

Esse contato influencia a capacidade de reconhecimento e tomada de decisão do espectador e do ator. Eles precisam ser parceiros, um sendo incapaz de ser objetivo sem o outro, podendo somente juntos criar uma imagem verossímil da realidade. (Kirfel-Lenk, 1984)

Mel Gordon, em seu curso na New York University intitulado "The History of Performance" (História da performance), disse aos alunos que a atuação objetiva é um mito e que ele daria nota dez ao estudante que encontrasse uma definição satisfatória. Uma de suas alunas, minha filha Isha Manna Beck, foi entrevistar Maria Piscator sobre esse assunto e entregou seu relatório: "Nos arquivos de Madame Piscator há um fichário de metal contendo centenas de fichas datilografadas (Madame Piscator diz que são 300) com exercícios de interpretação, que ela diz estarem disponíveis para pesquisa. O que não se sabe é quantos desses exercícios foram realmente criados por Erwin Piscator, ou se alguns deles foram derivados de suas teorias postumamente, ou após sua partida para a Europa, quando Madame organizou o Instituto Piscator".

Maria Piscator faleceu em 1999, aos 101 anos de idade, e seus extensos arquivos foram desde então depositados em várias instituições. Em seus últimos anos ela se preocupava muito com os papéis de Piscator. A maior parte deles havia sido arquivada, com ela ainda em vida, na Akademie der Künste em Berlim e na Morris Library da Southern Illinois University em Carbondale, mas por anos a grande mesa de sua sala de jantar permaneceu coberta com pilhas de fotografias e manuscritos que ela e seus assistentes e estagiários trabalhavam incessantemente para pôr em ordem. Lembro-me bem do fichário contendo os 300 cartões de que ela falou para Isha Manna, embora Maria nunca tivesse me contado qual era seu conteúdo, sabendo que eu teria pedido para vê-los imediatamente. Isso aconteceu na época em que eu e ela estávamos dando um curso sobre Piscator na New School. Tenho a impressão de que Maria Ley-Piscator estava deliberadamente procurando ofuscar o conteúdo da teoria de Piscator sobre a atuação objetiva, talvez porque ela mesma não conseguisse compreender suas intenções, ou talvez porque compreendia a significação política do teatro objetivo e, como sempre, tinha a intenção de proteger Piscator da perigosa expressão de seus ideais políticos.

O teatro, como a poesia, existe primariamente como forma de comunicação. Milhares de pessoas experimentam pura poesia caminhando pela floresta e cantando grandes canções, poemas épicos e madrigais, mas se ela não for comunicada dará frutos somente para o poeta. O artista, no entanto, tendo derramado sua alma em palavras, escreve-as no papel, ou pronuncia-as, ou canta-as para algum ouvido atento, comovendo não só a si mesmo, como também a outra pessoa... E essa pessoa é o objeto da atuação objetiva. Esse "outro" da atuação objetiva torna-se o centro de atenção do ator, criando com isso um campo social, isto é, político. Atuação objetiva é teatro político. A significação política da atuação objetiva é que o ator não é mais meramente o empregado do público, pago por ele, mas um parceiro na mesma exploração de que ambos participam. O membro do público interativo não é mais um observador passivo da ação, mas uma força motriz que conduz o drama numa direção precisa e energiza os atores. Desse modo, a peça torna-se um exemplo para nossas vidas, procurando alcançar aquela utopia na qual as velhas estruturas de dominação e submissão – como as que vivemos em meio à luta de classes – são substituídas por uma nova relação, mais frutífera, capaz de unir as pessoas presentes.

A atuação objetiva não é uma técnica. Não é um modo de ensinar, nem é um método. É o reconhecimento, por parte do ator, de todas as pessoas presentes, e a obrigação de exprimir para elas aquilo em que ele acredita, pessoalmente: sua própria verdade. Quando esse nível de reconhecimento é emparelhado ao dos outros atores, do diretor e de todas as pessoas envolvidas na produção, é aí que o teatro épico torna-se possível.

ENTRE DOIS MUNDOS

Uma tarde, alguns dias depois que a guerra tinha acabado na Europa, Piscator chamou cinco de nós em seu gabinete. Alguns éramos seus alunos favoritos, e alguns dentre nós éramos germanoparlantes. Não me lembro quem eram todas as pessoas presentes, mas me lembro de Gene Van Grona e Chouteau Dyer. Piscator iniciou com um discurso sobre o fim da guerra, explicando que ele queria que sentíssemos a responsabilidade de estar presentes naquele momento da história, o início de um novo capítulo da história mundial. Agora que a guerra tinha acabado, ele nos disse, ele seria logo convidado de volta a Berlim para ocupar seu lugar no Freie Volksbühne e estava pedindo a nós cinco que o acompanhássemos para compor sua equipe. Ficamos pasmos com a ideia de trabalhar com Piscator na cidade recém-liberada, para transformar a ex-capital do nazismo no nosso maravilhoso mundo novo. Ainda havia, disse ele, muitas questões a serem decididas. Acredito que ele estivesse falando em ir para o setor oriental, com o qual tinha laços mais fortes. O muro divisório só seria construído mais de uma década depois e ele aguardava um chamado de algum lugar em Berlim (Leste? Oeste?), mas esse chamado nunca chegou.

Nos preparamos para uma grande aventura. Aguardamos. As semanas foram se passando. O rosto de Piscator foi se entristecendo. Ele nunca falou conosco sobre aquilo. Ou pelo menos não comigo. Passados vários meses, sua expressão mudou de esperançosa para desesperada. Os anos se passaram, e ainda assim o convite não chegava. Enquanto isso, formei-me pelo Dramatic Workshop em janeiro de 1947 e comecei a criação do Living Theatre com Julian Beck, deixando para trás todos os pensamentos de ir para a Alemanha com Piscator. O que eu não percebi é que Piscator estava acompanhando as notícias com um crescente conflito interior, de estar vivendo entre dois mundos: a abundância de Nova York e as ruínas ainda fumegantes de Berlim.

Na verdade, ele tinha recebido um convite de lá, mas não era nos termos que desejava. Em 4 de junho de 1946, o dramaturgo Friedrich Wolf escreveu a ele oferecendo a oportunidade de dirigir um filme em Berlim:

> Estamos começando nossa própria companhia cinematográfica, a Defa [Deutsche Film Aktiengesellschaft, Companhia Cinematográfica Alemã]. Você não gostaria de ver outra vez sua velha, desolada e ainda assim vital e indestrutível Berlim? Escrevi um argumento para um filme lidando com os últimos dias da Berlim de Hitler e os primeiros dias de nossa nova Berlim, isto é, de 1º de maio até julho de 1945. Tudo o que precisamos é de um diretor. Piscator?

Piscator hesitou em responder a essa oferta por muitos motivos, um dos quais era o fato de que provavelmente não teria um visto de reingresso se deixasse os Estados Unidos, e outro sua incerteza sobre a situação política da Alemanha no pós-guerra.

Hermann Haarmann, em *Erwin Piscator und die Schicksale der Berliner Dramaturgie* (Erwin Piscator e os destinos da dramaturgia berlinense), nos dá a descrição de Günther Weisenborn do novo início do teatro em Berlim em 1945. Nas ruínas do Eden Hotel, onde a poeira e a fumaça dos últimos dias do nazismo ainda pairavam no ar e onde as vidraças haviam sido substituídas por papelão, serviam um coquetel chamado de *"hotdrink"*, feito com água quente e produtos químicos. Ali, em meio às ruínas, o diretor Karlheinz Martin convocou todas as pessoas de teatro antifascistas que tinham sobrevivido em Berlim, que se autonomearam "Conselho dos Trabalhadores Teatrais" e iniciaram a reorganização do teatro alemão e da cultura alemã. Entre eles estavam Boleslav Barlog, que se tornou o diretor do Schlosstheater; Fred Winstein, que se tornou o diretor do Theater am Schiffbauerdamm, onde montou *As moscas* de Sartre em 1949, e depois passou a ser o diretor do Volksbühne de Berlim Oriental em 1950; Wolfgang Langhoff, que assumiu o Deutsches Theater; e Ernst Legal, que substituiu Jessner como diretor do Staatstheater.

Discutiram a reconstrução em termos muito práticos enquanto tomavam seus *hotdrinks*. Alguns atores ainda tinham bicicletas (um bem precioso) e percorreram as ruínas da cidade, escrevendo um relatório sobre os locais teatrais:

> Teto ainda firme [...] tablado do palco só parcialmente destruído [...]
> Cortinas desapareceram [...] faltam poltronas [...] casa ainda utilizável [...]

Piscator não estava lá, estava em Nova York, disputando com Brecht quem dirigiria *Terrores e misérias do Terceiro Reich*, apesar de os berlinenses estarem contando com a volta de Piscator. De fato, ele vinha se preparando para retornar à Alemanha por longo tempo. Em "Teatro para uma Europa do pós-guerra" Piscator escreveu:

> Em 12 de janeiro de 1943, o ator Albert Bassermann escreveu no meu livro de visitas, depois de termos discutido esse assunto a tarde toda: "Hoje fundamos o primeiro teatro do pós-guerra", ao que Kaiser acrescentou: "Conte comigo" e Elsa Bassermann completou: "E comigo".

Mas mesmo quando assentaram os alicerces, Piscator não estava lá, e os anos se passaram em correspondências nas quais Piscator hesitava, enquanto Brecht, Wolf e muitos de seus amigos urgiam-no a voltar. Wolf escreveu a ele:

> Será que poderíamos pescá-lo de dentro de seus dois teatros e trazê-lo para as ruínas de Berlim onde você poderia achar falta de muitas coisas, mas ao mesmo tempo um número infinito de novas e genuínas empreitadas? Será que você poderia abandonar a segurança de sua posição por aí a favor de nossa situação um tanto vaga por aqui?

Em 14 de agosto de 1945, o Hebbel Theater em Berlim reabriu com a *Ópera dos três vinténs* dirigida por Karlheinz Martin, sem a presença de Brecht. Ela foi amargamente denunciada pelos companheiros, que sentiram que "*Erst kommt das Fressen, dann kommt die Moral*" (Primeiro a comida, depois a moral) era um sentimento indigno da nova Alemanha e "*Verfolgt das Unrecht nicht zu sehr*" (Não punam as injustiças com tanta severidade) era "um insulto a todo antifascista e lutador da resistência".

Em 4 de junho de 1946, Friedrich Wolf escreveu para Piscator que sua peça *Professor Mamloch*, a história da luta moral de um professor judeu que se opõe à resistência armada ao nazismo em 1930, tinha estreado em Berlim no Hebbel Theater de Karlheinz Martin em janeiro de 1946 e tido 50 apresentações, com a casa sempre lotada. Piscator já havia dirigido essa peça em Zurique em 1934.

Em 17 de abril de 1947, Piscator estreou *As moscas*, de Sartre, no Dramatic Workshop em Nova York. Como a *Antígona* de Brecht, foi criticada pelos companheiros alemães por supostamente favorecer o "culto da personalidade" e constituir um "apelo ao individualismo". Na verdade, Piscator estava interessado em examinar o existencialismo e a libertação do sentimento de culpa, uma visão desfavorável às tendências daquela época.

Em 31 de outubro de 1947, depois de prestar testemunho ao Comitê de Atividades Antiamericanas da Câmara dos Deputados, Brecht deixou subitamente os Estados Unidos, indo para Coira, na Suíça, onde criou sua versão da *Antígona* de Sófocles, que estreou em 15 de fevereiro de 1948. Foi somente em outubro daquele ano que Brecht voltou para Berlim, onde estreou *Mãe Coragem*, em 11 de janeiro de 1949. No dia 9 de fevereiro seguinte, ele escreveu para Piscator:

> Estou agora há três meses em Berlim. Montei *Mãe Coragem* e o resultado de minhas observações é o seguinte: é muito necessário e totalmente possível trazer o teatro de volta para agitar as coisas por aqui. O público, isto é, o da classe operária, é muito bom. Não há muitos atores e quase nenhum diretor.

Haarmann, citando essa carta, pergunta: "Com um convite assim tão estimulante, como poderia ele ter hesitado?".

Durante os anos entre o fim da guerra em 1945 e a volta de Piscator para a Alemanha em 1951, o destino artístico e fiscal do Dramatic Workshop estava continuamente em perigo. Desde 1944, quando o Dramatic Workshop estava sendo ameaçado pelos sindicatos e Piscator pediu 20 mil dólares à New School, que os recusou, o Conselho contemplava fechar o Dramatic Workshop. Finalmente, os regulamentos contra incêndio (sempre o último recurso) tornaram impossível o uso do auditório da New School, tornando irrelevante a questão do "decoro estudantil" e a acusação (ou observação) de que o Dramatic Workshop continha demasiados "indivíduos egocêntricos e antissociais". Senti que isso incluía a mim e meus amigos, que estavam começando a ansiar por um estilo de vida e de arte mais livre, que surgiria na década de 1960. Trabalhando no President Theatre e no Rooftop Theatre, o Dramatic Workshop não dava conta de manter-se atuante em dois teatros depois de sua separação da New School. Pressionado por esses problemas e pela crescente ameaça da caça às bruxas do Congresso, Piscator partiu de Nova York, deixando o Dramatic Workshop nas mãos de Maria Piscator.

A última produção do Dramatic Workshop e de Piscator nos Estados Unidos foi *Macbeth*, em 28 de fevereiro de 1951, no President Theatre. Pouco depois foi preciso desistir tanto do President como do Rooftop Theatre, e Maria Piscator mudou o Dramatic Workshop para espaços menores no Capitol Theatre Building, onde sobreviveu algumas temporadas. Julian Beck e eu montamos lá *R.U.R.* (Robôs Universais de Rossum), de Karel Čapek, em circunstâncias difíceis e, bem no final, ajudamos Maria Piscator a elaborar os figurinos e objetos de cena, no momento em que foi finalmente despejada. "Como Piscator riria se nos visse agora", disse ela, dando uma risada trágica, seus braços carregados de cetins e coroas de ouropel. Mas todos sabíamos que ele não teria rido, porque era o fim do Dramatic Workshop. Pelo resto de sua longa vida, Maria Piscator falou em criar o Dramatic Workshop II e planejava envolver amigos e ex-alunos nessa aventura. Infelizmente, sem o carisma e o gênio teatral de Piscator, nada aconteceu.

PISCATOR: SUCESSO E FRACASSO

O fracasso de Piscator não terá sido, na verdade, um sucesso? Seus doze anos nos Estados Unidos foram um calvário de lutas e persistência, mas também deixaram uma influência mal reconhecida em toda a trajetória do teatro moderno. Piscator conseguiu romper a quarta parede e legitimou o conteúdo político no teatro, usando todos os meios tecnológicos disponíveis para tornar o palco um organismo dinâmico e não uma "imagem". Mediante as metas da atuação objetiva, que torna a plateia seu objeto, ele abriu as portas para a atividade do público, superando os limites tradicionais da divisão da casa.

> Nosso teatro é uma casa dividida.
> Há dois grupos distintos presentes:
> Os que estão no palco e os que estão na plateia,
> Os que são pagos para ser vistos e os que pagam para vê-los,
> Os que estão preparados para atuar e os que vieram para surpreender-se com a atuação,
> Os que falam e os que se espera que permaneçam calados,
> Os que ficam na luz e os que ficam no escuro.

Isso é um microcosmo evidente do sistema de classes e de toda nossa estrutura social. O sistema de classes que queremos extinguir.

O RETORNO DE PISCATOR À ALEMANHA – E A BERLIM

Piscator jamais renunciou à esperança de que seu teatro pudesse realizar os ideais visionários iniciados por ele em 1920. Vendo a história teatral recente como uma continuidade, ele escreveu para Wolf: "Temos que retomar de onde fomos forçados a parar, e ficar felizes se pudermos recomeçar dali, sem precisar retroceder ainda mais [...] Sabemos que devemos ser mais cautos e mais realistas do que fomos nos anos 20 [...]".

Em maio de 1947, César Klein – que tinha desenhado o cenário da produção de Piscator da tragédia *Michael Hundertpfund*, de Eugen Ortner, em 1926 – escreveu para Piscator dizendo: "A Alemanha que você deixou está morta". Incluiu na carta a lista dos oito teatros em atividade em Berlim e o nome do diretor artístico de cada um. Em 1947, todos esses cargos haviam sido ocupados. Piscator nunca recebeu convite para assumir nenhum deles. E ficou com a impressão de que tinha sido "omitido de propósito".

Piscator tinha esperado tempo demais. Não aproveitou a oportunidade de participar da reorganização do teatro berlinense. Brecht escreveu para Berthold Viertel: "Quando finalmente Piscator partiu de Nova York já era tarde demais para ser nomeado diretor de um dos teatros. Em 1949 ainda havia um certo fluxo, mas muitas posições já estavam fixas. As possibilidades de produção se tornaram cargos e empregos". Muitas oportunidades foram oferecidas a Piscator, mas nenhuma com o tipo de segurança financeira que ele exigia, nem com o posto que ele acreditava merecer.

Em 5 de outubro de 1951, Piscator voou para a Alemanha Oriental. Estava com 58 anos e nos últimos vinte tinha estado fora do país. Nas notas que escreveu no avião, descreve seu desespero:

> Contra este voo, esta direção, esta meta... Que meta? O que vou fazer por lá? Mais que estrangeira me parece estranha essa terra para onde este avião está me levando. Meu chamado? Ninguém me chamou, nem do Leste, nem do Oeste!

Os arquivos da Akademie der Künste em Berlim e da Morris Library em Carbondale estão cheios de convites feitos a ele para dirigir filmes e peças na Alemanha, inclusive uma oferta de Brecht para dirigir uma produção no Berliner Ensemble, mas nenhum para que ele fosse dirigir seu almejado Freie Volksbühne.

Willett cita a lista que Piscator fez no avião enumerando a insegurança de seu estado cívico:

1. Alemanha: privado da cidadania
2. França: uma carteira de identidade
3. Estados Unidos: um pedido de cidadania negado
4. Alemão novamente
5. Israel: sem resposta
6. O mesmo do Leste: sem resposta
7. Recomendam-me: o Chile ou...

Haarmann escreve:

> Piscator de forma alguma foi recebido de braços abertos. O clima político e a crescente tensão entre Leste e Oeste não constituíam solo fértil para um artista que, não obstante as experiências de seu exílio, continuava a promover o teatro político.

Piscator instalou-se na velha casa de sua família em Dillenberg, próxima ao seu lugar de nascimento. Sessenta dias depois ele estreou uma peça no Hamburg Schauspielhaus intitulada *Virgínia*, que foi "um fiasco retumbante e se tornou uma custosa dívida". Depois desse insucesso, viu-se trabalhando como diretor *freelance*, dependendo de teatros provinciais menores, justamente o destino que ele sempre temera. Por onze anos ele dirigiu peças em Marburg, Giessen, Oldenburg, Mannheim, Tübingen... Mas apesar das cartas que escreveu à sua mulher Maria em Nova York, com amargas queixas sobre esse trabalho itinerante, não se pode deixar de pensar que sua vívida presença deve ter difundido uma boa dose de energia épica pelas províncias.

Chegou a enviar um apelo ao Diretor de Educação Pública do Senado em Berlim dizendo: "Vejo-me forçado a realizar um trabalho que contradiz minha tradição e meus métodos, viajando de cidade em cidade, sem jamais produzir sequer um único conceito artisticamente integrado, portanto não podendo servir à cultura do teatro alemão como eu deveria... Acredito que Berlim poderia encontrar lugar..." e assim por diante.

Somente em 1956 Piscator conseguiu montar uma peça em Berlim. Em 4 de maio finalmente estreou sua *Guerra e paz*, no Schiller Theater, que foi atacada ferozmente. O crítico principal, Friedrich Luft, disse que a tentativa de Piscator de adaptar a obra-prima de Tolstói para o palco "era como tentar esvaziar o oceano com um balde". Desesperado, Piscator escreveu em seu diário em junho de 1956:

> Na Rússia recebi o golpe mortal; na França, apesar de meu renome, passei dois anos sem poder fazer nada; nos Estados Unidos, mal pude aterrar. As condições eram impossíveis e eu, pessoalmente incapaz de me acomodar, passei catorze anos nesta batalha até a morte. A Alemanha, desde 1951, está morta. Minha morte será a morte de Danton.

Mas finalmente, após anos de desespero, ele obteve o que estava precisando, talvez devido ao fato de o socialista Willy Brandt ter sido eleito prefeito de Berlim. Brandt escreveu a Piscator cumprimentando-o pelos seus 70 anos:

> Esteja certo de que estamos felizes de tê-lo novamente em Berlim, não só porque seu nome representa uma parte da continuidade de nossa tradição de amor à liberdade, mas porque acreditamos que aqui em Berlim há uma série de tarefas para nós, entre as quais a formulação de uma estética para o século XX. Foi-se o tempo em que a arte podia ser considerada um divertimento desinteressado. E se aqueles tempos se acabaram, meu querido Erwin Piscator, certamente isso se deve a você.

Talvez tenha sido graças ao contínuo esforço de Brecht, Wolf e outros amigos, ou talvez tenha sido finalmente o verdadeiro reconhecimento do enorme talento de Piscator, ou possivelmente o fato de que o Freie Volksbühne teve três diretores malsucedidos nos quatro anos anteriores, o fato é que, na primavera de 1962, anunciou-se que Piscator assumiria a direção do Freie Volksbühne.

Agora tudo era novo e tudo era possível. Willett diz: "Pela primeira vez em sua vida ele pôde montar peças à altura de suas exigências...". Por quatro anos Piscator trabalhou nessas condições ideais, até sua morte em 1966. Montou ali seis produções, três das quais tiveram um impacto extraordinário na história do teatro: *O vigário*, *O caso Oppenheimer* e *A investigação*.

Essas três obras são valiosos documentos da história moderna. Permitiram a Piscator usar toda a gama de suas técnicas, num grande teatro, com excelentes atores e orçamento suficiente para realizar sua visão. Todas as três tratam de perseguição. *O vigário* trata da Igreja Católica e da recusa do papa em intervir durante a perseguição aos judeus na década de 1940. Quando Rolf Hochhuth levou a peça para ele ler, Piscator disse: "É uma peça assim que faz valer a pena trabalhar no teatro!". Causou um turbilhão e foi considerada "a peça mais controversa de nosso tempo".

O caso Oppenheimer, de Heinar Kipphardt, relata a perseguição de um cientista que, enquanto procura resolver os problemas morais da descoberta científica, se torna vítima de uma caça às bruxas.

A investigação é uma dramatização do julgamento de Auschwitz de 1963 a 1965, em Frankfurt. Foi o último sucesso de Piscator, um vasto drama judicial revelando os crimes dos campos de concentração, com um texto que o dramaturgo Peter Weiss extraiu das gravações dos julgamentos por crimes de guerra de ex-membros da SS. Na peça, escrita em forma de oratório ou "cantata cênica", os fatos terríveis e as repulsivas autojustificativas dos nazistas intercalavam-se com intensos fragmentos musicais do grande compositor italiano Luigi Nono. Era uma música de grande qualidade emocional, que contrariava as teorias da objetividade de Piscator, como se a enormidade do assunto não nos permitisse o privilégio de permanecer "frios" ao considerar o calor desumano dos fornos dos campos de extermínio.

O Living Theatre estava em turnê com *Mistérios e peças menores*, *As criadas*, *O cárcere* e *Frankenstein* na Akademie der Künste em Berlim quando Piscator estreou *A investigação*. Se para justificar não ter ido ver nossas peças ele tinha a desculpa de estar ocupado com uma importantíssima produção, o fato de ele nunca ter ido ver uma peça do Living Theatre é uma grande mágoa para mim. Nosso *Frankenstein* terminou sua temporada na Akademie der Künste em 17 de outubro e *A investigação* estreou no Freie Volksbühne no dia 19.

Quando fui assisti-la, não podia imaginar, é claro, que seria a última vez que veria Piscator. Veio cumprimentar-me antes da peça, com aquela mesma áspera repreenda com que costumava saudar seus estudantes, mesmo aqueles de quem gostava. É um hábito alemão lastimável recorrer a essa rude descortesia para demonstrar intimidade. Repreendeu-me por não ter mencionado meu início em sua escola, nas minhas entrevistas à imprensa, durante nossa turnê. Penso que falei, sim, de Piscator porque sempre falo de Piscator com orgulho, mas não posso impor à imprensa o que publicar. Entristece-me que nunca, nem mesmo no nosso último encontro, eu tenha realmente conseguido exprimir o quanto o estimava.

O cenário de *A investigação*, de Peter Weiss, era uma imensa sala de tribunal que dava a impressão de incluir o público. Era maravilhoso ver Piscator trabalhando num espaço capaz de abarcar sua visão épica, panorâmica, depois de tantos anos confinado ao limitado auditório da New School, ao pequeno President Theatre e ao decrépito Rooftop. Ali havia espaço. E atrás do semicírculo dos interrogados o cenógrafo de Piscator, Hans-Ulrich Schmückle, tinha suspendido telas enormes sobre as quais era projetado o rosto televisionado de cada acusado, de modo que, mesmo enquanto falavam, podíamos examinar suas expressões além daquilo que o teatro geralmente permite. Usando a técnica do *close-up* cinematográfico, Piscator permitia ao público participar da investigação.

Os sons de Luigi Nono eram impressionantes ruídos eletrônicos que continham todos os gritos, soluços, gemidos e guinchos do sofrimento humano. O Living Theatre tinha trabalhado com Luigi Nono numa peça chamada *Escalation*, baseada num texto descritivo de Herman Kahn, no qual o conjunto de atores, sem nenhum acompanhamento musical, criou, sob a regência de Nono, uma peça sonora que escalava de um combate com agressividade limitada até os últimos ofegos da destruição nuclear total.

Nono era um artista político dedicado, um comunista que, ao contrário de Piscator, nunca ocultou nem obscureceu seu compromisso ou afiliação. O Living Theatre estava também preparando uma obra dramática de porte com Nono e o escritor e ex-líder da resistência italiana Giovanni Pirelli, que nunca se realizou porque não queríamos correr o risco de comprometer o pacifismo do Living Theatre, não pelos princípios, mas pelas táticas dos combatentes da luta armada descritas na peça de Pirelli.

Em *A investigação*, Piscator colaborou com os melhores artistas progressistas do momento (como ele tinha sempre esperado) e conseguiu mais uma vez mostrar a história, envolta nas vestes da arte, como uma poderosa força de esclarecimento. É significativo que três dos maiores dramas políticos de nosso tempo, peças que agora são produzidas em muitas línguas pelos palcos ao redor do mundo e ensinadas nas universidades como os melhores exemplos da validez do teatro político, tenham sido encenados por Piscator: *O vigário*, *O caso Oppenheimer* e *A investigação*.

ERIC BENTLEY

O livro de Eric Bentley *The Playwright as Thinker* (O dramaturgo como pensador), publicado em 1946, foi provavelmente o mais influente para persuadir o teatro norte-americano a assumir um empenho político e uma responsabilidade histórica. No Dramatic Workshop, sua publicação foi considerada um grande evento e seus capítulos foram discutidos como teorias essenciais.

Em 2005, quando conversei com Eric Bentley sobre Piscator, ele deu uma risadinha maliciosa: "Ele me desafiou para um duelo!". A malícia de Bentley é lendária. Aos 94 anos, ele continuava lépido e parecia não ter sido tocado pelas debilidades da idade. Bem-humorado, mas com aquele tipo de humor amargo derivado do cinismo dos anos 1940 e 1950, ele relembrou a história de sua primeira comunicação com Piscator.

Em seu livro, Bentley havia se referido a Piscator como um comunista, e Piscator entrou em pânico diante do perigo de ser exposto e perder sua precária base de apoio nos Estados Unidos. Foi através de Saul Colin que Bentley recebeu o desafio e respondeu simplesmente: "Espadas ou pistolas?". "Palavras!" foi a resposta de Piscator, através de Saul Colin, convidando-o, não para um duelo, mas para um debate.

Saul Colin era um dos muitos assistentes que Piscator conseguiu atrair. Colin era um homem com uma história. Em sua posição administrativa na escola, ele nunca me impressionou muito, embora tivesse ouvido dizer que ele tinha sido secretário de Pirandello. Bentley, historiador como sempre, lembrou-me que, nessa função, Colin tinha apoiado o fascismo e denunciado dramaturgos como Clifford Odets. Colin, disse Bentley, havia aspirado tornar-se secretário de Einstein, porque queria ligar-se à personalidade histórica mais significante que pudesse encontrar. Aborreceu Einstein de maneira tão irritante que, de acordo com Bentley, Einstein perdeu a paciência e gritou: "Saul, se não calar a boca agora, eu mato você!". E foi assim que Colin acabou se contentando em trabalhar com Piscator.

Pedi a Eric para contar-me como tinha sido o debate e o que ele acreditava ter sido o significado do trabalho de Piscator naquela época. Ele disse que o debate deveria ter ocorrido no palco do Rooftop Theatre, no cenário de *Fuente Ovejuna*. Eric se lembrava de ter visto nossa montagem da obra de Lope de Vega. Para minha tristeza, não assisti ao debate. Provavelmente eu tinha um ensaio naquela noite, ou talvez os alunos não tivessem sido convidados. Voltei a perguntar a Bentley o que eles tinham dito, mas ele tergiversou, contando as palhaçadas de Saul Colin no embate dos dois agitadores.

Bentley disse: "Concordei com o debate impondo uma condição: 'Quero que você me consiga entradas para *A importância de ser prudente* com John Gielgud'". Era a peça mais popular da temporada, com ingressos completamente esgotados. Julian e eu tínhamos reservado com muita antecedência e a assistimos na matinê de 24 de abril de 1946, porque naquela noite eu estaria em cena interpretando *As moscas*. Colin ligou imediatamente para a bilheteria e, fazendo-se passar pelo secretário de Gielgud, disse que precisava de dois ingressos para Eric Bentley. O truque funcionou e Bentley aceitou o debate.

Mais uma vez pedi a ele que me falasse do trabalho de Piscator e de sua influência. "Piscator", ele explicou, "perdeu para a história. Hoje Meyerhold e Stanislavski são mais efetivos porque a Rússia chegou lá primeiro. Foi na Rússia que o teatro revolucionário começou. Mas eles mataram Meyerhold, enquanto Piscator escapou para continuar a luta. Foi por causa da Alemanha que Piscator perdeu a parte central de sua vida criativa." Suponho que estivesse se referindo à parte da vida que ele passou no Dramatic Workshop. Bentley continuou:

> Fiquei surpreso com o comprometimento dele com o comunismo soviético, mas ele nunca passou de 1930 em seu pensamento político. Em certos aspectos, Piscator podia ser mais stalinista do que Stálin. Achava que tinha sido comunista antes de Stálin ter nascido. Mas, é claro, não era vinculado a nenhum grupo comunista nos Estados Unidos.

Certamente não era esse o Piscator que conhecemos no Dramatic Workshop. Lembro-me de ver uma peça de Eugenio Barba no Odin Teatret em Holstebro na qual, no final, toda a estrutura social desmoronava e tanto o cenário como os acessórios ficavam empilhados no meio do palco. O ator que fazia o papel do escritor, que tinha passado a maior parte do tempo sentado a uma máquina de escrever, levantou-se e, observando os escombros, descobriu uma brochura. Parecia ser o *Manifesto comunista*. Olhou para a direita, olhou para a esquerda e, seguro de não estar sendo observado, escondeu-o rapidamente debaixo da camisa e saiu caminhando para fora daquele mundo destruído, com o manifesto escondido junto ao seu coração. Assistindo a essa peça, na Dinamarca, pensei em Piscator e em como ele tinha vivido em Nova York, com uma agenda oculta debaixo da camisa branca bem passada.

Mas Bentley tinha uma perspectiva diferente daquele tempo e ambiente, que ele estudou de perto. Bentley era casado com a filha de Hallie Flanagan, que escreveu *Arena*, uma crônica do corajoso trabalho do Federal Theatre, fundado e dirigido por ela, que permanece como um marco na nossa compreensão do teatro por vir. Bentley, entre a dúzia de livros que escreveu sobre o teatro político, é também o editor de *Thirty Years of Treason* (Trinta anos de traição), um volume magistral que inclui vasta quantidade de trechos dos interrogatórios que ocorreram diante do Comitê de Atividades Antiamericanas. Na opinião de Bentley:

> Como Piscator não conseguia ir além da situação política da década de 1930, para ele qualquer companheiro de exílio era como um comunista, e havia profundas questões morais que ele não abordava. Os marxistas, por exemplo, simplesmente nunca compreenderam o antissemitismo. Mesmo a peça de Brecht sobre Hitler[49] faz dele um insensato, quando na verdade era Hitler quem manipulava Krupp.
>
> Quando encontrei Piscator pela primeira vez, ele me ofereceu um pequeno trabalho que pagaria $50 por palestra e eu recusei. Muitos anos depois fui eu quem levou a Piscator o texto de *Todos os homens do rei*.
>
> Piscator ia direto ao ponto, sem rodeios. Brecht falava com rodeios. Brecht prometeu aos soviéticos que nunca criticaria Stálin em troca de um visto de saída para os Estados Unidos [...] Mas isso era porque Brecht sentia que conseguia controlar os caprichos do sistema soviético. Piscator não, Piscator queria ser uma estátua de Schiller.

A INFLUÊNCIA DE PISCATOR

A dificuldade em discutir a influência de Piscator no palco moderno é que ela é tão difusa, tão universal, que fica difícil separar as teorias dramáticas das formas teatrais. Poderia dizer que o teatro político moderno foi inventado por Brecht e Piscator, e não duvido que todo o teatro moderno tenha a marca dos experimentos desses dois pioneiros. Concordo com Piscator que todo teatro, intencionalmente

---

49 *A resistível ascensão de Arturo Ui*, de 1941, uma alegoria satírica da ascensão de Hitler e do partido nazista na Alemanha, na pele de Arturo Ui, um chefão da máfia de Chicago. [N.T.]

ou não, é teatro político, no sentido de que o teatro exprime um padrão social e tem conteúdo de classe. Seria interessante analisar, por exemplo, as novelas televisivas norte-americanas em termos de sua persistente e muitas vezes assustadora consciência de classe.

Quando Brecht escreveu, num depoimento, que Piscator era "possivelmente o maior homem de teatro de todos os tempos", o fez por ter percebido como iriam longe as mudanças de Piscator nas convenções teatrais. Há raramente uma peça na Broadway ou no West End de Londres hoje em dia que não tenha emprestado, de certa forma, alguma invenção de Piscator.

O desenvolvimento do cenário altamente tecnológico avançou muito, é claro, desde que Piscator montou os cenários de *Opa, estamos vivos!* sobre andaimes de quatro andares e os de *Rasputin* dentro de uma semiesfera giratória. O cenário de vários andares da produção *Les Misérables* da Broadway, ou o enorme cenário do musical *Cats*, que se movimenta, e cujos atores entram no meio do público, ou o avião que desce no palco em *Nixon na China* são somente alguns exemplos de recentes inovações cênicas que remontam ao trabalho de Piscator, mesmo que concebidas por diretores e cenógrafos que mal podem imaginar atores vestidos com figurinos puxando cordas na coxia para fazer o cenário girar, como fazíamos no Dramatic Workshop.

Os princípios fundamentais de Piscator são – e isto é certamente o que ele ensinava no Workshop – a via dupla do empenho pessoal e do teatro total. O primeiro é uma questão de compreender e interpretar o conteúdo; o segundo, um meio para comunicar sua interpretação ao espectador. Mas o empenho do teatro político foi variando, em cada década, desde as primeiras produções de Piscator em 1920, e certamente desde que trabalhamos no Workshop nos anos 1940. Tanto a década de 1920 como o fim da década de 1940 eram períodos de pós-guerra, nos quais ressurgia a grande esperança de paz universal que pedia uma forma de expressão própria, e novas visões para criar um mundo melhor estavam em ebulição. Na década de 1920, as artes assumiram a causa política. A esquerda idealista promoveu a causa comunista, mas foi esmagada cedo demais pela ação combinada dos stalinistas com as forças corruptas da direita. Por volta das décadas de 1940 e 1950, as artes evitavam a política, tachada de propaganda desprezível, e o trabalho dos artistas políticos foi marginalizado.

Enquanto escrevo isto, neste princípio do século XXI, a arte política e o teatro político reconquistaram sua dignidade. Os teatros municipais da Alemanha (*Stadttheater*) e as casas da cultura da França (*Maisons de la Culture*) raramente anunciam uma temporada sem pelo menos uma peça abertamente política em sua programação, e isso também acontece nos teatros regionais dos Estados Unidos, seja ela uma criação coletiva, ou o trabalho de um novo dramaturgo, ou alguma peça sempre popular de Arthur Miller, de Jean Genet ou, mais raramente em nossos dias, de Brecht. Nos países latino-americanos sempre houve arte política e teatro político, mesmo sob regimes de pesada repressão e censura, ocasiões em que muitas vezes se continua a fazer teatro político clandestinamente. O esforço pela coletividade era parte integrante do teatro de Piscator desde os tempos do Coletivo Piscator em 1929. Embora nunca tenha realizado plenamente essa sua visão, o trabalho dele nesse sentido inspirou toda uma geração a experimentar com esse aspecto do trabalho criativo, o que raramente foi levado a cabo.

É no uso da tecnologia que a influência de Piscator se torna mais evidente. Em grande parte, seu uso da tecnologia visava "forçar" o público a pensar e tomar decisões, assim como usar o narrador era um meio de focar a atenção no contexto social e instruir um público ignorante. Era essa, na minha opinião, uma de suas fraquezas: a falta de confiança no público. É espantoso, mas ele acreditava que o narrador fosse imprescindível para solucionar o problema da ignorância do público. Talvez seja um princípio didático alemão, essa noção de que basta um professor sábio para que tudo seja esclarecido. No teatro de hoje, como no cinema e na televisão, o papel do narrador é onipresente no mundo inteiro. Às vezes o narrador é um dos personagens, às vezes é uma espécie de coro fora do palco, em outras é um personagem incorpóreo, uma voz gravada.

O conceito da especificidade do lugar e a profunda integração do espectador participante, a realização da produção sem cenário ou figurinos... esses e muitos outros conceitos de que Piscator falava ou sobre os quais escrevia foram deixados para a próxima geração explorar, e continuamos a explorá-los.

Em 19 de fevereiro de 1950, Piscator convocou uma reunião de todos os ex-alunos do Dramatic Workshop no President Theatre. Escrevi em meu diário pessoal:

> Piscator fala. Uma chama se reacende. Entre as vozes diminutas, sua voz clara e sonora vibra com uma excitação interior...
>
> Fala de seu desapontamento porque o Dramatic Workshop não produziu um exército de vanguarda de teatros políticos através dos Estados Unidos. Fala depreciativamente de certos ex-alunos que ignoraram sua inspiração política. Tennessee Williams é citado. Piscator diz: "Quero tornar cada ator um pensador, e cada dramaturgo um lutador".
>
> Sua consideração e suas intenções pareciam me selecionar, me acusar, me forçar à ação voluntária. Mas não creio que ele tenha se referido particularmente a mim, porque duvido que tenha percebido a seriedade de minhas intenções.
>
> No final da palestra perguntamos a Piscator qual seria o próximo passo e ele falou da necessidade da ação de massas: "A ação individual não basta para nossos tempos". Ele mencionou Marx e disse: "Precisamos fazer nosso trabalho, como contribuição pessoal, e nos unirmos ao partido cuja política expresse mais proximamente nossa própria como uma contribuição social".
>
> Mas não foi nada disso que Marx fez. Ele reformulou, assim como nós precisamos reformular. A ação individual pode inspirar uma ação de massas quando nada mais puder fazê-lo.

O que eu não sabia quando escrevi essa passagem de meu diário em 1950 é que Piscator estava ponderando sua decisão de voltar à Alemanha. Brecht já estava em Berlim e tinha estreado *Mãe Coragem*. Brecht e Wolf instavam-lhe que retornasse ao país natal. Piscator estava para perder o Rooftop Theatre e estava preparando *Macbeth*, sua última produção em Nova York. Um ano depois ele deixaria os Estados Unidos para nunca mais voltar. Ele tinha de fato pronunciado sua declaração de despedida aos ex-alunos, incitando-nos a realizar o trabalho para que o tempo que passara nos Estados Unidos não tivesse sido em vão.

O TRABALHO DO LIVING THEATRE

Há muitos teatros nos quais a influência de Piscator pode ser traçada, como no trabalho dos grandes diretores Tadeusz Kantor e Jerzy Grotowski e do Teatro Gardzienice da Polônia, cujo trabalho exemplifica os novos campos do teatro que ainda estão sendo explorados.

Há a reinvenção do espaço cênico de Ariane Mnouchkine, como no uso de um palco duplo em *Mefisto*, no qual o nobre drama do *Fausto* era apresentado num vasto palco como ópera lírica e no outro lado do teatro como sátira política, num pequeno palco de cabaré. O público, sentado em poltronas giratórias, voltava-se de um para outro. E por muitos anos agora, Mnouchkine tem se concentrado no dilema dos refugiados políticos, chegando a fazer de seu teatro, a Cartoucherie de Vincennes, um refúgio.

O exemplo mais impressionante de teatro total que eu vi assim como Piscator o visionava foi a espetacular montagem de Victor Garcia de *O balcão* em São Paulo, em 1970. Ignorando a arquitetura do teatro, ele construiu uma espiral do porão até o topo do urdimento, incluindo nela os assentos dos espectadores. Os revolucionários vinham de baixo e por fim irrompiam atravessando o espaço cênico. Toda a área central era um elevador que subia e descia com a ação. Na grande cena final, quando eclodia a revolução, a estrutura espiralada onde os espectadores se sentavam fendia-se e as metades se separavam perigosamente, e os revolucionários, nus e rutilantes de suor, galgavam a estrutura acima, promissores e ameaçadores, não deixando margem a qualquer dúvida sobre os laços existentes entre a paixão e a política.

Entre os muitos diretores de teatro de tempos recentes cujo empenho político reflete a influência de Piscator estão o brasileiro Augusto Boal, cujo Teatro do Oprimido continua a engajar o espectador na encenação das controvérsias contidas nas notícias da atualidade. O Teatro di Nascosto (Teatro Escondido) de Annet Henneman, na Itália, começou com produções de prisioneiros na prisão-forte de Volterra e continua seu trabalho focando na condição dos refugiados e em sua busca por justiça. E há o ardoroso LAPD (Los Angeles Poverty Department), o teatro dos sem-teto dirigido por John Malpede e seu trabalho específico para determinados locais, como sobre a vida dos trabalhadores nas minas de carvão de Kentucky. Em Nova York, há o brilhante repertório de peças políticas deixado por Fred Newman no Castillo Theatre e seu All-Stars Project, que apresenta a expressão dramática a jovens da cidade. E o ousado experimento com um tema clássico em *Dionysus in '69*, de Richard Schechner, também dificilmente poderia ter sido imaginado sem o trabalho pioneiro de Piscator.

No entanto, como o Living Theatre é o teatro que conheço melhor – uma empreitada a longo prazo que dura mais de 60 anos, na qual procurei realizar, com Julian Beck, Hanon Reznikov e uma companhia de atores empenhados, nossa versão da visão de Piscator –, menciono alguns exemplos das tendências e modalidades em que o Living tem se baseado para levar adiante o trabalho e as ideias de Piscator.

Julian Beck e eu demos a primeira apresentação em nosso apartamento em 1951, e a chamamos de "Teatro na Sala". Nosso primeiro programa consistia em quatro peças curtas e prenunciava nosso trabalho vindouro. Começamos com *Aquele que diz sim e aquele que diz não*, de Brecht, uma de suas melhores peças didáticas. No espaço limitado, Julian Beck criou um pequeno dispositivo cênico à maneira de Piscator. Colocou uma tábua de madeira no piso atapetado e, despontando dela, em ângulo agudo, havia uma vara fina à qual tinha suspendido uma pedra, amarrada por uma corda. Quando um ator pisava naquela ponte estreita, a pedra balançava para frente e para trás, acelerando a cada passo, e chegava ao clímax quando o menino que diz sim e não (interpretado pelo esplêndido bailarino Remy Charlip) saltava do precipício. Com esse simples artifício, conseguimos utilizar a ideia do cenário móvel de Piscator dispensando a imensa maquinaria teatral.

No mesmo programa apresentamos *Childish Jokes* (Brincadeiras infantis), de Paul Goodman, uma metacomédia sobre a natureza do teatro de autoria desse filósofo residente do Living. E também "O diálogo da manequim e do jovem", cena de *Assim que passarem cinco anos*, de García Lorca, uma das melhores peças poético-políticas do teatro moderno. Concluímos com *Ladies' Voices* (Vozes de senhoras), de Gertrude Stein, que desconstrói e reconstrói a linguagem.

Mais tarde naquele mesmo ano, abrimos o Living Theatre no Cherry Lane Theatre com outra peça de Gertrude Stein, *Doctor Faustus Lights the Lights* (Doutor Fausto acende as luzes), para a qual Julian Beck desenhou um cenário com retângulos sobrepostos de vários tamanhos, cobrindo três lados do palco. Alguns eram usados como entrada e saída de cena, mas a maioria consistia em dispositivos de iluminação. Essas luzes no palco eram controladas por uma mesa de luz independente, permitindo seguir a indicação de cena daquilo que Stein chamava "um grandiosíssimo balé de luzes". Esse tema da busca da iluminação e suas consequências políticas era central para Piscator. Em seus esforços para equiparar o herói com as massas, ele retornou muitas vezes ao indivíduo heroico, desde Arkenholtz na *Sonata dos espectros* até Orestes em *As moscas*.

A segunda produção do Living Theatre no Cherry Lane, *Beyond the Mountains* (Além das montanhas), de Kenneth Rexroth, era mais uma versão de um poeta para a *Oréstia*, voltando ao cerne do mito, como Piscator fizera em *As moscas*.

A produção do Living de *O desejo pego pelo rabo*, de Pablo Picasso, tinha a qualidade de uma fotomontagem de John Heartfield[50], que havia colaborado com Piscator num trabalho da década de 1920. Quando montou vários espetáculos dadá, Piscator aproveitou a qualidade fragmentária que instigava Picasso, que compartilhava a ousadia da escola dadaísta. O lado político de Picasso, longa e acaloradamente debatido no mundo da arte e da cultura, refletia o pensamento de Piscator em seu artigo "Der Schrei nach der Kunst" (O clamor pela arte):

---

50 John Heartfield (nascido Helmut Herzfeld) é o criador da fotomontagem, algumas delas com temas antinazistas e antifascistas. Foi pioneiro no uso da arte como arma política. [N.T.]

Eu deveria dizer "da arte à política, e de volta"! Ah, permitam me livrar dessa política que é, em primeiro e último lugar, levada pelo acaso, e dessa arte que jamais consegue realmente exprimir a verdade. E também dessas pessoas que não querem saber nem de política nem de arte, que não sabem sequer o que deveriam querer.

O desejo pego pelo rabo apresenta um grupo de artistas surrealistas procurando sobreviver e, no espírito de sua arte, transcender seu sofrimento em Paris sob a ocupação nazista.

Para nossa montagem de *Sweeney Agonistes* (Os agonistas de Sweeney), de T. S. Eliot, o compositor Morton Feldman, irmão espiritual de John Cage, criou uma trilha sonora que consistia num metrônomo amplificado que mantinha exatamente o mesmo ritmo durante o diálogo, uma mensagem subliminar sobre estar "parado no tempo".

No final da peça de Paul Goodman *Faustina*, a imperatriz-consorte romana sai do papel – à maneira de Pirandello – e, como uma atriz objetiva pioneira, dirige-se ao público, apresentando-se pelo próprio nome. Ela acusa a plateia de permitir que o horror do sacrifício humano ocorra, dizendo: "Vocês deveriam ter formado um círculo ao redor do palco e interrompido a ação". Mas Julie Bovasso, a esplêndida atriz que fazia o papel da imperatriz, recusou-se a interpretar essa cena final, alegando que não podia identificar a si mesma pelo próprio nome a não ser que dissesse suas próprias palavras. O dramaturgo sugeriu que ela escrevesse seu próprio texto para aquela cena, que ele poderia, se ela quisesse, ajudá-la a editar, para ficar consistente com o estilo da peça. Mas ela não conseguiu escrevê-lo. Outras atrizes foram convidadas para interpretar o papel, e também elas relutaram em dizer essa última fala. No fim, Walter Mullen, ex-aluno do Workshop, ousou dizer a fala na figura de um xamã surreal vestido de mulher que fazia uma ponta crucial na peça. Walter Mullen compreendeu o que Piscator nos tinha ensinado para enfrentar a plateia.

É interessante notar como é difícil para o ator que foi treinado para sentir-se blindado pela ficção e pelo "vidro de segurança" da quarta parede fazer a transição para a atuação objetiva. O próprio Piscator nunca teria arriscado desafiar o público desse modo. O que teria feito ele se o público tivesse, de fato, subido no palco?

Hoje em dia o teatro avançou o bastante no tocante a romper barreiras, tanto que a maioria dos atores já pode aceitar essa abertura da quarta parede. E em apresentações do Living Theatre de *Antígona*, de *Mistérios e peças menores* e de *Sete meditações sobre o sadomasoquismo político* membros da plateia de fato entraram em cena inesperadamente. A trupe do Living Theatre sempre conseguiu lidar com isso num nível teatral, embora tenha se tornado um desafio supremo quando o público, como Goodman tinha sugerido, efetivamente tentou interromper a cena da tortura em *Sete meditações*.

Ubu Rei, de Alfred Jarry [encenada pelo Living em 1952] era uma peça que Piscator poderia ter montado. O construtivismo e dadaísmo de Piscator teriam embelezado o tema antiautoritário de Jarry. Talvez fosse anárquico demais para Piscator, embora Maria Ley a considerasse "uma explosão cujas ondas libertaram o teatro do realismo e que continua sendo sentida até hoje".

O poeta W. H. Auden, em sua peça *Age of Anxiety* (A era da ansiedade), cumpriu o imperativo de Piscator de que o narrador é uma necessidade do teatro moderno. Infelizmente, a noção de Piscator baseava-se em sua decepção com a capacidade do público de pensar por si próprio e na subsequente necessidade de uma voz professoral para ajudá-lo a compreender. Mas o narrador também é a expressão do desejo do diretor de esclarecer as ideias, de elucidá-las cada vez mais, e da eterna frustração do artista de ainda não estar sendo suficientemente claro, de que a comunicação ainda não é, e até agora nunca foi, completa. Fiz o papel do narrador, sentada num banquinho alto e lendo os versos adoráveis que levavam o público às aventuras noturnas de quatro nova-iorquinos num mundo dominado pela ansiedade causada pela guerra. Parecia-me apropriado, sendo eu a diretora, combinar a função de dirigir com o papel do narrador.

A sonata dos espectros, de Strindberg, é uma peça com uma longa história para o Living, pois demonstra como a corrupção social é infecciosa e a culpa é passada de geração em geração, o que é relevante em todas as eras. Em

1920, na juventude, Piscator interpretou o protagonista em Königsberg. No Dramatic Workshop, foi montada duas vezes: uma sob minha direção, em dezembro de 1945, e a outra dirigida por Howard Friedman, na primavera de 1948, na qual fiz dois papéis, o da múmia e o da jovem senhora. Anos mais tarde, em 1954, tornou-se um marco no repertório do Living Theatre quando a produzimos no nosso teatro da Broadway com a rua 100. No Dramatic Workshop, Piscator elogiou meu uso de três escadas no topo das quais os espectros contemplavam toda a ação. Mas o cenário de Julian, cavernoso, queimado, negro, ficava mais próximo da descrição que Piscator fazia do cenário de Königsberg, no qual a velha casa mal-assombrada, com suas teias de aranhas, representava a sociedade decadente.

Piscator nunca dirigiu nenhuma peça de Jean Cocteau, embora falasse dele com frequência. O Living Theatre era fascinado pelo modo como Cocteau revivia a mitologia grega. Nossa produção de *Orfeu* enfatizou os elementos surrealistas: o cavalo falante, os anjos da morte, as ocorrências miraculosas, as paredes com camadas de imagens reminiscentes de esculturas clássicas. Em seu livro *The Piscator Experiment*, Maria Piscator escreve: "Cocteau não interpretou a casa de Atreu em sua peça *A máquina infernal*, ele reinventou a Grécia". E nós interpretamos seu *Orfeu* como se ele tivesse reinventado os deuses gregos.

The Idiot King (O rei idiota), de Claude Fredericks, é uma peça pacifista puramente poética e altamente idealista. Apesar de todas as suas formas inventivas, Piscator não teria aprovado sua essência política, sendo a história de um rei que decide não matar embora seu reinado esteja caindo em ruínas, e que não tem outra solução social senão insistir que "onde há amor, há somente amor". Mas a peça expressava um certo extremismo no qual o Living Theatre insistia, e que Piscator teria de rejeitar, porque ele sempre se sentia impelido a lidar com as águas poluídas da corrupção política.

Quando o Living Theatre montou *Esta noite improvisamos*, seguimos estritamente os passos do Mestre. A interpretação de Julian Beck no papel do diretor incluía várias características de Piscator, embora o diretor germânico de

Pirandello fosse baseado mais na figura de Max Reinhardt que em Piscator. Na cena do intervalo, durante a qual o diretor constrói um cenário que ele chama de "o aeroporto de noite", Julian criou uma teia de aranha de cordão prateado que cobria o palco com linhas cruzadas impedindo a entrada de qualquer um. Uma rede rutilante sob os refletores. Era essa a crítica de Pirandello aos diretores modernistas como Reinhardt ou Piscator, que criavam cenários nos quais era impossível atuar, neste caso reinterpretada pelo expressionismo abstrato de Beck.

Com a *Fedra* de Racine, voltando ao âmbito da mitologia clássica para denunciar a corrupção das paixões, cobrimos o piso do palco com um belbute branco que cada passo humano ameaçava poluir.

The Young Disciple (O jovem discípulo), de Paul Goodman, é uma reavaliação da história de Cristo centrada na má vontade do povo em aceitar a mudança, a transcendência e a iluminação. Piscator, bem no fim de sua vida, queria retornar a esse tema. Em seu leito de morte, numa clínica em Starnberg, recebeu a visita de Peter Weiss, o dramaturgo cuja peça *A investigação* Piscator tinha acabado de dirigir. Weiss anotou os conselhos que o diretor ditava:

> Deixe de lado tudo que você estiver fazendo – digo isso com a plena consciência de uma grande responsabilidade – e volte a dedicar-se ao tema de Cristo. Abordado da maneira correta, é capaz de agitar o mundo de muitas maneiras... Volte aqui para discutirmos isso! O momento é propício e isso é urgente. (Haarmann, 1992)

Haarmann continua:

> A preocupação com a figura de Cristo leva Piscator à questão da necessidade de um teatro de culto no século XX. Um teatro de fé, de contato direto, de reação direta, um teatro no qual ele queria mais uma vez entrar na luta contra as forças repressoras de seu ambiente. O teatro político moderno retorna, portanto, às suas origens. As religiões prometeram e prometem a inequívoca identidade do palco e da plateia. A ação estética comunal é política, e vice-versa.

Lançar uma nova luz sobre o teatro político moderno com os holofotes do teatro de culto é a suprema visão utópica. Nela, a visão de mundo e a filosofia de Erwin Piscator se unem finalmente, mostrando-o como aquele que ele sempre foi: um moralista iluminado, no sentido do século XVIII, e um político racionalista do palco do século XX.

O jovem discípulo, sobre o cristianismo primitivo, lançava essa nova luz sobre nosso teatro político.

Many Loves (Muitos amores), de William Carlos Williams, é uma peça dentro da peça, ou melhor dizendo, três peças no arcabouço de uma discussão em versos livres entre um jovem dramaturgo, seu produtor e sua atriz sobre o significado e as implicações das três peças de um ato que vão sendo encenadas. Esses três personagens servem como uma forma sofisticada de narrador, explicando a ação não a partir de um só, mas de três pontos de vista.

The Cave at Machpelah (A gruta de Macpela), outra peça de Paul Goodman sobre um tema bíblico, neste caso retornando a Abraão, lida com as raízes do mito patriarcal que até hoje oprime nossa estrutura social.

The Connection (A conexão), de Jack Gelber, então um jovem autor, foi outro marco na história do Living Theatre. Assim como *Many Loves*, é uma peça dentro de uma peça. Seu tema é o *jazz* e as drogas e a conexão entre esses dois níveis da experiência humana. O dramaturgo e o produtor servem como narradores, e há mais uma dimensão: dois fotógrafos filmam os drogados no antro onde se encontram. Os atores se dirigem diretamente aos espectadores, como Piscator teria desejado.

Trabalhando com o livro de Alexander Dean *Fundamentals of Play Directing* (Fundamentos de direção teatral), Piscator enfatizava a importância de compreendermos o significado do espaço teatral. Com a aprovação de Piscator, Dean nos ensinava que cada área do palco tem um peso diferente: a esquerda alta é uma posição mais forte que a direita alta. E quando uma ação dramática ocorre numa certa área – digamos, alguém comete um assassinato, logo na primeira cena, na esquerda baixa – aquela área reterá traços desse drama em todas as cenas seguintes.

Na produção de *A conexão*, os músicos – piano, baixo, saxofone e percussão – ocupavam a direita do palco e aconteceu de serem todos negros. Os drogados, brancos, aguardavam sua dose à esquerda do palco. Sam, o único drogado negro, deitado num divã no centro alto, debaixo de uma pintura mural representando uma pirâmide egípcia, marcava a divisão da cena em duas. O equilíbrio não era visível de imediato, mas, toda vez que um ator ou músico atravessava o palco, o público sentia uma alteração, como uma balança que reajusta o equilíbrio de seus pratos. E quando todos os atores se moviam para determinado lugar, como acontece quando um dos drogados sofre uma *overdose*, o efeito era vertiginoso.

Assim como Piscator tinha realmente posto em cena pessoas com deficiência física em *As aventuras do bravo soldado Schweik*, de Jaroslav Hašek, na cena em que os feridos de guerra desfilavam diante de Deus, tivemos viciados de verdade entre os atores e músicos de *A conexão*, o que incluía alguns dos maiores músicos de *jazz* do momento. Conseguimos contratá-los exatamente porque, naquela época, a lei proibia qualquer pessoa com antecedentes criminais relacionados a drogas de apresentar-se em qualquer clube onde fossem servidas bebidas alcoólicas – quer dizer, praticamente todos os clubes de *jazz*.

The Women of Trachis é uma tradução de *As traquínias*, de Sófocles, nos versos extraordinários de Ezra Pound. Não só ele tinha ficado preso por muitos anos como traidor, após a Segunda Guerra Mundial, no St. Elizabeth Hospital em Washington, D.C., como também foi durante todos aqueles anos um violento propagador do antissemitismo, seguido mais tarde de um ambíguo silêncio, por longos anos. Como poderia um homem assim escrever uma peça que o Living Theatre quisesse produzir? Pois ele conseguiu.

The Marrying Maiden (A donzela casadoira), de Jackson Mac Low, permitiu ao Living explorar os limites da encenação e da linguagem de uma das muitas maneiras que Piscator havia sonhado e escrito a respeito, mas nunca tinha se aventurado a realizar. Rompemos alguns limites que mesmo Piscator provavelmente nunca teria imaginado. Mac Low era um discípulo de John Cage, que experimentava estruturas aleatórias. Usando o *I Ching,* Mac Low criou um texto após usar um intricado sistema de jogos de dados. No palco, o lançador de dados distribuía a cada ator o cartão de suas ações, marcações de cena selecionadas ao acaso e, jogando os dados, controlava o acompanhamento sonoro, criado por Cage a partir de cortes de uma gravação dos próprios atores lendo falas da peça. Esses artifícios aleatórios exigiam dos atores grande disciplina e flexibilidade. Uma forma nada familiar a Piscator, exceto talvez em seus primeiros experimentos dadaístas – mas *A donzela casadoira* não tinha o humor satírico intrínseco do dadaísmo, nem era um experimento teatral com as "estilizações" contra as quais Piscator se expressava com tanta veemência, mas uma forma teatral completamente diferente.

Quando Julian Beck e eu visitamos Helene Weigel no Berliner Ensemble, em 1961, ela nos saudou com um "A-há, aqui estão os desobedientes que estão apresentando *Na selva das cidades*!". Tínhamos produzido essa peça bem durante o período da linha dura do partido comunista em Berlim Oriental, e a peça já tinha sido rechaçada pelo Ensemble como tendo expirado seu prazo de validade desde que Brecht a escrevera em 1922, antes de ter "estudado o marxismo". Para nós, é uma história sobre a corrupção causada pelo dinheiro, que era então, como agora, um tema importante. Piscator, talvez com grande custo pessoal, não tinha padrões limitadores como o que hoje em dia chamamos de "politicamente correto", embora fosse, por vezes, demasiadamente cauto ao expressar suas opiniões políticas, deixando muitos de seus alunos estadunidenses com a impressão de que era um artista apolítico. Trabalhar com um texto brechtiano deu ao Living a oportunidade de observar as formas que Brecht aprendeu com Piscator: há cenas para serem feitas como teatro de sombras e, nas direções de cena originais, o dramaturgo chega a sugerir montar a peça num ringue de boxe, para enfatizar a natureza combativa da história. Mas, assim como Piscator, não demos atenção às indicações do autor.

The Apple (A maçã) foi a segunda peça escrita por Jack Gelber. Passa-se num pequeno cabaré, uma óbvia referência ao Living Theatre, gerenciado por uma figura dominadora interpretada pelo ator James Earl Jones. O cenário, realista, tinha seu duplo fantástico: uma viagem pelo limbo do Livro dos Mortos egípcio, na qual os atores usavam elaboradas máscaras de animais criadas por Ralph Lee, em busca daquilo que Piscator chamava de "o segredo detrás da máscara onde jaz a verdade".

O cárcere foi nossa primeira experiência na forma de teatro político que Piscator chamava de *Zeittheater* (teatro da atualidade). E acabamos presos por causa dela, cumprimos sentença e tivemos nosso teatro fechado. Seu realismo é o realismo da insanidade militarista. Os atores entravam na loucura do sofrimento sacrificial de Artaud, "fazendo sinais por entre as chamas", fortalecidos pelo humanismo racional de Piscator. No meu ensaio "Directing *The Brig*" (Dirigindo *O cárcere*), escrevi:

> *O cárcere* é uma estrutura [...] A estrutura imóvel é a vilã. Os homens colocados nessa estrutura estão destinados a se tornar parte dela, e a beleza e o terror em *O cárcere* estão em verificar como ela consegue e como fracassa em incorporar a seu ente concreto aqueles que aprisiona [...] Enquanto Artaud clama por loucura, Piscator defende a razão, a clareza, a comunicação" (Malina 1965, reimpresso em Brown, 1965).

Uma vez, na aula, Piscator me disse:

> Retornamos àquilo que podemos ver porque, mesmo sabendo que outras coisas existem, aquilo que vemos é organizável [...] confrontaremos as dimensões da estrutura, descobriremos sua pedra fundacional, compreenderemos em que bases ela foi erguida e localizaremos suas portas. Então destrancaremos suas fechaduras e abriremos as portas de todas as prisões.

A peça *Mistérios e peças menores* foi uma invenção que surpreendeu seus próprios inventores. Pensada como uma apresentação única no American Center em Paris[51], perma-

---

51 Para os franceses, no pós-guerra, a cultura norte-americana limitava-se aos aspectos comerciais de Hollywood e a alguns escritores.

neceu no repertório do Living Theatre por mais de quarenta anos. Uma série de oito ações rituais, sem explicação, seis das quais inteiramente sem texto, conduz o público numa viagem teatral aos mistérios de Elêusis. Na primeira cena são lidas todas as palavras contidas nas notas de um dólar; outra cena, chamada "Canções da rua", invoca os *slogans* das manifestações de protesto, e o público inicialmente os repete e depois inventa outras frases referentes às questões da atualidade. Essas duas "peças menores" foram criadas por Jackson Mac Low.

Piscator escreveu:

> O que eu sempre quis foi montar uma peça sem cenário, sem figurinos, sem vestidos longos, sem adereços, nu – não fisicamente nu, mas desnudando a alma. O que eu quero na verdade é encontrar o segredo detrás da máscara onde jaz a verdade, a simples verdade literal, que está no fundo de nossas vidas – o verdadeiro porquê, as leis. Quando tivermos reconhecido essas leis, poderemos criar adequadamente.
> (Ley-Piscator, 1967)

Mistérios é apresentada sem cenário, sem figurinos nem adereços. Quanto à nudez, isso ainda estava por acontecer, não só da alma, mas fisicamente também.

Les Bonnes (As criadas) é uma das várias obras-primas de Jean Genet, esse gênio da política sexual da revolução. Sua obra ainda era desconhecida nos Estados Unidos na época em que eu cursava o Workshop, e nunca ouvi Piscator falar de Genet. Foi somente em 1962 que ele di-

---

Mas no Centro Americano (American Center for Students and Artists), fundado em 1934, no Boulevard Raspail, em Paris, podia-se assistir a concertos gratuitos de *jazz*, novos filmes, conferências e leituras literárias, ver exposições, ler jornais ou conversar em inglês. Infelizmente, foi fechado por falta de recursos em fevereiro de 1996. Além dos ensaios de *Frankenstein* no Centro Americano e da estreia de *Mistérios* (1964), Judith Malina e Julian Beck lá se apresentaram diversas vezes, inclusive na memorável leitura de suas poesias numa tarde com Allen Ginsberg e Gregory Corso, em 1979, e na celebração dos 70 anos de John Cage, em 1982. [N.T.]

rigiu *O balcão*, em Frankfurt. Ninguém nos deu imagens mais apaixonantes do sistema e da luta de classes que Genet. O grande dilema para Piscator era tornar a estrutura social nítida e inequívoca sem perder o aspecto sensual e erótico da existência humana. Esse dilema se resolve tragicamente em *O balcão* e em *Os negros*. E também em *As criadas*, onde a luta fatal pelo poder entre a patroa e suas empregadas leva as domésticas a se destruírem mutuamente, em plena sujeição ao verdadeiro opressor.

Concebemos *Frankenstein* numa estrutura de três andares cenicamente relacionada às montagens de Piscator de *Opa, estamos vivos!* e *Rasputin*. Numa narrativa visual, apresentamos o romance de Mary Shelley sobre um homem artificial, que ela subtitulou "O novo Prometeu". A ação se passa dentro da estrutura retangular e à sua frente. Tubos metálicos verticais sustentam as plataformas horizontais, dividindo a área em quinze compartimentos iguais. A peça tem início com uma meditação e a promessa de que a pessoa sentada em lótus, ao centro, levitará se a meditação for mantida. É o desapontamento com o fracasso dessa premissa que conduz ao ciclo de violência que se segue, no qual, um após o outro, cada um dos atores é cruelmente executado. Em seguida, o elenco configura as partes do corpo da criatura, numa silhueta da altura dos três andares. Seus olhos, dois faróis vermelhos, ofuscam a plateia.

No segundo ato, delineamos com um tubo de luzes o perfil de uma cabeça masculina sobre a estrutura metálica, uma imagem que lembra a famosa silhueta de Piscator[52] sobreposta à estrutura de três andares de *Opa, estamos vivos!*. Dentro da cabeça era projetado um painel com os nomes dos atributos humanos essenciais, definidos durante a criação coletiva, contra um pano branco, bem no estilo de Piscator. No nível inferior: os instintos animais, o subconsciente, o erótico. Acima deles: a intuição, a visão,

---

[52] Famosa fotomontagem de Sasha Stone (1895-1940), nascido Aleksandr Sergei Steinsapira, fotógrafo e cenógrafo russo que vivia em Berlim por volta de 1922: essa silhueta de Piscator contra o cenário é emblemática da fusão dessas duas artes. [N.T.]

a imaginação, a criatividade, o amor. E no topo a fronte, contendo o ataúde (a consciência da mortalidade), o ego, o conhecimento e a sabedoria. Cada ator interpretava um dos atributos, à medida que o ego passava de um por um e emergia como a criatura do dr. Frankenstein, que aprende a falar recitando o magnífico monólogo de Mary Shelley que começa: "É com dificuldade considerável que me lembro da época em que comecei a existir"[53]. E continua descrevendo primeiramente suas esperanças, depois o desespero da humanidade, que leva à morte. É um épico à maneira de Piscator por excelência, a história da humanidade subjugada pela própria tecnologia, a criatura que se vira contra seu criador.

O trabalho pioneiro de Piscator, ao integrar a tecnologia contemporânea ao teatro moderno, era para ele simplesmente um método para esclarecer seu objetivo político. Ele escreveu em "Teatro proletário: seus princípios fundamentais e suas tarefas":

> Para mim, as inovações tecnológicas nunca foram um fim em si mesmas. Qualquer meio que eu tenha usado ou esteja agora me preparando para usar foi concebido para elevar os eventos no palco a um plano histórico, e não somente para ampliar o conjunto da maquinaria teatral. Não digo que as novas tecnologias sejam a salvação do teatro. Estou meramente dizendo que elas podem expressar novos conteúdos dramáticos, liberando as forças criativas de dramaturgos, diretores e atores. (Piscator 1920, republicado em tradução em Howard, 1972: 42)

Com a *Antígona* de Brecht, limpamos completamente a arena do teatro épico de Piscator. Nem um traço de cenário sobrou, nem o trono, nem uma espada, nem mesmo a tábua que Brecht sugeria para Antígona carregar o cadáver do irmão. Nossa resposta ao que Piscator sempre quis, "montar uma peça sem cenário, sem figurinos, sem adereços", surpreendeu o público na peça *Mistérios*, uma

---

53   Trad. Adriana Lisboa, Rio de Janeiro: Nova Fronteira, 2014. [N.T.]

série de rituais altamente abstratos. *Antígona*, no entanto, era um clássico venerado, e a árvore genealógica de suas versões, Sófocles, Hölderlin, Brecht, eram vacas sagradas do teatro. Seguimos a ousada sugestão de Brecht de que fosse feita somente com luz branca, difusa uniformemente através do palco. Os atores usavam roupas do dia a dia, evitando cores berrantes.

Dividimos o espaço entre Tebas e Argos. O palco era Tebas, a cidade de Antígona, e a plateia era Argos, a cidade inimiga. Logo no início estabelecemos uma relação hostil usando aquele olhar penetrante de que falava Piscator. Entrando, um a um, os atores fixavam o olhar diretamente na plateia, que não ficava no escuro, mas em luz baixa, o que tornava os espectadores visíveis. Quando o ator encontrava um olhar responsivo, mantinha os olhos fixos nele por um longo tempo, tendo em mente o subtexto: "Você está fazendo o papel do inimigo e nós vamos destruir um ao outro". Era dever de cada ator voltar a fixar a vista naquele espectador em momentos significativos da peça, especialmente quando entrávamos na plateia e quando chorávamos, fixando os olhos nos olhos do espectador, durante o coro: "Há muitas monstruosidades, mas nada é mais monstruoso que o homem".

Brecht acrescentou um prólogo à tragédia clássica. Após o bombardeio de Berlim, duas irmãs, os protótipos de Ismênia e Antígona, descobrem o corpo do irmão enforcado [como desertor] e discutem se deveriam cortar a corda e sepultá-lo. Com ousadia piscatoriana, substituímos o prólogo de Brecht por uma ação com sons e movimentos, representando as sirenes de um ataque aéreo. Caíamos de joelhos e ficávamos de bruços na posição de proteção, ensinada às crianças nas escolas estadunidenses [no início da Guerra Fria] nos treinamentos contra bombardeios.

Paradise Now! foi a contribuição do Living Theatre aos acontecimentos de 1968. Piscator havia morrido em 1966, portanto não experimentou a febre e o fervor daquele momento, e fiquei pensando por um bom tempo como ele teria reagido àquela maré de otimismo utópico. Teria se levantado do lado da revolução como tinha feito antes, junto aos comunistas? Ou teria se sentido demasiado desanimado por uma revolta não conduzida por ideais proletários e pela certeza leninista de como reorganizar a sociedade? Temo que Piscator não teria apreciado *Paradise Now!*, embora correspondesse às aspirações de sua mais ardente retórica. Procuramos romper tantas tradições do teatro convencional quanto possível. Incitamos a plateia a uma ação intensa; tiramos a roupa, desnudando o corpo até os limites legais (e muitas vezes além), desafiando o público a fazer o mesmo; nos abraçamos a ele, tiramos os assentos da plateia e os empilhamos no palco, queimamos dinheiro e, no final, conduzimos o público pelas ruas, cantando. Mas essa aparente desordem era baseada numa matriz estrita, um percurso esclarecido num mapa que entregávamos aos espectadores, de modo a tornar o espetáculo um exemplo da ordem libertária que o mundo tanto teme, com um temor que impede a grande mudança social que, no Living Theatre, chamamos de a Bela Revolução Anarquista Não Violenta.

O programa era um roteiro do tamanho de um cartaz, delineando Dez Degraus que conduziam, numa viagem ascendente, do Rito do Teatro de Guerrilha, do lado de fora dos portões do Paraíso, à mais alta visão da revolução permanente. Cada degrau consistia num rito, uma visão e uma ação política na qual o público podia participar e até improvisar. O que mais parecia um caos era, de fato, um movimento que fluía livremente, adquirindo formas cada vez mais elevadas. Era o grande experimento sonhado por Piscator, que ele não tinha podido realizar, mas que nunca teríamos alcançado sem seu pioneiro trabalho de base.

No Brasil, onde o Living Theatre foi atuar em 1970, por insistência de artistas brasileiros cujo trabalho teatral estava sendo reprimido pelo regime ditatorial, a companhia concebeu um ciclo de peças para as ruas e outros ambientes fora do teatro, intitulado *O legado de Caim*. *Seis sonhos sobre mamãe* foi uma peça de Dia das Mães encenada num ginásio de escola pelos alunos, com ajuda de suas mães e professoras. O ápice da peça, em que uma aluna, segurada por uma professora, salta nos braços de seus colegas, rasgando em seu voo a fita de papel crepom que a ligava à mãe, é um recurso piscatoriano. A mensagem antiautoritária da peça enfureceu as forças da ordem a tal ponto que toda a companhia acabou sendo presa. Os homens, na penitenciária masculina, conseguiram criar uma peça [que representaram três vezes] para seus companheiros presidiários, os guardas e visitantes, antes de a companhia ser expulsa do país [por ato presidencial], tendo passado quase três meses encarcerada.

Ao retornar a Nova York, o Living Theatre partilhou aquela sensação de desamparo sentida por Piscator nos Estados Unidos, sentindo-se desarraigado e estrangeiro. Depois de chegar, a primeira peça que criamos para o ciclo do *Legado de Caim* foi *Sete meditações sobre o sadomasoquismo político*, uma resposta às experiências vividas no Brasil. Nela, analisamos uma série de observações políticas enunciadas pelos atores, sentados em posição de lótus num círculo, no qual encenavam várias ações dramáticas de abuso e opressão. O ponto culminante demonstrava explicitamente uma forma de tortura praticada nas prisões brasileiras. Para enfatizar sua crueldade, apresentamo-la "em câmera lenta", um efeito aprendido com Piscator.

Seguindo o exemplo de Piscator de apoiar sindicatos de trabalhadores e defender seus direitos, criamos o *Strike Support Oratorium* (Oratório de apoio à greve), uma peça de teatro de rua em apoio ao boicote de alface e uva decretado pelo sindicato dos trabalhadores rurais United Farm Workers [liderado por Cesar Chávez]. Usando a biomecânica de Meyerhold, formávamos uma procissão que demonstrava a opressão dos imigrantes explorados economicamente no trabalho rural, curvados sobre o chão, movendo-se num lamento comovente. Os atores depois formavam uma barricada humana diante de um local de venda desses produtos, pedindo ao povo das ruas que os boicotassem.

O ciclo do *Legado de Caim* incluiu mais uma dúzia de peças criadas para ambientes não teatrais, entre elas *Turning the Earth* (Revolver a terra), na qual os residentes de um bairro, principalmente as crianças, plantavam ritualmente hortas comunitárias em terrenos baldios, cultivando feijão, milho e outros alimentos nas ruas de Pittsburgh, a cidade industrial que escolhemos para a primeira versão completa do *Legado de Caim*.

Um espetáculo que durava um dia inteiro, intitulado *Six Public Acts to transform Violence into Concord* (Seis atos públicos para transformar a violência em concórdia), com seis atos e um prólogo, ao qual demos o subtítulo "Mudar a cidade", percorria em procissão sete lugares diferentes: da Casa do Dinheiro (um banco), onde queimávamos dinheiro, à Casa da Violência (uma delegacia de polícia), onde oferecíamos pães e rosas aos policiais, pedindo-lhes para agirem com maior gentileza, e à Casa do Estado (um tribunal ou repartição pública), onde nos prostrávamos no chão [entoando lamentos diante de seu poder], depois convidávamos o público a unir-se a nós, extraindo algumas gotas de sangue de um dedo para esfregá-lo na fachada do edifício, dedicando-o aos que tinham sido sacrificados pelo Estado. Para a Casa da Propriedade, erigimos uma estrutura de madeira portátil de dois andares, inspirada em Piscator, que chamávamos de "a Bastilha", com capacidade para catorze atores, de dentro da qual Pierre-Joseph Proudhon [interpretado por Julian Beck] explicava o significado da propriedade, enquanto o elenco interpretava suas palavras. Na Casa do Amor e da Morte, nos amarrávamos uns aos outros num ritual sadomasoquista e esperávamos que a plateia viesse nos desatar. Piscator, infelizmente, não teria confiado esse papel ao público, mas no Brasil, como em Pittsburgh, na Itália, Alemanha, Suíça e França, o povo sempre nos libertou.

Na peça *A destruição da Torre do Dinheiro*, montamos uma estrutura muito próxima das escadas de Jessner, que Piscator considerava a ideal para representar a estrutura social e a luta de classes. A Torre do Dinheiro era uma versão tridimensional, para teatro de arena, de um cenário de Jessner. Nos inspiramos num desenho de 1911 amplamente divulgado pelo sindicato anarquista IWW (Industrial Workers of the World – Trabalhadores Industriais do Mundo, familiarmente chamado de Wobblies, ao qual o Living aderiu em 1971). A imagem mostra uma estrutura piramidal com cinco plataformas sobrepostas. Na base, os pobres e os trabalhadores, esmagados e desesperados, sustentam a estrutura inteira. Eles gritam: "Nós trabalhamos por todos, nós alimentamos todos". Acima deles está o nível da classe operária, que transforma as matérias-primas que vêm de baixo. Acima dela, a burguesia, vista jantando no luxo e proclamando: "Nós comemos por vocês". Acima dela estão os soldados, com baionetas à mostra, proclamando: "Atiramos em vocês". Acima deles os clérigos em vestes eclesiásticas entoam: "Nós enganamos vocês". E no topo uma dupla de capitalistas de terno prateado grita: "Nós mandamos em vocês". Pairando sobre tudo isso, um símbolo de cifrão de néon verde com mais de um metro de altura.

Como *A torre do dinheiro* havia sido concebida para ser apresentada diante dos portões das siderúrgicas de Pittsburgh, colocamos os mineiros no nível inferior, juntamente com o Terceiro Mundo e o lumpemproletariado [desprovido de recursos econômicos e de consciência de classe]. Estudamos cuidadosamente o funcionamento das siderúrgicas para enfatizar, mediante a linguagem da biomecânica, o papel dos trabalhadores na segunda parte da narrativa. Acima da classe média, ocupada empacotando e comercializando, amalgamamos as camadas da igreja e do Estado, enquanto acima delas estavam os ricos, logo abaixo do cifrão de néon, que projetava sua luz verde sobre tudo. Depois de encenar a morte de um trabalhador, o espírito revolucionário inspira uma greve geral que derruba o sistema do dinheiro e a estrutura inteira de doze metros de altura é desmontada gentilmente, com canções. Os trabalhadores que saíam das siderúrgicas apreciavam nossa habilidade em erigir e desmontar a enorme estrutura. Em Pittsburgh em 1975, dos dois mil trabalhadores que saíam das usinas no final de seus turnos, conseguimos que duzentos ficassem para assistir à peça e conversar conosco sobre seu significado. Hoje todas as usinas de Pittsburgh estão desativadas.

Retornando ao palco após oito anos de teatro de rua, criamos em 1978 *Prometheus in the Winter Palace* (Prometeu no Palácio de Inverno). Usando textos de Ésquilo, de Percy Bisshe Shelley e relatos históricos da Revolução Russa [de Piotr Kropotkin], produzimos um espetáculo épico cujos valores universais combinavam o clássico e o histórico para denunciar as condições dos prisioneiros políticos de nosso tempo. Entrando na plateia, os espectadores encontravam os atores amarrados às poltronas vendidas, imóveis, em silêncio. Estranhavam, mas em pouco tempo compreendiam que tinham que desamarrá-los para que a peça pudesse começar. Então, Hanon Reznikov no papel de Prometeu subia, nu, até o topo da estrutura metálica piscatoriana que emoldurava o proscênio e recitava o monólogo inicial da tragédia de Ésquilo. No final do primeiro ato, o público era convocado por Julian Beck, no personagem de Lênin, para recriar o mito de Prometeu inserido na história da Revolução Russa. Durante o intervalo, os espectadores recrutados para interpretar o Exército Vermelho, o Exército Branco, os pacifistas de Tolstói e os anarquistas, conduzidos pelos atores, ensaiavam as cenas do segundo ato simultaneamente, nas diversas dependências do teatro – na plateia, no palco, no saguão de entrada – preparando a dramatização da tomada do Palácio de Inverno, de que o público participava usando jornais impressos em russo, enrolados à maneira de fuzis. Após a vitória, os atores e o público cantavam "A Internacional", como os atores de Piscator tinham feito em pelo menos cinco de suas primeiras produções.

Traçamos um paralelo entre o mito clássico e a história moderna, de modo que Zeus se tornou Lênin e Prometeu, o anarquista Alexander Berkman, que passou catorze anos na Penitenciária Ocidental de Pittsburgh. A personagem de Io, que no primeiro ato era perseguida por um moscardo (papel interpretado por Tom Walker), tornou-se a anarquista estadunidense Emma Goldman, que passou grande parte de sua vida em exílio [na Rússia]. Piscator tinha dado o exemplo ao acrescentar ao elenco da peça *Rasputin* [1927] os personagens de Lênin e Trótski, além do ex-imperador da Alemanha. Concluindo a peça, caminhávamos com o público em procissão silenciosa até a prisão mais próxima, onde mantínhamos uma vigília, contemplando os muros do cárcere, para meditar sobre o fim da punição. Apresentamos a peça sobretudo na Itália, em 1978-79, onde as prisões estavam cheias de prisioneiros políticos, como resultado da repressão às Brigadas Vermelhas, o que conferia à cena uma pungência especial.

Em meu diário de 21 de janeiro de 1948, escrevi que "em *Homem-massa*, de Ernst Toller, a melhor peça política que conheço, o bem e o mal são claramente reconhecíveis". Somente em 1980 o Living Theatre a produziu, no Festival de Munique, onde os eventos narrados ocorreram [em 1919], mas onde a peça nunca tinha sido montada. Piscator tinha planejado produzir *Homem-massa* em 1921, mas o chefe da polícia de Berlim recusou-se a renovar a licença do seu Teatro Proletário. Acabou sendo montada no Volksbühne, mas sem Piscator. Continua sendo o texto perfeito para Piscator, que demonstra o conflito entre os idealistas da revolução e a luta armada. Creio que Piscator teria aprovado nossa montagem. Julian Beck desenhou um cenário utilizando grades pantográficas sobre rodinhas, representando paredes que iam se fechando, cena após cena, até se reduzirem a uma cela de prisão.

O Matusalém amarelo, peça concebida por Hanon Reznikov, combinava duas obras muito diferentes para criar um épico da história do mundo e além, rumo ao futuro: *Volta a Matusalém*, de George Bernard Shaw, a história da humanidade em busca da imortalidade, desde o Jardim do Éden até o ano 20000, ou "tão longe quanto a mente pode alcançar"; e uma "composição cênica" de Vassily Kandinsky, *O som amarelo*, um amálgama singular de figuras, cores, sons e elementos abstratos. Combinadas, as duas peças procuravam transportar o público a um nível de consciência mais elevado. Tanto Shaw como Kandinsky aparecem em cena como participantes de um painel de discussão sobre a longevidade. Julian Beck, no papel de Shaw, entrava na plateia com um microfone, entrevistando espectadores sobre suas esperanças e temores a respeito da longevidade e da imortalidade. Os espectadores acreditavam que estavam sendo somente amplificados, mas eram também gravados e suas respostas, editadas na coxia, em dado momento soavam no alto-falante, concluindo o debate. Uma simples inovação que Piscator não poderia ter imaginado, embora tenha inventado técnicas avançadas para sua época.

The Archaeology of Sleep (A arqueologia do sono) foi a última peça escrita por Julian Beck sobre a profundeza da mente e os abusos da ciência, como a vivissecção. Examina também o domínio dos sonhos. Piscator disse:

> Os sonhos têm realidade na arte. Parte do meu sonho é levar o teatro de volta à sua verdadeira função como o melhor educador do mundo. O teatro deve sua origem e seu caráter não a algumas qualidades exclusivas do espírito grego clássico, mas ao espírito humano em geral [...] O teatro me interessa somente quando trata de um assunto de interesse para a sociedade – quando expressa um universo significativo [...] Mas há momentos em que achamos necessário relatar experiências de realidades ainda mais amplas – as da vida épica. (Ley-Piscator, 1967)

Na *Arqueologia do sono*, por um trilho elevado corria "a linha do pensamento", que, atravessando o fundo do palco, carregava "o sono da cidade" e muitos personagens que surgiam na mente adormecida dos atores, conduzindo-os a "realidades ainda mais amplas". O público era convidado a participar e, no final, a dormir. Ao reacender das luzes, encontravam-se sós no palco, sem os atores. Despertavam numa outra realidade.

No drama *Us* (Nós), de Karen Malpede, um casal de atores interpreta quatro personagens: os jovens amantes, a mãe dele e o pai dela. Para enfatizar a universalidade da cosmovisão que Malpede apresenta nessa história edipiana intergeracional, esbocei um cenário que alinhava todas as cenas junto de um muro alto e comprido, um corte transversal da vida. Era difícil para os atores movimentarem-se nas plataformas compridas que Ilion Troya erigiu em autêntico estilo construtivista, mas elas eram um emblema das dificuldades de relacionamento que os atores encenavam. Esse cenário deriva das estruturas de vários andares do inovador Traugott Müller, cenógrafo de Piscator em três montagens: *Opa, estamos vivos!*, *Rasputin* e *Os escravos do imperador*.

Encenamos *Poland/1931* (Polônia/1931), de Jerome Rothenberg, uma evocação poética de judeus e poloneses, imigração e assimilação, num espaço plano, com o público disposto numa única fileira de assentos ao longo das paredes do salão. Embora a produção minimizasse o uso de figurinos e adereços, os únicos elementos cênicos eram seis bancos de madeira, que os atores rearranjavam em diferentes configurações em cada cena.

Em VKTMS (Vítimas), tragédia de Michael McClure, as figuras clássicas de Orestes, Electra e Pílades são transformadas em bigas de guerra, conduzidas pelos seus escravos. A ação se passa no momento do massacre sangrento, e todos ficam paralisados naquele instante para sempre. O terrível abuso da estrutura de classes, por parte daquelas inválidas, mas ainda implacáveis majestades, e seus escravos, que as odeiam mas continuam a servi-las, é um tema que Piscator queria que o teatro discutisse, tanto em textos clássicos como modernos. *As moscas,* de Sartre, dirigida por ele no Dramatic Workshop, narra a história de Orestes numa versão existencialista, na qual o herói se liberta de suas Fúrias. Mas McClure coloca esses personagens presos na velha história, incapazes de se livrar do medo e da culpa por seus antigos crimes. Nossas lindas bigas foram construídas pelo artista Rammellzee, que também pintou os grafites murais, demonstrando como a iconografia de hoje pode dar um novo fôlego à mitologia clássica.

Na peça *The Tablets* (As tabuletas), de Armand Schwerner, propusemos outro modo de lidar com o mito e a história. Nela, o personagem principal é o erudito/tradutor, o protótipo do narrador como queria Piscator, que procura compreender o passado, mas o passado – o sentido das antigas tabuletas assírias – leva a melhor sobre ele. Os atores, interpretando as tabuletas, falam diretamente aos espectadores, advertindo que é preciso penetrar mais fundo para compreender sua língua e a própria linguagem em si. *As tabuletas*, um texto originalmente escrito como um longo poema épico, foi adaptado por Hanon Reznikov como peça de teatro, trabalhando em colaboração com o poeta.

Else Lasker-Schüler foi uma grande poeta do expressionismo alemão e, como Piscator, pioneira do movimento da arte moderna. Marginalizada até o fim da vida devido a suas excentricidades, foi um ímã que atraiu toda uma geração de artistas modernos. Não sei se ela chegou a conhecer Piscator, mas certamente fazia parte do meio artístico de Berlim antes de fugir do nazismo para Jerusalém, em 1933, onde passou o resto de sua vida. Sua peça *IchundIch* (Eueeu) parece indicar que ela conhecia o estilo teatral de Piscator. Num rico pastiche da história de Fausto e das maquinações fascistas, onde aparecem líderes nazistas e os irmãos Ritz, a peça se passa no céu e no inferno. É narrada como a odisseia de uma poeta que está procurando conseguir que sua peça seja produzida. Max Reinhardt aparece como um possível produtor. A ação se desenrola num cabaré no inferno, onde se vê o Exército alemão marchando interminavelmente, por meio de um artifício piscatoriano inspirado em George Grosz, uma roda giratória de soldados, reinventada por Ilion Troya, um cenógrafo versado no construtivismo e na arte expressionista. Piscator deveria ter produzido esta peça, mas é possível que não tenha sabido de sua existência. Ele vivia reclamando que não conseguia encontrar dramaturgos adequados para seus propósitos.

The Body of God (O corpo de Deus) foi uma criação coletiva da maneira que Piscator recomendava. O título foi tomado de empréstimo da obra póstuma de Eric Gutkind, o filósofo judeu alemão para quem o "corpo de Deus" são as pessoas, todas as pessoas. Levamos o público a focar sua atenção na vida dos sem-teto que víamos dormir nas calçadas em torno do nosso teatro, na rua 3 com a avenida C, no Lower East Side, em Manhattan. Primeiramente discutimos o tema com a companhia, em seguida coletamos o que os atores escreveram e criamos uma colagem de textos. Depois convidamos oito pessoas sem-teto, algumas das quais dormiam em abrigos públicos na vizinhança e viviam na rua, para trabalharem conosco. Seus relatos e suas paixões tornaram-se o tema das falas e da ação da peça. Os espectadores eram recebidos por nossos colaboradores sem-teto, que lhes ofereciam um saco plástico para colocar seus pertences e um pedaço grande de papelão para se sentar no chão, em qualquer lugar. Desse modo tinham de decidir onde se acomodar e, mais tarde, quando os atores pediam que mudassem de lugar para dar espaço à ação itinerante, podiam experimentar um pouco do embaraço e da incerteza de quem vive na rua.

A tragédia *German Requiem* (Réquiem alemão), de Eric Bentley, uma adaptação de *A família Schroffenstein*, de Heinrich von Kleist, é um folhetim poético sobre o ciclo da violência e da animosidade histórica, o que torna a peça atemporalmente relevante. Dividimos o espaço ao meio, apresentando os dois castelos com uma montanha entre os dois, e dividimos os espectadores entre os partidários de uma ou outra das duas facções da família em conflito. Eu queria ter ido mais longe, fazendo com que cada lado usasse as cores de cada facção, ou carregasse suas bandeiras, mas não chegamos a isso. Certa noite, porém, o impacto de uma briga de verdade tornou tudo vivamente claro. Durante o intervalo, duas gangues rivais se atracaram bem na frente do teatro. Nosso público ficou olhando pelas vitrines de nosso saguão, inicialmente fascinado, achando que fazia parte do espetáculo, até chegarem as viaturas da polícia e as ambulâncias, que levaram embora os feridos.

Rules of Civility and Decent Behavior in Company and Conversation (Regras de civilidade e comportamento decente em companhia e em conversação) é uma lista de diretrizes de conduta [supostamente] escritas pelo jovem George Washington, que Hanon Reznikov transformou numa peça de teatro coral, para demonstrar como as restrições de uma moralidade mal concebida conduzem ao vazio ético no qual a real motivação das guerras de hoje é distorcida de modo que pareçam justificáveis. No final da peça, as duas figuras históricas de George Washington criança e George Washington adulto levavam o público até a rua para fazer uma vigília pela paz. Quando apresentamos essa peça em Roma, caminhamos até a embaixada norte-americana para fazer um protesto teatral contra a primeira guerra do Golfo. A polícia impediu nossa permanência no local.

Em seu livro *The Piscator Experiment*, Maria Piscator escreve: "Os intelectuais escreveram sobre o teatro épico atribuindo-lhe nomes diferentes como teatro político, teatro documental, teatro engajado, peça atual (*Zeitstück*), palco de Piscator, peça didática (*Lehrstück*)...". *Echoes of Justice* (Ecos da justiça) era precisamente uma *Zeitstück*, ou talvez teatro documental. Foi criada quando eu, Hanon e Exavier Muhammad Wardlaw, então ator da companhia, fomos convidados para o programa da madrugada de Bob Fass, *Unnamable Radio* (Rádio Inominável), na estação não comercial WBAI. Respondemos aos ouvintes que ligavam para o programa e entravam direto no ar. Entre eles apareceu Larry Davis, preso no centro correcional de Riker's Island, que contou sua história, descrevendo como estava sendo ferozmente abusado por ter atirado na polícia que tinha invadido seu apartamento, onde ele se encontrava com a mulher e os filhos. Como estávamos falando de teatro político, ele sugeriu que encenássemos sua história. Exavier começou a trabalhar imediatamente, obteve as transcrições do julgamento cedidas pelos advogados envolvidos no caso e transformou-as na peça *Ecos da justiça*.

Em *Anarquia*, mostramos como os editores e o pessoal de uma revista bem-sucedida foram afetados por uma matéria que tinham publicado sobre o autor anarquista italiano Errico Malatesta, que os havia conscientizado do fato de que estavam acorrentados, presos ao emprego e a uma vida limitante. Alguns funcionários da redação participam de uma peça de agitação e propaganda diante de seu próprio edifício, protestando contra o pagamento de um imposto de guerra. Quando são confrontados com um ataque terrorista, correm para o público, pedindo proteção. Alguns espectadores respondem positivamente, outros não, e assim, no final de cada apresentação, havia uma distribuição diferente de mortos e sobreviventes. O final dependia das escolhas feitas pelos espectadores. Imaginamos que Piscator poderia ter gostado.

The Zero Method (O método zero), de Hanon Reznikov, justapõe uma relação pessoal às sete propostas de Wittgenstein em seu *Tratado lógico-filosófico*. No meio da peça os atores paravam de interpretar para discutir o que estavam fazendo com o público: "O que você está achando desta peça?", "O que você acha da nossa relação econômica?", "Quantos de vocês pagaram pelo ingresso?", "Quantos de vocês receberam ingressos gratuitos?", "Quem pagou acha que a peça está valendo o preço do ingresso?". Em outra cena, dois atores recitam e interpretam os títulos das notícias do dia. A utilização de notícias de jornal em cena não era uma ideia nova. Tinha inspirado o próprio

Piscator ao assistir *The Living Newspaper* (O jornal vivo), do Federal Theatre Project dirigido por Hallie Flanagan, "um documentário engajado que informava o público sobre a origem, a natureza e a dimensão de um dado problema social, culminando com uma chamada à ação para resolvê-lo", como descreve Lijntje Zandee em seu livro *The Federal Theatre Project and the Living Newspaper*.

Maria Piscator escreve em *The Piscator Experiment*:

> A técnica do jornal vivo havia sido usada nas primeiras produções de Piscator na década de 1920. Podemos apontar suas origens ainda mais cedo, na técnica de montagem de Eisenstein e Meyerhold. Baseado em filmes documentários, com cenas que mudam rapidamente, o jornal vivo, desenvolvido com sucesso por Piscator, foi usado na Inglaterra para a educação de adultos e propaganda das forças armadas durante a Segunda Guerra Mundial. Obviamente, foi adotado desde então pelo rádio e pela televisão.

Augusto Boal e sua companhia, o Teatro do Oprimido, desenvolveram o jornal vivo inicialmente no Peru, para um programa de alfabetização de adultos, e depois no Brasil, com o nome de "teatro-jornal". Em fevereiro de 1971, Boal foi preso e torturado em São Paulo. Seu trabalho, agitando e inventando novas maneiras de levar adiante o teatro político, continua até hoje, mesmo após seu falecimento em 2009, graças aos seus muitos seguidores ao redor do mundo.

Em *Utopia* fizemos um experimento no Living Theatre que há muito queríamos fazer: uma peça inteiramente positiva, impelidos pelo desejo universal de criar um mundo melhor para todos. No Dramatic Workshop, Piscator tinha me pedido para fazer uma compilação das utopias da literatura mundial e fiz uma tentativa modesta, começando com Thomas More e Tommaso Campanella. Não me lembro se concluí esse ensaio, nem me lembro de o ter entregado a Piscator, mas bastou para despertar meu apetite de imaginar a paisagem do mundo em que queremos viver. A questão central em *Utopia* era satisfazer a visão dos espectadores realizando seus próprios desejos. Durante a ação, conseguimos fazê-los articular seus desejos, ponderar os obstáculos e interpretá-los teatralmente, com nossos atores, procurando vencer os obstáculos e conquistar o objetivo. No final, os espectadores participavam de uma cena do *Conto de inverno*, de Shakespeare, sobre vencer a morte, a suprema visão utópica.

Not in My Name (Não em meu nome) foi uma peça contra a pena de morte, apresentada muitas vezes numa ilha em meio ao tráfego em Times Square, toda vez que havia uma execução nos Estados Unidos, em coordenação com o movimento contra a pena capital, por muitos meses. Em anos recentes houve mais de três mil pessoas no corredor da morte, chegando a duas ou três execuções por semana. No final da peça de rua, procuramos reverter o ciclo da violência olhando cada um nos olhos de um espectador e fazendo a promessa de jamais matá-lo. Pretendemos que esse momento de contato seja o início da reversão do ciclo de assassinatos.

A ênfase de Piscator no determinismo econômico de cada obra dramática, seja ela clássica ou moderna, realista ou dadaísta, acabou finalmente nos conduzindo a conceber uma peça sobre o sistema capitalista, sobre como ele funciona e como veio a ser o que é. Reznikov baseou sua peça no livro de Fernand Braudel *Civilização material, economia e capitalismo: 1400-1800* para ilustrar a vida econômica de pessoas de vários estratos sociais em diversos países durante esses 400 anos. Para dar ao público uma experiência direta das transações envolvidas, criamos nos intervalos uma bolsa de valores com pregões nos quais cada ator oferecia ações visando ao desempenho futuro de seu próprio personagem. Vendiam certificados aos espectadores por dinheiro de verdade, que seria pago no final da peça. Algumas ações aumentavam de valor, mas somente à custa das que caíam.

Resistenza (Resistência) é uma peça inspirada em seu ambiente original. Foi criada em Rocchetta Ligure, uma pequena cidade italiana que se destacou durante a Segunda Guerra Mundial na resistência à ocupação da Itália pela Alemanha e onde os últimos sobreviventes dos *partigiani* continuam contando a história de sua corajosa oposição aos nazistas. Quando dramatizamos a luta, os espectadores se levantaram e entraram na batalha. Trabalhamos o tema do modo como Piscator tinha encenado *Fuente Ovejuna*, conjurando a dramática união do povo da aldeia contra o tirano. Mas pensei também na história que Piscator costumava repetir da apresentação da ópera *La Muette de Portici* que levou o público, durante a canção rebelde do último ato, a sair pelas ruas e começar uma revolução.

A Dream of Water (Um sonho de água), embora formulada por Hanon Reznikov num esquema ficcional, é um documentário sobre a construção da barragem de Três Gargantas, na China, o sofrimento humano e os danos ecológicos que causou. É também um hino para celebrar a substância basilar da vida. No meio da peça realizamos um debate com o público sobre a administração da água. Piscator, que sempre defendeu tornar o teatro um fórum aberto, embora o tenha feito somente nas suas primeiras produções, teria se comovido com a profundidade do diálogo suscitado nessas apresentações.

Em *Enigmas* prestamos homenagem ao pensamento de Julian Beck e ao seu teatro. A peça, escrita por Hanon Reznikov, resultou de uma discussão coletiva, que durou várias semanas, sobre a obra de Julian Beck e os dilemas da criação artística.

Maudie and Jane é uma peça extraída de *O diário de uma boa vizinha*, de Doris Lessing, com duas personagens femininas, sobre o desequilíbrio de nossa sociedade: o preconceito contra os idosos e a disparidade entre ricos e pobres, os bem-sucedidos e os explorados. A ênfase de Piscator na consciência de classe é resolvida ternamente na nudez do encontro de uma mulher jovem, bonita e bem-sucedida com o corpo envelhecido e desamparado de uma mulher de 80 anos.

Eureka! foi a última peça que Hanon Reznikov concebeu. Eu a concluí após sua morte, chegando mais perto do que nunca da visão de Piscator de total participação do público e amplidão universal do tema. Não havia assentos. Ao entrar no espaço, os espectadores já estavam participando da peça e continuavam em ação até o final. Começávamos dramatizando o início do universo a partir do *Big Bang* e terminávamos com uma dança coletiva em protesto contra a teoria do fim do universo. No diálogo entre Edgar Allan

Poe e Alexander von Humboldt, em que defendem seus pontos de vista da história, os membros do público atuavam juntamente com o elenco, cobrindo a longa trajetória da evolução, da civilização, dos perigos da militarização e da insensatez ecológica. Em cada apresentação eu me dizia: era *isto* que Piscator *realmente* queria fazer. Como o público participava do início ao fim, atuando e falando, *Eureka!* era, num certo sentido, o auge de uma experiência piscatoriana e me senti feliz de ter pelo menos uma vez experimentado a visão dele de participação total da plateia.

Red Noir é uma peça da escritora Anne Waldman que mostra o desesperado mundo criminal dos filmes *noir*. Uma detetive charmosa se envolve profundamente num intrigante caso com consequências ecológicas negativas. Contra esse ambiente, o Living Theatre seguiu o exemplo utópico de Piscator, incluindo poemas da autora para expressar ideais libertários capazes de iluminar o panorama desolador que se afigura.

Em *Korach*, o Living lida inequivocamente com as ideias de Piscator. O personagem bíblico Korach, que desafiou a autoridade de Moisés, é considerado por alguns "o primeiro anarquista da história". A questão do poder, poético e espiritual, é o tema central da peça, e um grande elenco dividido entre os israelitas e os rebeldes encenava a luta em pleno deserto. O público, sentado na área central, assistia a ação à sua volta, sobre uma plataforma circular mais elevada.

Em *History of the World* (A história do mundo), cada ator conduzia um ou mais espectadores participantes numa viagem através da história, desde a idade das cavernas até a Bela Revolução Anarquista Não Violenta.

Mas é nas oficinas de teatro que o Living organiza há muitos anos que a plena extensão de nosso processo de criação coletiva tem se realizado. Começamos com uma discussão com vinte a oitenta pessoas sobre o tema que mais as interessa. Explico então dois princípios básicos que Piscator nos ensinou no Dramatic Workshop: o princípio do teatro total e o princípio do empenho pessoal. Pedimos que formem grupos por afinidade temática tendo esses dois princípios em mente. Tendo escolhido os temas, os grupos compõem coletivamente um poema inspirado no procedimento que os surrealistas chamavam de *cadavre exquis*. Cada participante escreve dois versos sobre o tema escolhido. O seguinte só pode ler o último verso e deve continuar o pensamento a partir dali. Então, usando algumas formas teatrais que ensinamos, cada grupo cria uma cena sobre seu tema. No final, colocamos essas cenas numa sequência, criando uma peça que apresentamos logo em seguida, num determinado espaço público.

    Essas peças criadas coletivamente e apresentadas pelos participantes da oficina incluem *A Day in the Life of New York City* (Um dia na vida da cidade de Nova York), criada após os atentados de 11 de setembro e apresentada no final daquele mês e no início de outubro em várias praças públicas em Manhattan e no Brooklyn; *The Code Orange Cantata* (Cantata do código laranja), apresentada nas ruas durante o protesto criticando a Convenção Republicana de 2004 [sediada em Nova York]; e *No Sir!* (Não senhor!), encenada na ilha separadora da esquina da rua 43 com a Broadway, diante da estação de alistamento militar mais famosa do país, onde um vídeo promocional em *loop* constante se repete a cada sete minutos num telão. Criamos *No Sir!* para ser apresentada bem debaixo dele, durante a projeção de cada *loop*, contestando o vídeo do Exército e integrando-o à nossa cena antimilitarista.

    É assim que um grupo teatral, o Living Theatre, no decorrer de sua longa história tem seguido os preceitos das encenações de Piscator para expressar sua própria posição política. Mas além disso tudo, ou melhor, em seus alicerces, vive o espírito de Piscator em sua busca inexorável de formas teatrais para servir a causa maior: tornar o mundo um lugar melhor para todos mediante a arte teatral.

CONSIDERAÇÕES FINAIS:

O teatro político, a política teatral
e o teatro épico no século XXI

O que aconteceu com o teatro político no terceiro milênio? A consciência do que é "politicamente correto" tornou obrigatório que os maiores teatros europeus incluam em seu repertório um certo número de peças de tema socialmente relevante. No entanto, embora muitas dessas produções façam uso de invenções de Piscator, tais como a ruptura da quarta parede, o uso da narração e a utilização épica de filme e vídeo, demasiadas vezes carecem de um elemento essencial: o elenco empenhado, um grupo que tenha questionado os significados e a interpretação da peça e seus personagens e analisado seu significado social. Onde está então o novo teatro político? Não está ausente. Posso hoje dizer que existiu, que o vi e que participamos dele. O novo teatro político, como Julian Beck exclamava na cena final de *Paradise Now!*, está nas ruas. Sim, é ali que ele pode ser encontrado.

Durante as manifestações de massa que ocorreram em anos recentes em várias cidades onde cúpulas do G8 e da Organização Mundial do Comércio decidiam os destinos da economia mundial e a consequente questão de vida ou morte de grandes massas de gente, vimos centenas de milhares de ativistas saírem às ruas para protestar contra o capitalismo. Piscator concordaria que nosso problema político fundamental é o sistema capitalista, "com suas desigualdades e injustiças, e a pobreza e as guerras necessárias para sustentá-lo". Essas manifestações de rua são puro teatro. Em julho de 2001, quando o G8 se reuniu em Gênova, 200 mil pessoas marcharam e atuaram. Mas, infelizmente, o que fez sensação na mídia mundial foi a morte sangrenta de Carlo Giuliani, um jovem manifestante que jogou um extintor de incêndio contra um carro da polícia e morreu por isso. A mídia comercial seguiu seu lema: "onde há sangue há manchete". Para ela, derramamento de sangue é notícia e, sem sangue, a manifestação não era tão digna de nota.

Piscator nos ensinou que o propósito do teatro é diminuir ou eliminar o banho de sangue. Em seu artigo "O teatro do futuro", escrito em 1942 para a revista *Tomorrow Magazine*, ele disse:

> A guerra é odiosa para mim, tão odiosa que, depois da amarga derrota de 1918, engajei-me na luta política pela paz permanente.

Em Gênova, havia centenas de grupos representando várias causas. Ali estavam feministas, anarquistas, antimilitaristas, comunistas, socialistas, ecologistas e defensores de baleias. O tema unificador era a incompetência do capitalismo para cuidar de nossas causas prementes. Os esforços de expressão dramática eram ainda mais variados: faixas e bandeiras, fantasias e música, motes e cantos, dramatizações e pantomimas, truques tecnológicos, confete e contato com o povo, danças, acrobacias, tambores... Estavam procurando meios para exprimir com ousadia o que precisava ser dito em voz alta e sucintamente, para ser comunicado em meio ao ruído das ruas e à agitação da manifestação. Esse esforço e essa busca são fruto do trabalho de Piscator. Ele imaginava "uma rede nacional de teatros políticos". Em vez disso, ele catalisou uma rede internacional de ativistas teatrais. É mais do que ele poderia esperar.

Durante a enorme passeata dessas 200 mil pessoas e sua parafernália cênica, o Living Theatre apresentou uma peça ambulante que intitulamos *Resist Now!* (Resista agora!). Nós a criamos junto com quarenta ativistas genoveses, alguns dos quais tinham experiência teatral e outros nenhuma. Demos uma oficina de uma semana nos pavilhões ao ar livre na orla marítima de Gênova, onde centenas de outros grupos estavam preparando seus protestos. Formamos uma pirâmide de corpos que caminhava recitando os versos contra Moloch do poema *Uivo*, de Allen Ginsberg. À nossa frente seguia um contingente argentino das Mães da Plaza de Mayo, caminhando a passos lentos, com vestes sombrias, num solene lamento pelas filhas e filhos desaparecidos. Às costas, tínhamos um grupo de travestis de Berlim num carro alegórico, cobertos de plumas, pérolas e paetês, desmunhecando aos berros. A beleza disso tudo estava no fato de que esses dois grupos, as mães de luto e as bichas-loucas, estavam conscientes dos motivos das manifestações umas das outras como causas legítimas pelas quais protestavam contra os governos reunidos no G8, tanto por terem matado dissidentes como por reprimirem a liberdade sexual. Era o epítome do teatro épico ver tantos assuntos diferentes encenados na avenida, às portas do lugar de encontro das grandes potências.

Em 1930, Piscator escreveu em "O clamor pela arte": "Talvez o sentido do teatro político tenha mudado, e hoje em dia nos seja permitido agir em defesa de uma política teatral". E oitenta anos mais tarde começamos a ver isso se realizar. Em 2009 e 2010 e no início de 2011, houve protestos no Irã. Em 2011 assistimos a ações não violentas nas ruas do Egito, à ocupação da praça Tahrir, forçando a renúncia do governo tirânico e inspirando a Primavera Árabe de ações pró-democráticas do Iêmen ao Bahrain, da Síria à Líbia. No outono, em Nova York, milhares de pessoas se reuniram em Wall Street para protestar contra a ganância e crueldade de nosso sistema econômico; não somente "desigualdades e injustiças" específicas, nem somente "a pobreza e as guerras", mas o próprio sistema, que encerra todos esses abusos em si mesmo. Os manifestantes se recusaram cabalmente a limitar seu protesto a este ou aquele abuso do sistema. Ao contrário, focaram a estrutura como um todo e toda a filosofia que a sustenta. Colocaram bem à vista que a humanidade vive ainda num sistema de senhores e escravos, em que 1% da população acumula lucros à custa dos outros 99% que lutam para sobreviver.

O ideal, abolir o capitalismo, é imenso. Os pequenos passos para alcançar essa ampla visão ainda nem foram formulados... Mas o ideal é puro e profundo, como Piscator teria querido, e o mundo requer que o seja. Se este é, de fato, o início de um movimento revolucionário que transformará o mundo, não se sabe. Podemos ainda ter que enfrentar os reveses da violência e a impaciência das Forças Armadas que estão desesperadas para manter a paz social, mas tantas vezes são a causa do derramamento de sangue. Enquanto escrevo estas palavras o movimento sem líderes autointitulado *Occupy Wall Street* (Ocupe Wall Street) se espalha de cidade em cidade e de país em país. Além de Wall Street em Nova York, há ocupações, marchas e teatro de rua.

Estamos apresentando em praça pública algumas cenas de *Sete meditações sobre o sadomasoquismo político*, iniciando com a "Meditação sobre o dinheiro" e terminando com a pergunta dirigida ao público: "O que podemos fazer?" para iniciar uma discussão aberta sobre quais seriam as possíveis saídas para criarmos uma sociedade melhor. Somos um dos milhares de grupos e indivíduos que estão trabalhando para teatralizar essa causa. Sim, Piscator, finalmente em 1968 Julian Beck proclamou aquele conceito seu: "O teatro está nas ruas!". E é onde ele se encontra agora, graças à sabedoria do nosso professor.

Hoje a informação se espalha mais rapidamente do que nunca na história. Hoje as redes de comunicação superam os processos de tomada de decisão dos legisladores e das próprias autoridades que tomam as decisões, nos Estados e nas empresas. Essa é uma nova forma de vida social e política, sem precedentes. Vamos inventando o processo à medida que prosseguimos. Foi isso que Piscator nos ensinou. Não o que precisamos fazer, mas como nos tornarmos pessoas que saberão o que fazer, na cultura em constante mudança, para compreender as facetas da natureza humana, nenhuma das quais é alheia a nós mesmos, e encená-las. Para sermos capazes de fazer aquilo que Brecht disse de Piscator: "servir a humanidade com os meios do teatro".

Nova York, outubro de 2011

POSFÁCIO
Ilion Troya

Este é um livro sobre outros tempos, não muito diferentes do nosso, de migrantes e refugiados resistindo ao niilismo e ao fascismo, ao mesmo tempo que enfrentam o desconhecido com a arte e somente a arte como instrumento na luta pela sobrevivência e para superar todos os limites, como experimentado por Erwin Piscator e Judith Malina. Tendo acompanhado uma boa parte de sua vida, vi Judith amadurecer e desenvolver seu talento multifacetado como atriz, diretora, *designer*, poeta, dramaturga, ensaísta, diarista, tradutora e professora. Ao traduzir este livro, perguntei-me como ele se encaixaria no quadro mais amplo do variado corpo da sua obra. Perguntei-me por que este livro é pertinente para o nosso tempo e qual é o seu objetivo, além de ser uma última homenagem a Piscator, o mentor de Malina, fonte de sua própria missão: o Living Theatre, uma aventura épica para a vida inteira.

JUDITH E EU
Conheci Judith Malina depois da apresentação de *Rituais e visões de transformação* na praça central de Rio Claro. Conversamos em francês. Quando disse a ela que preten-

dia publicar um comentário no jornal local, ela me pediu que levasse umas cópias para seu arquivo, em São Paulo, e assim fui visitá-la. Pouco depois, chegou-me uma carta de Julian Beck convidando-me para unir-me à companhia, que estava de mudança para Ouro Preto.

Entre os livros que levei comigo constavam *O teatro e seu duplo*, de Antonin Artaud, *O teatro dialético*, de Bertolt Brecht, e *O teatro político*, de Erwin Piscator, recentemente publicados em português pela primeira vez, por volta de 1968, um ano de protestos que culminaram com o Ato Institucional nº 5, que dissolveu o Congresso, suspendeu a Constituição e impôs a censura no Brasil. Eu estudava ciências sociais em Rio Claro e, para meu desânimo, testemunhava a demissão de muitos dos meus professores, conforme o regime ditatorial ia suprimindo toda e qualquer oposição. As ciências sociais e o teatro foram particularmente atingidos pela repressão e pela censura. Meu amor pelo teatro e o anseio de atuar junto aos mais desfavorecidos em espaços não convencionalmente teatrais, como praças públicas e escolas, levaram-me a aceitar o convite e abraçar a ação direta com arte.

Tendo tido o privilégio de conviver de perto com Judith por 44 anos e com Julian durante os últimos dez anos de sua vida, laicamente integrado em sua família judaica, não houve separação entre viver e agir, viajar e trabalhar, combinando nossos talentos com as habilidades de aprender e complementar uns aos outros ao conceber peças e eventos. Além de atuar, minha vida com o Living tem me motivado a desenvolver vários dons e habilidades, tais como escrever e traduzir.

JUDITH MALINA, A ESCRITORA
Paralelamente às atividades especificamente teatrais, Judith passava a maior parte do seu tempo escrevendo, elaborando mais de um projeto literário em qualquer momento. Nas constantes turnês, ela atravessava fronteiras geográficas e culturais, observando tudo, escrevendo sempre e procurando atuar, ao menos em parte, na língua do país visitado. Oradora notável, ela expressava vividamente a natureza experimental da sua companhia errante, combinando e contrastando pensamentos surpreendentes com as pessoas que entravam em contato com ela, e em quem

muitas vezes deixou uma profunda impressão, às vezes marcando um ponto de viragem nas opiniões delas.

Seus diários pessoais foram, inicialmente, um seguimento do caderno em que anotou suas primeiras aulas com Piscator. André Gide e outros diaristas influenciaram o estilo e o método que ela desenvolveu para manter um contínuo fluente e pessoal, que também serve como registro diário da história do Living Theatre. Muito pouco sobre ela é deixado para a ficção, pois uma pesquisa mais aprofundada nas anotações que ela deixou mostra tudo registrado, em grandes planos ou em detalhes, do que quer que tenha acontecido a ela e ao Living, dia por dia. Muito mais interessante e inesperada do que qualquer ficção é a vida que brota dessas páginas, refletindo a interessante companhia que ela manteve e a vasta comunidade de artistas de vanguarda de quem foi exímia cronista.

Constantemente deixado de lado quando o trabalho de direção de uma nova produção a sobrecarregava, seu diário tinha que ser retomado mais tarde, o que exigia dela manter um calendário instantâneo do que acontecia: uma única linha por dia, em letra pequena, com tinta preta. Na estrada, de caneta na mão, ela cumpria a tarefa de recuperar os acontecimentos dos dias anteriores. A longo prazo, esse calendário de uma única linha, que ela manteve fielmente, tornou-se um dispositivo muito útil para retraçar a vida do Living e um índice sempre atualizado dos seus diários, facilitando a tarefa de descobrir o que aconteceu em qualquer dia.

Derivado do seu calendário de uma linha só e do calendário lunar do judaísmo, com uma verve poética exercitada na arte do acaso, ela escreveu um verso sobre o que quer que "nós, o Living Theatre", fizemos na lua cheia de cada mês. Depois de 50 anos, ela reuniu a companhia para uma leitura completa numa passarela pública, Anita's Way, perto de Times Square, onde os atores e atrizes leram, ao microfone, um por um, a ladainha de luas cheias, para pessoas que iam passando, um tanto confusas, enquanto outras ficavam intrigadas, paravam para ouvir, e sorriam. Esse poema incomum foi seu segundo livro de poesias de 2015: *Full Moon Stages – Notas pessoais de 50 anos do Living Theatre*, publicado postumamente.

Algumas peças que ela produziu e que foram depois publicadas incluem longos ensaios escritos por ela, tais como "Dirigir *O cárcere*", junto ao texto de Kenneth H. Brown; ou em sua própria tradução da *Antígona* de Brecht. E suas notas de direção foram posteriormente incluídas em antologias, como a "Carta para as criadas" da peça de Genet; suas "Notas sobre o *Desejo agarrado pelo rabo*", de Picasso; *Sweeney Agonistes*, de T. S. Eliot; e *Faustina*, de Paul Goodman, entre outras.

Além dos seus cadernos de direção, ela manteve outros cadernos com anotações em letra pequena e esboços ilustrando as configurações e agrupamentos no palco, em alguns casos seminais, como sua *Antígona*, detalhando cada movimento coral ou gesto dos atores, frase por frase. Em outros, como o seu livro de direção da *Torre do dinheiro*, ela segue, segundo por segundo, o método da cronometragem da gravação de Meyerhold para coordenar a trilha sonora entre canções e as marcas de ação com os movimentos biomecânicos precisos dos diferentes grupos de atores representando as classes sociais, numa estrutura piramidal de cinco níveis, como palcos sobrepostos.

Ao dirigir a maioria das produções do Living Theatre, Judith imprimia o compromisso de Piscator com a responsabilidade social em cada um de seus atores. Atuando seja no palco, em cenografias que ela ou Julian Beck tinham projetado, ou em espaços alternativos, os atores do Living cobriam outras especialidades técnicas e artísticas, mas todos se empenhavam nas causas abraçadas pelo grupo, o que transparecia nas peças e manifestações.

Julian Beck, embora não tenha estudado no Dramatic Workshop, seguiu fielmente cada uma das suas produções, absorvendo grande parte daquilo que os professores extraordinários – Leo Kerz, Paul Zucker, Hans Sondheimer, Eric Bentley, em sua maioria grandes artistas refugiados da Europa em guerra – partilhavam, da mesma forma que seus mentores no círculo de Peggy Guggenheim, do qual participava como jovem pintor e onde conheceu Max Ernst, André Breton, Duchamp, Léger, Tanguy, Mondrian, Chagall, Matta e outros.

Se me atrevo a comparar, o Dramatic Workshop na New School foi para o teatro de vanguarda norte-americano o equivalente ao que a galeria de Peggy Guggenheim, Arte deste Século, foi para os pintores de ação da escola do expressionismo abstrato de Nova York, no sentido que ambos projetaram a nova arte americana no cenário internacional do pós-guerra. O teatro norte-americano, diretamente influenciado pelo influxo de artistas europeus refugiados do nazismo, muitos deles professores e estudantes de Piscator, ficou conhecido em todo o mundo como uma esperança: Lee Strasberg, Stella Adler, Eric Bentley, Herbert Berghoff, Tennessee Williams e o Living Theatre.

Judith há muitos anos me falava das anotações juvenis de suas aulas no Dramatic Workshop de Piscator como um dos seus projetos literários: torná-las um livro didático. Em 1983, quando o Living chegou da Europa para atuar em Nova York, fui morar em seu apartamento, na avenida West End. Certo dia ela me levou para a salinha do arquivo e me mostrou o manuscrito original. Lendo-o, fiquei impressionado ao perceber como ela já era sábia aos 18 anos e como pouco mudou em sua visão mais profunda no tocante à ética, à política, ao gosto artístico e ao seu desejo primordial de constituir uma companhia teatral que fosse um coletivo de artistas.

A FIDELIDADE DE MALINA A PISCATOR

Muitos livros foram escritos sobre Piscator. Comentando a iniciativa de traduzir este livro para o alemão, Beate Hein afirmou: "O *Caderno de Piscator* pode não ser a última palavra sobre Piscator ou sobre o seu trabalho, mas são a interação particular de Judith Malina com Piscator e o compromisso dela em relação às ideias e ideais dele no trabalho do Living Theatre que tornam este livro tão especial".

Pierre Biner, que o traduziu para o francês, disse:

> Este livro, construído em torno das fervorosas anotações de Judith Malina, aos 18 anos, enquanto estudava com Piscator, é um testemunho em primeira mão de uma estudante dotada sobre uma das principais figuras do teatro do século XX, validado historicamente pela estima que Brecht depositava em Piscator e pela influência exercida por ele sobre tantos criadores teatrais de ontem e de hoje. Judith Malina

aprendeu com Piscator o compromisso social e as enormes exigências que ela inculcaria em seu próprio trabalho. Essa evocação, tão vivaz e incomparável, me pareceu digna da longa tarefa de traduzir um livro sem saber, de antemão, se poderia interessar algum editor.

Enquanto assistia a uma série de aulas magnas de Judith Malina no Rio de Janeiro, em 2008, uma jovem atriz brasileira ficou surpresa ao ouvi-la falar, a maior parte do tempo, de Piscator, em vez de mencionar o Living Theatre. Também lecionando Judith transmitia intencionalmente as lições básicas aprendidas com o diretor mais inovador do século XX, e não só os fundamentos da arte como também da consciência social. Manter a tradição, a mesma que ela pode até ter transgredido, mas que transmitiu, intacta, às novas gerações de gente de teatro.

Certa vez ouvi Larry Loonin, um ator que ela dirigiu em *O cárcere*, mais tarde professor de teatro no City College, dizer a ela depois de ouvi-la falar de Piscator: "Mas Judith, o Living Theatre é muito mais importante do que Piscator!". Ao que ela respondeu, firme e séria: "Oh, não! Não é".

Ao ensinar na Universidade de Nova York, na Universidade Columbia, na Universidade Paris VIII, na Universidade de Bolonha, na Academia Nacional de Drama em Roma, no Odin Teatret em Holstebro, na Casa das Artes de Laranjeiras no Rio de Janeiro, no Centro Cultural São Paulo, no Festival Internacional da Unicamp e no Festival de Inverno de Ouro Preto, ela sempre pautou o compromisso do ator de ser fiel àquilo em que acredita pessoalmente com a mais profunda responsabilidade humana. Essa tradição vem de Piscator e, através dele, de Yevgeny Vakhtangov, Vsevolod Meyerhold, Ernst Toller, Brecht (ela dirigiu quatro de suas peças) e Stanislavski, segundo ela nessa ordem de importância.

Em 1996, enquanto fazia uma turnê pela Alemanha com *IchundIch*, de Else Lasker-Schüler, a peça expressionista alemã que ela traduziu com a dramaturga Beate Hein, o Living Theatre atuou na Akademie der Künste, em Berlim. Nos momentos livres, Judith podia ser sempre encontrada pesquisando na coleção de Piscator da biblioteca, segundo

Beate me contou. A incansável aluna daquela figura de pai teatral que formou seu gênio e espírito continuava à cata de tesouros deixados pelo mestre para compor este livro, seu último tributo a ele.

E quando ela voltou à Akademie, em 2006, durante a anunciada *Noite com Judith Malina* e a celebração de seus 80 anos, mais uma vez mergulhou na coleção de Piscator naquela Berlim que viu o seu início e a sua carreira afinal bem-sucedida, num palco que recebeu contínuas visitas do Living Theatre com as peças que dirigiu, como *Frankenstein*, em 1964, *Paradise Now!*, em 1968, e assim por diante, até a mais recente, sua remontagem de *O cárcere*, em 2008, pela qual ganhou o Obie (prêmio anual para o teatro Off e Off-off-Broadway, promovido pelo jornal *The Village Voice*, em Nova York). Todas essas peças eram, de certa forma, extensões da criatividade e propósito, forma e conteúdo, mente e alma de Piscator.

Ter sido dirigido por Judith, ter atuado com ela, ter procurado trabalho para ela, ter procurado publicá-la, ter editado e traduzido textos com ela, ter desenhado cenários e pesquisado com ela, ter ido assistir a velhos filmes mudos do expressionismo alemão com ela, tê-la acompanhado em visitas a museus e ao teatro, ao longo de quatro décadas, foram experiências igualmente emocionantes para mim porque foram compartilhadas com ela, com seu conhecimento delicioso e nítido e sua visão profunda. Como diz Brad Burgess, ator e diretor-executivo do Living Theatre: "Quando você menos esperava, Judith dizia algo que podia mudar a sua vida para sempre". E é verdade, com muita ousadia e uma vontade tenaz ela exercia uma força centrípeta que mantinha viva a sua galáxia: sua determinação. Porque a vida, embora linda, é difícil e frágil. Apesar das contrariedades, ela seguia sempre adiante buscando tornar tudo, como escreveu, parafraseando Stanislavski: "Um mundo teatral, mais solto, mais elevado e mais alegre!".

A poesia era o cerne do seu ser, assim como era o de Julian. Escreveram peças juntos, leram poesia juntos e com Allen Ginsberg, Gregory Corso, Lawrence Ferlinghetti, Diane Di Prima, Jean-Jacques Lebel, Amiri Baraka, Ira Cohen, Michael McClure em Nova York, na Europa... Sua poesia e prosa, seu teatro ou seus ardentes discursos públicos os revelavam observadores afiados da realidade.

Os dois últimos livros que Judith publicou, ambos de poesia, datam de 2015, ano de sua morte: *Having Loved* (Ter amado), em janeiro, e postumamente *Full Moon Stages* (Cenas da lua cheia). Julian Beck condensou em um verso a essencialidade do poeta: "É uma das coisas mais importantes do mundo esta questão da poesia". Piscator admirava Judith como poeta, pedindo-lhe versos para serem cantados em suas produções, e nisso a poeta fazia inveja à atriz dentro de si mesma. De maneira renovada, a sinergia do esforço coletivo e a essência realista mágica de Vakhtangov em Piscator, que se difundiu na obra do Living Theatre, tudo é poesia.

Estilisticamente, no conjunto da sua obra, *O caderno de Piscator* sai depois e em linha com os numerosos ensaios de Judith Malina: "Dirigir *O cárcere*", "Carta às criadas", seu prefácio de *Antígona*; e também com suas notas de direção referentes às peças que ela produziu, tais como *O desejo agarrado pelo rabo*, de Pablo Picasso; *Sweeney Agonistes*, de T. S. Eliot; *Faustina*, de Paul Goodman; e *Teatro do acaso*, a versão de Ezra Pound para *As traquínias*, de Sófocles; e *A donzela casadoira*, de Jackson Mac Low, com trilha musical de John Cage.

Longas entrevistas publicadas em forma de livro, como a que deu a Jean-Jacques Lebel, *Entretiens avec le Living Theatre* (Entrevistas com o Living Theatre), e outra mais notável a Cristina Valenti, publicada em 1995 em Milão, *Conversazioni con Judith Malina: arte, anarchia, Living Theatre,* um requintado diálogo ao longo de mais de dois anos com uma professora da Universidade de Bolonha, que contém mais de sessenta referências a Piscator.

Sua prolífica imaginação e devoção como escritora era o elemento constante na vida do Living, sempre em movimento. É longa a lista de publicações em forma de livro e de artigos publicados em revistas, jornais e na imprensa alternativa. E um farto tesouro de seus escritos permanece inédito. Foi uma diarista exímia, oradora requisitada, professora universitária e conferencista excelente, instrutora de oficinas teatrais, vencedora de numerosos prêmios e doutorados honorários, e a maior parte de seus trabalhos escritos ainda está para ser descoberta.

Na noite de gala da publicação do novo livro, em 10 de maio de 2012, na New School of Drama, obtive minha cópia autografada. Judith leu algumas passagens para um público fascinado, naquele palco onde tinha atuado com Piscator. Li o livro imaginando como soaria em português. Ao ouvir Judith dizer que Pierre Biner o estava traduzindo para o francês, procurei-o e começamos a nos corresponder. Ao longo dos anos, várias vezes comparamos traduções. Como também Beate Hein tinha começado a traduzir o livro para o alemão, trocamos notas ao longo do caminho, o que tornou nossa caminhada menos solitária nessa longa estrada.

Com o falecimento de Judith, este livro galga uma nova dimensão, como seu último legado de teoria teatral. Faz parte de uma imensa obra publicada, e de um todo em grande parte inédito: a maior parte dos seus diários e muitas peças há muito prontas para serem publicadas, como *Frankenstein*, aguardam editores. Seus livros de direção teatral, ensaios, cadernos, desenhos etc. constituem um tesouro aberto à pesquisa, espalhado por diversas bibliotecas: nos Estados Unidos, na Beinecke Library da Universidade Yale; na Universidade da Califórnia em Davis; na New York Public Library for the Performing Arts, situada no Lincoln Center; na Suíça, no Centro Internacional de Pesquisas sobre o Anarquismo (Cira), em Lausanne; na França, na Bibliothèque Nationale de France e na Bibliothèque de l'Arsénal, em Paris; na Itália, na Associazione Culturale L'Orsa, em Turim; em Milão e na Fondazione Morra, em Nápoles. Além dos filmes e inúmeros vídeos, muitos dos quais disponíveis na internet, é nos documentos escritos que Judith Malina e Julian Beck, autores extraordinários, deixaram registrada sua marca indelével no teatro do século XX, ele, e até o XXI, ela. Seu ímpeto ardente é um exemplo que continua a despertar o entusiasmo das novas gerações de atores e pessoas atuantes. A luta continua...

O ÚLTIMO ANO DE JUDITH
Ela conduziu os ensaios e apresentações da sua última peça, *Sem lugar para se esconder*, contra todas as adversidades: sem teatro, morando longe, mal ouvindo e enxergando mal. Numa cadeira de rodas, mas dirigindo e

atuando. Escrita para estrear no inverno, a peça foi concebida como um espaço em teatro de arena, mas a maioria dos espectadores se juntava aos atores, num jogo cênico totalmente participativo, um jogo de esconde-esconde para adultos. O entusiasmo da juventude reunida em 2014 pelo Living foi suficiente para adaptá-la aos espaços públicos desde o Central Park até Washington Square, chegando ao jardim suspenso, a High Line ao longo do rio Hudson, ao pôr do sol. Em todos os lugares atraiu, dentre uma multidão de transeuntes, um público cativo que participou vividamente. Teatro. Desafiante, otimista, vivificador, aberto, público, festivo, sábio, gratuito. Até o final, mesmo aos 88 anos, Judith nunca faltou a uma apresentação. Eloquentemente, era dela a última fala:

> *Não podemos nos esconder da verdade porque sabemos o que é a verdade.*
> *Estamos por acaso nos escondendo de uma mentira?*
> *Da mentira de que não sabemos o que é a verdade?*

EFUSIVOS AGRADECIMENTOS
Traduzir este livro foi uma aventura partilhada, de maneira especial, com Pierre Biner e Beate Hein, tradutores para o francês e o alemão, respectivamente. Pierre foi membro do Living e esteve no Brasil. Além de escrever um livro muito popular, *Le Living Theatre*, publicado em português, inglês e italiano, fez publicar *O legado de Caim: projeto do Living Theatre no Brasil*. Trocamos notas e comentários e esclarecemos passagens obscuras entre nós. Sou muito grato pelo seu companheirismo ao longo desta longa estrada.

Agradeço sinceramente a todos aqueles que leram minha tradução e me enviaram suas preciosas sugestões, apoio e conselhos de valor inestimável: Adriana Figueiredo, Márcia Abujamra e Natália de Campos. Agradeço também a outras pessoas envolvidas na concretização deste projeto de livro: Inês Cardoso, Andrea Caruso Saturnino, Sérgio Mamberti, Garrick Beck e Tom Walker.

Nova York, 9 de setembro de 2017

BIBLIOGRAFIA

OBRAS DE JUDITH MALINA

Diários
Diaries 1947-1957. Nova York: Grove Press, 1984.
The Enormous Despair. Nova York: Random House, 1972. Diários da turnê norte-americana de 1968-69.
Living Heisst Leben Theater. Imke Buchholz e Judith Malina, Munique: Trikont Verlag, 1978. Citações dos diários de 1977 na Alemanha.
Diário de Judith Malina: o Living Theatre em Minas Gerais. Belo Horizonte: Secretaria de Estado de Cultura de Minas Gerais, 2008. Parte final dos diários do Brasil. Inclui posfácio de Ilion Troya "Sobre o Living no Brasil" e uma cronologia das produções do Living Theatre. Edição limitada.
The Piscator Notebook. Londres: Routledge, 2012.

Poesia
Poems of a Wandering Jewess. Paris: Handshake Editions, 1982, 1984.
Love and Politics. Detroit: Black & Red, 2001.
Having Loved. Silverton: Oregon, Fast Books, 2015.
Full Moon Stages: Personal Notes from 50 Years of The Living Theatre. Nova York: Three Rooms Press, 2015.

Peças teatrais
Not in My Name. Ato teatral de protesto contra a pena de morte, 1994.
No, Sir! Ato teatral antimilitarista diante da estação de recrutamento das Forças Armadas em Times Square, 2006.
Eureka! Hanon Reznikov, concluída por Judith Malina, 2008.
Korach, 2010.
History of the World, 2012.
Here We Are, 2013.

Peças teatrais com Julian Beck, publicadas
"Mysteries and Smaller Pieces", in John Lahr, *The Great American Life Show*. Nova York: Bantam Books, 1974.
"Mysteries and Smaller Pieces", in *Il lavoro del Living Theatre*. Milão: Ubu Libri, 1982. Título original: *The Autobiography of the Living Theatre (Materials 1952-1969)*, vol. I.
Paradise Now. Turim: Einaudi, 1970.
Paradise Now. Nova York: Random House, 1971.
Raj Teraz. Polônia: publicação clandestina, sem data.
Le legs de Caïn: créations collectives du Living Theatre au Brésil. Paris: Bélibaste, 1972. Texto de três peças criadas no Brasil em 1970-71.
La herencia de Caín. Madri: Edicusa, Cuadernos para el Diálogo, 1975.
Seven Meditations on Political Sadomasochism. Boston, *Fag Rag*, VI – Fall-Winter 1973.
Siete meditaciones sobre el sadomasoquismo político. Buenos Aires: Primer Acto, 1974.
Sette meditazioni sul sadomasochismo politico. Turim: Centro Anarchico di Documentazione, 1976.
Sieben Meditazionen über den politische Sadomasochismus. Munique: Trikont Verlag, 1978.

Tradução
Sophocles' Antigone adapted by Bertolt Brecht. Baseada na tradução alemã de Friedrich Hölderlin, traduzida para o inglês por Judith Malina. Nova York: Applause Theatre Book, 1990.

Ensaios, prefácios e notas de direção
"Directing *The Brig*", in Kenneth Brown, *The Brig*. Nova York: Hill & Wang, 1965.
"Cuaderno de dirección de *La prisión*", in Kenneth Brown, *Living Theatre: La Prisión*. Madri: Edicusa, Cuadernos para el Diálogo, 1972.
"Diary Excerpts", in Karen Malpede, *Women in the Theatre*. Nova York: Limelight Editions, 1983.
"The Work of an Anarchist Theatre", in Mark O'Brien e Craig Little, *Reimagining America, The Arts of Social Change*. Filadélfia: New Society Publishers, 1990.

"From the Brazilian Diaries", in *Heresies*, vol. 3, n. 1, Nova York, 1980. Citações dos diários de 1970-71.

"Manicomio", in *The Drama Review*, New York University, vol. 22, n. 2, jun. 1978. Sobre o trabalho do Living em hospitais psiquiátricos na Europa.

"Foreword", in *The Life of the Theatre: The Relation of the Artist to the Struggle of the People*, de Julian Beck, 2. ed., 1986.

"Notes", in *Theandric*, de Julian Beck, ed. Erica Bilder, 1992.

"Prefazione", in *Theandric. Il testamento artistico del fondatore del Living Theatre*. Roma: Edizioni Socrates, 1994.

"Estrati dai Diari di Judith Malina", in Hanon Reznikov, *Quattro spettacoli del Living Theatre*, Lecce, Piero Manni, 2000. Inclui as peças *O método zero, Anarquia, Utopia* e *Mudanças do capital*. Ed. bilíngue italiano e inglês.

"Extracts from the Diaries of Judith Malina", in *Living on Third Street – Plays of the Living Theatre*, Hanon Reznikov, ed. Cindy Rosenthal. Nova York: Autonomidia, 2008.

OBRAS CONJUNTAS DE JULIAN BECK E JUDITH MALINA

Livros de entrevistas e entrevistas em periódicos

We, the Living Theatre, a Pictorial Documentation. Gianfranco Mantegna com Aldo Rostagno. Nova York: Ballantine Walden Editions, 1969. Fotos de espetáculos e da vida comunitária nos anos 60 na Europa. Contém entrevistas de Judith Malina, Julian Beck e outros membros da companhia.

Entretiens avec le Living Theatre. Jean-Jacques Lebel. Paris: Éditions Pierre Belfond, 1969. Inclui entrevistas de Judith Malina, Julian Beck e outros membros da companhia.

Il lavoro del Living Theatre (Materiali 1952-1969). Milão: Ubu Libri, 1982.

"Messages", in Toby Cole e Helen Krich Cinoy, *Actors On Acting*. Nova York: Crown, 1970.

"The Kiss of the Lash", in *OZ Magazine*, n. 29, Londres, jul. 1970, conversa com Danne Hughes. Entrevista sobre a libertação da mulher e a dominação sadomasoquista do patriarcado.

"Tamos aí, bichos!", in *O Pasquim*, n. 66, Rio de Janeiro, 23 set. 1970, coluna "Underground" de Luiz Carlos Maciel. Extensa entrevista que tornou o Living conhecido em todo o Brasil.

Capítulos ou menções em livro
BROOK, Peter. *The Empty Space*. Nova York: Atheneum, 1968.
CHAIKIN, Joseph. *The Presence of the Actor*. Nova York: Atheneum, 1972.
CROYDEN, Margaret. *Lunatics, Lovers & Poets: The Contemporary Experimental Theatre*. Nova York: McGraw-Hill, 1974.
DE MARINIS, Marco. *Il Nuovo Teatro*. Turim: Bompiani, 1987.
JACQUOT, Jean. *Les voies de la création théâtrale – The Brig, Frankenstein, Antigone, Paradise Now*. Paris: Éditions du Centre National de la Recherche Scientifique, 1970, p. 171-270.
MALPEDE, Karen. *People's Theatre in Amerika*. Nova York: Drama Book Specialists/Publishers, 1972. Comentários e documentos.
_____. *Women in Theatre, Compassion and Hope*. Nova York: Limelight Editions, 1983.
MOLINARI, Cesare. *Storia di Antigone*. Bari: De Donato, 1977.
PASOLINI, Pier Paolo. "Manifesto per un Nuovo Teatro". In BREVINI, Franco. *Per conoscere Pasolini*. Milão: Mondadori, 1981.

Artigos em antologias sobre Judith Malina e o Living Theatre
"The Beautiful, Non-Violent Pacifist Revolution: Judith Malina", Ashby, Romy e Foxy Kidd, in *Goodie* 36, 2008, p. 4-26.
ROSENTHAL, Cindy. "Judith Malina and the Living Theatre: Storming the Barricades and Creating Collectively". In SYSSOYEVA, K. e PROUDFIT, S. (org.). *Women, Collective Creation, and Devised Performance*. Nova York: Palgrave Macmillan, 2016.

REFERÊNCIAS COMPLEMENTARES

BROWN, Kenneth H. *The Brig*. Nova York: Hill and Wang, 1965.

COLE, T. e CHINNOY, H. K. (org.). *Actors on Acting*. Nova York: Crown, 1949.

DEAN, Alexander. *Fundamentals of Play Directing*. Nova York: Farrar & Rinehart, 1941.

DRAIN, Richard (org.). *Twentieth-Century Theatre: A Sourcebook*. Londres: Routledge, 1995.

GASSNER, John. *Masters of the Drama*. Nova York: Random House, 1940.

HAARMANN, Hermann. *Erwin Piscator und die Schicksale der Berliner Dramaturgie*. Munique: Wilhelm Fink, 1991.

HOWARD, Roger (org.). *Culture and Agitation*. Londres: Action Books, 1972.

KIRFEL-LENK, Thea. *Erwin Piscator im Exil in den USA*. Berlim: Henschel, 1984.

LEY-PISCATOR, Maria. *The Piscator Experiment*. Carbondale: Southern Illinois University Press, 1967.

PISCATOR, Erwin. *Das politische Theater*. Berlim, 1929.

REICH, Bernhard. *Im Wettlauf mit der Zeit*. Berlim: Henschel, 1970.

WILLETT, John. *The Theatre of Erwin Piscator*. Nova York: Holmes & Meier, 1979.

ÍNDICE REMISSIVO

11 de Setembro 284
1968, acontecimentos de 51, 195, 268, 288

Abba, Marta 227, 228
ação de fundo 152
Actor's Studio 40, 230
adereços 30, 31, 33, 83, 88, 194, 208, 265, 267, 276
Adler, Frances 46, 62, 225
Adler, Stella 11, 31, 44, 46, 69, 122, 197, 216, 230, 293
Agamêmnon 204, 212, 220, 221
Age of Anxiety 258
agitprop 22, 26
Akademie der Künste, Berlim 45, 209, 234, 242, 244-246, 294
Alemanha; retorno à 193, 221, 225, 226, 237, 238, 240, 241, 253
alfabeto fonético 168
All the King's Men 38, 59
All-Stars Project 255
Anarchia 38
Anarquismo 10, 12
antifascista 41
Antígona 204, 213, 226, 231, 239, 258, 267, 268, 292, 296
antissemitismo 250, 262
Apocalypse Now 46
Apple, The 263
Aquele que diz sim e aquele que diz não 255
Archaeology of Sleep, The 274
Arena: The Story of the Federal Theatre (Flanagan) 249
aristocratas, Os 40, 217-219, 221
Aristófanes 180, 194, 204
Aristóteles 74, 169, 207
Art of this Century, galeria 196
arte e realidade 226, 227
arte alemã 116
arte barroca 34, 83, 92, 107
arte espanhola 127

arte flamenga 136
arte francesa 157
arte inglesa 168
arte norte-americana 176
arte renascentista 79, 92, 93, 127
arte veneziana 106, 107
Arthur, Bea 36, 46, 47, 53
Assunção de Hannele, A 44, 88, 181, 216
ativismo antiguerra 39
atores convidados 153
atuação biomecânica 22,
atuação objetiva 18, 39, 229, 230, 233-236, 241, 257
Auden, W. H. 40, 50, 258
aula de cenografia 102, 114, 125, 135, 142, 155, 159
aula de dança 90, 109, 122, 125, 135, 140, 142, 151, 156, 162, 167, 172, 175
aula de direção 100, 110, 123, 134, 141, 143, 152, 163, 173
aula de estilos através das eras 106, 116, 127, 136, 157
aula de figurinos 94, 118, 132, 137, 169
aula de história e sociologia do teatro 12, 3 4, 80, 82, 84, 94, 137, 202
aula de interpretação (a partir de textos, Weiler) 97, 104, 115, 125, 126, 132, 135, 143, 157, 161, 170, 175
aula de interpretação (improvisação, Ben-Ari) 81, 95, 132, 159, 169
aula de maquiagem 71, 99, 109, 123, 133, 141, 152, 163, 172
aula da marcha do drama 40, 44, 75, 79, 80, 85, 86, 88, 93, 97, 102, 110, 113, 120, 124, 133, 138, 150, 154, 165, 171, 174, 179, 195-197, 201-203, 206-208, 214, 215, 220, 221, 225

aula de pantomima 78, 83
aula de peças em cartaz 99, 109, 134, 152
aula de pesquisa teatral 87, 101, 111, 124, 141, 153, 206, 211
aula de voz 80, 89, 95, 103, 115, 116, 125, 128, 132, 135, 137, 142, 156, 158, 159, 168, 175-177
Autos da Paixão 83
Aventuras do bravo soldado Schweik, As 24, 27, 262

Baker, Virginia 72, 75, 86, 88, 110, 113, 172
balcão, O 254, 266
balé 77, 83, 90, 91, 109, 155, 166, 167, 256
bandidos, Os 18, 19
Barba, Eugenio 249
Bartenieff, George 11, 37-39
Barter Theatre 17
Basserman, Albert e Elsa 238
Beauvoir, Simone de 184, 224, 225
Beck, Isha Manna 234, 235
Beck, Julian 9, 12, 13, 14, 133, 188, 196, 212, 215, 219, 226, 227, 237, 240, 255, 256, 259, 260, 263, 265, 271, 273, 274, 282, 285, 288, 290, 292, 296, 297, 301, 302, 317, 318
Becque, Henry 87
Beggar Bar 54-56, 171
Bela Revolução Anarquista Não Violenta 269, 283
Belafonte, Harry 11, 47, 53, 64
Ben-Ari, Raikin 32, 69, 75
Bentley, Eric 51, 223, 247-250, 278, 292, 293
Benton, Gene 113, 121, 124
Berger, Anna 39, 41, 62, 214, 217
Berghof, Herbert 11, 30, 31, 69, 97, 98, 122, 230, 293
Bergner, Elizabeth 91, 221
Berliner Ensemble 242, 263
Bernhardt, Sarah 88
Beyond the Mountains 256

Bigge, Evelyn 157
Blank, Steffi 52, 95, 114, 124
Blue, Alice 95, 109, 175
Blusões Azuis 22
Boal, Augusto 254, 280
Body of God, The 277
bolsa de estudos 39, 54
Bovasso, Julie 257
Braille, Helen 96, 152
Brancusi, Constantin 220
Brando, Marlon 11, 43-46, 53, 61, 216
Brando: The Biography (Manso) 43
Brandt, Willy 244
Brasil 13, 188, 269, 270, 271, 280, 290, 298, 300, 301, 303
Brecht, Bertolt 10, 14, 17, 18, 24, 27, 28, 55, 70, 174, 193, 205, 214, 223, 226, 232, 238, 239, 242, 244, 250-253, 255, 263, 267, 268, 288, 290, 292-294, 301
Brig, The 38, 264, 301, 303, 304
Brixel, Harald 52
Broadway 17, 28-31, 33, 35, 38, 40, 53, 54, 71, 72, 74, 76, 82, 89, 99, 123-125, 128, 133, 134, 154, 156, 160, 161, 200, 215, 216, 223, 226, 228, 251, 259, 284, 295
Brod, Max 24
Bury the Dead 125
By Any Other Name 197

cabaré 55, 86, 226, 254, 263, 277
Cacarro, Gloria 114
cadavre exquis 284
Cage, John 257, 262-263, 265, 296
câmera lenta 270
Cândida 155
Čapek, Karel 205, 240
Capitol Theatre Building 240
Carnovsky, Morris 87
Carricart, Bob 86, 101, 153, 163
Cartoucherie de Vincennes 254
Caso Oppenheimer, O 245, 247
Castillo Theatre 255

305

Cave at Machpelah, The 261
cenário altamente tecnológico 251
cenário de gabinete 103
cenário móvel 255
cenário simples 24, 174, 179
cenas de multidão 140, 150, 211
cenografia *ver também* aula de cenografia 12, 33, 35, 76-78, 80, 83, 88, 102, 103, 114, 125, 133, 135, 139, 140, 142, 155, 159, 166, 174, 199, 202, 208, 292
Chandler, Anna Curtis 176
Charney, Harriet 101, 109, 125, 150, 163, 164
Cherry Lane Theatre 40, 197, 256
Childish Jokes 255
Children's Hour, The 126
círculo de giz, O 26, 30, 36, 194, 221, 222
círculo de giz caucasiano, O 174, 223
Civilização material, economia e capitalismo (Braudel) 281
Clark, Barrett H. 121
classe, questões de 50, 95, 118, 128-131, 175, 210, 222, 231, 235, 239, 241, 251, 266, 271, 272, 276, 282, 292
classicismo 84
Cocteau, Jean 259
Code Orange Cantata, The 284
Coleman, Charlie 96, 133, 138, 170, 171, 174, 176, 178, 179
Coletividade 230, 252
Colin, Saul 62, 184, 247, 248
comédia 35, 47, 96, 123, 126-129, 131, 151, 153, 154, 171, 174, 175, 197, 204, 205
Comitê de Investigação de Atividades Antiamericanas 43
commedia dell'arte 83, 154, 161, 162, 204, 230
composição de elenco 101
comunicação 13, 230, 235, 247, 258, 264, 288

comunismo 10, 12, 43, 249,
Connection, The 261
Conselho de diretores 87, 101, 110, 124, 134, 141, 153, 164, 173, 202
Conselho dos Trabalhadores Teatrais 237
Construtivismo 258, 277
controle da respiração 57, 77, 80, 93, 95
controvérsia 23, 224, 254
Cooper, Mae 44
Corn Is Green, The 194
corvos, Os 87, 91, 101
Coward, Noël 89, 128, 209
criadas, As 245, 265, 266
crianças, adaptações para 119, 195
criatividade: interpretação; direção 73, 233, 295
crítica 53, 72, 74, 76, 87, 88, 102, 113, 124, 154-156, 160, 165, 170, 173, 179, 203, 205-209, 219, 226, 260
cummings, e. e. 200
Curly, Laura 171
Curtis, Tony 37, 47, 54, 61, 64
custos de produção 31, 141

dadá 21, 256
dança 12, 40, 55, 75, 77, 83, 90, 98, 99, 104, 109, 113, 115, 122, 125, 133, 135, 140, 142, 151, 156, 162, 167, 172, 175, 202, 203, 212, 282, 286
Dangerous Corner 176
Davenant, William 103
Day in the Life of New York City, A 284
Dean, Alexander 79, 110, 134, 261
Declaração de Direitos dos Militares 52
Deeter, Jasper 76
desejo pego pelo rabo, O 256, 257
desenhos de cenários 166
despedida, cenas de 144
despertar de Tai Yang, O 25, 26, 221

destruição da torre de dinheiro, A 271
Deutsches Theater 221, 238
Diaghilev, Sergei 37
dialético (hegeliano), pensamento 74
diálogo adicional 138
"diálogo da manequim e do jovem, O" 256
Dibuk, O 197
Dionysus in '69 255
direção: criatividade; resultado; técnica; livros sobre 79, 134, 163, 167, 261, 292, 297
direção de resultados 42
direção técnica 173
disciplina 41, 111, 124, 195, 197, 203, 205, 263
Doctor Faustus Lights the Lights 256
documentário, peças/material 23, 24, 131, 217, 224, 280, 282
doente imaginário, O 87, 109, 110, 113, 120, 181, 194-197
Draghi, Priscilla 36, 87, 133, 145, 222, 228
Dramatic Workshop; 5, 11, 12, 18, 21, 26, 30, 33, 35, 36, 38, 44, 45, 57, 58, 61, 66, 79, 86, 90, 96, 110, 155, 179, 182, 195, 197, 200, 201, 203, 206, 210, 216, 221, 222, 227, 230, 233, 236, 239, 240, 247, 249, 251, 259, 276, 280, 283, 292, 293
primeiras peças; 194
fundação do; 29
ex-alunos; 53, 134, 253
dificuldade para entrar no; 54
estudantes; 37, 39, 43, 46, 52, 53
professores; 31
Dramatic Workshop II 55, 189, 194, 240
Dramatic Workshop infantil 113
Dramatic Workshop juvenil 37
dramaturgia apresentacional 114
dramaturgia representacional 114

Dray Matones 197
Dream of Water, A 282
Dublin, Darren 44, 113, 120
Dullin, Charles 224
duquesa de Malfi, A 114
Dyer, Chouteau 32, 33, 75, 78, 85, 86, 88, 100, 124, 194, 217, 222, 236
Dyrenforth, Harold 151, 154

Echoes of Justice 278
Edelman, Richard 215
Édipo Rei 173
Edison, Edna 110
efeito cômico 118, 171
Electra 47, 49, 50, 153, 156, 158, 181, 194, 209, 223, 225, 276
Electra e os fantasmas 49, 194, 209
elementos técnicos 198
Eliot, T. S. 257, 292, 296
elisabetano, teatro 83, 113, 114, 120, 138, 204
emigrantes judeus 19, 25
empenho político 17, 41, 196, 247, 254
ênfase dramática 100
Engels, República do Volga 27, 28
Enigmas 282
Epstein, Eleanor 96, 121, 125, 157
Erwin Piscator im Exil in den USA (Kirfel-Lenk) 19, 233
Erwin Piscator und die Schicksale der Berliner Dramaturgie (Haarmann) 237
Escalation 246
escravos do imperador, Os 25, 275
Ésquilo 18, 81, 197, 201, 204, 220, 272, 273
Esta noite improvisamos 197, 226-228, 259
estilização 71, 82, 168
estruturas aleatórias 263
estudantes 11, 30, 32, 33, 37, 50, 52, 53, 63, 66, 70, 72, 75, 80, 100, 101, 103, 104, 109, 111, 113, 118,

123, 143, 159, 165, 171, 175, 194, 200, 203, 206, 220, 246, 293
Eu e o Coronel 123
Eureka! 189, 282, 283
Eurípides 153, 204
existencialismo 225, 239
Experimental Showcase 157
expressionismo 276, 295
expressionismo abstrato 260, 293

Fahnen (Bandeiras) 22
fala 34, 47, 80, 89, 91-93, 97, 107, 108, 110, 114, 118, 120-122, 124, 126, 127, 130, 132, 139, 141, 143, 151, 155, 156-158, 161, 162, 177, 210, 211, 220, 257, 263, 277, 298
Falb, Lewis 36
família Schroffenstein, A 51, 278
fascismo 29, 55, 201, 232, 248, 289
Fass, Bob 279
Faustina 257, 292, 296
Fausto 80, 85, 86, 88, 101, 102, 113, 139, 142, 204, 209, 254, 256, 277
Federal Theatre 249
Federal Theatre Project 280
Fedra 88, 204, 260
feira de São Bartolomeu, A 101, 113
Feldman, Morton 257
Field, Crystal 38
figurino 12, 26, 31, 33, 77, 80, 81, 83, 87, 91, 94, 101, 117-119, 132, 137, 150, 169, 174, 177, 202, 208, 220, 240, 251, 253, 265, 267, 276
filmes 22-24, 27, 28, 45, 46, 50, 53, 72, 148, 172, 224, 242, 265, 280, 283, 295, 297
Fitzgerald, Elanor 36, 200
Flanagan, Hallie 249, 280
Frank, Yasha 109
Frankenstein 187, 245, 246, 265-267, 295, 297
Fredericks, Claude 259
Freie Volksbühne 19, 22, 23, 149, 193, 221, 236, 238, 242, 244, 246, 274
Friedman, Howard 48, 215, 220, 225, 259
Fuente Ovejuna 134, 135, 138-142, 149, 150-154, 159, 160, 162, 163, 165-167, 173, 181, 204, 210-212, 248, 282
Fundamentals of Play Directing (Dean) 79, 261

Galeria de Arte Burchard 215
Garcia, Victor 254
Gardzienice, Teatro 254
Garie, Gerance 139, 176
Gassner, John 11, 86, 92, 97, 150, 203, 205, 224
Gazzara, Ben 53
Gazzo, Michael 53
Gelber, Jack 10, 262, 263
Genet, Jean 252, 265, 266, 292
Gentle People, The 142
German Requiem 51, 278
Gert, Valeska 54-57, 115, 171
Giehoff, Adolph 106, 155
Gild, Arla 47, 75, 98, 109, 138, 167, 212
Ginsberg, Allen 265, 287, 295
Goethe, Johann Wolfgang von 40, 80, 86, 88, 204, 207, 209
Goodman, Paul 255, 257, 258, 260, 261, 292, 296
Goodman Memorial Theatre School 140
Gordon, Mel 234
Granach, Alexander 27, 28
Great God Brown, The 169
Greene, Arthur 157
grinalda, A 110
Gropius, Walter 36, 198
Grosz, Georg 24, 196, 215, 277
Grotowski, Jerzy 254
Group Theatre 17, 87, 100
Guggenheim, Peggy 196, 292, 293
Guerra e paz: filme; peça; esquete satírico
guerra do Golfo 17, 27-30, 35, 154, 244

guerra do Iraque 53, 213
guerra do Vietnã 213,
Guerra Fria 40, 268
Guss, Louis 53, 87, 88, 121, 152, 153, 165, 176
Gutkind, Eric 277

Haarmann, Hermann 237, 240, 243, 260
Haas, Dolly 30, 222
Hamburg Schauspielhaus 32, 243
Hamlet 41, 42, 45, 77, 89, 96, 112
Happy Journey to Trenton and Camden, The 97
Hauptmann, Gerhard 11, 44, 70, 108, 181, 205, 216
Hayes, Helen 29, 133
He Ain't Done Right by Nell 151
Heartfield, John 21, 196, 221, 256
Hedgerow Theatre, Filadélfia 76, 223
hegeliano, pensamento 74
Henneman, Annet 254
Herzfeld, Herbert 52, 256
Hinkley, Ray 154
Hochhuth, Rolf 12, 245
Hollywood 40, 73, 99, 100, 214, 216, 264
homem que veio para jantar, O 175
Hope for the Best 99
Hoppla, wir leben! 19, 23
Hovhaness, Alan 215
Hugo, Victor 89, 112, 204

I Will Bear Witness 39
IchundIch 277, 294
Idealismo 140, 149
Idiot King, The 259
iluminação 31, 35, 49, 71, 78, 99, 103, 110, 125, 179, 199, 208, 256, 260
Iluminismo 97, 204
imitador 95
importância de ser prudente, A 248

improvisação 32, 85, 138, 160, 161, 162, 169, 170, 177, 178, 193, 198, 228
Ince, Alexander 35, 72, 100, 152, 163
individualismo 200, 204, 224, 226, 239
inovação 274
"Internacional, A" 22, 25, 273
Investigação, A 245-247, 260
Itália 254, 271, 273, 281, 297

Jarry, Alfred 258
Jessner, Leopold 21, 173, 214, 238, 271
Jonson, Ben 101, 120, 204
Joos Ballet 33, 155
Juno e o pavão 53, 62, 181

Kaiser, Georg 20, 21
Kandinsky, Vassily 228, 229, 274
Kantor, Tadeusz 254
Kaufmann von Berlin, Der 25
Kerz, Leo 33, 71, 76, 81, 88, 89, 94, 99, 102, 103, 109, 114, 119, 133, 135, 137, 142, 155, 159, 166, 177, 292
Kingsley, Brandt 50
Kipphardt, Heinar 245
Kirfel-Lenk, Thea 233, 234
Klabund 26, 30, 179, 194, 221-223
Klein, César 242
Kleist, Heinrich von 51, 278
Klemperer, Victor 39
Korach 283

La Sœur, Françoise 56, 57, 115, 116
Ladies' Voices 256
Landauer, Gustav 233
LAPD (Los Angeles Poverty Department) 255
Lasker-Schüler, Else 276, 294
Lee, Canada 155, 156
Legado de Caim, ciclo 269, 270, 298
Lessing, Gotthold Ephraim 74,

97, 102, 169, 181, 204, 207, 282
Ley-Piscator, Maria; 11, 26, 30, 33, 37, 55, 60, 62, 69, 77, 189, 212, 235, 265, 275
The Piscator Experiment (Ley-Piscator) 218, 224, 225, 259, 278, 280
Light, James 222
Linnebach, Adolf 35
Lisístrata 61, 180, 194, 204, 212, 213
Living Theatre 5, 9, 12, 13, 38, 51, 187, 189, 190, 193, 195-197, 212, 215, 219, 226-228, 237, 245-247, 254-256, 258, 259, 261-263, 265, 268-270, 274, 280, 283, 284, 286, 289, 291-296, 298
lobos, Os 122
Loft Studio, The 215
Lorca, Federico García 10, 40, 256
Luft, Friedrich 244
"Lunar Bowels" 55

Maas, Willard 50
Mac Low, Jackson 262, 263, 265, 296
Macbeth 47, 93, 125, 240, 253
MacDonald, Dennis 153
Mädchen in Uniform 135
Mãe Coragem 239, 253
Maisons de la Culture, França 252
Malatesta, Errico 279
Malpede, John 255
Malpede, Karen 38, 275
Maly, Teatro 28
Manso, Peter 43, 44
Many Loves 261
máquina infernal, A 259
Margaret 109, 152, 163
Marlowe, Christopher 138, 139, 204, 209
Marrying Maiden, The 262
Martin, Karlheinz 237, 239
Marx, Karl 49, 201, 253

marxismo 263
Masse-Mensch 22
Massinger, Phillip 120, 121
Masters of the Drama (Gassner) 92
Matthau, Walter 11, 44, 47, 53, 225
Matusalém amarelo, O 274
Maudie and Jane 282
McCarthy, Joseph 43
McClure, Michael 38, 276, 295
Medeia 47, 158, 160, 163-165, 167, 168, 171, 172, 175, 179, 194
médico à força, O 114
memória sensorial 78, 170
método sueco 162
Metropolitan Museum of Art 94, 137
Metropolitan Opera 35, 73, 166, 199
Meyerhold, Vsevolod 10, 22, 32, 41, 112, 166, 173, 230, 249, 270, 280, 292, 294
Michael Hundertpfund 242
Milano, Paolo 150, 161, 203, 205, 209
Miles, Sylvia 41, 43, 53
Miller, Arthur 75, 252
Miller, Gilbert 17, 28, 29, 35
Minha vida na arte (Stanislavski) 81
Mnouchkine, Ariane 254
Moholy-Nagy, László 21, 25
Moissi, Alexander 56, 112
Molière 87, 91, 113, 114, 119, 120, 139, 181, 194, 195, 204
montagem 43, 86, 174, 194, 196, 197, 208, 248, 254, 257, 274, 280
Montemuro, Gloria 34, 35, 80, 89, 93, 95, 104, 116, 125, 135, 137, 151, 153, 156, 158, 160, 165, 167
Moore, Ben 50
Morris Library, Carbondale 234, 242, 317
moscas, As 18, 46, 60, 62, 223-226, 238, 239, 248, 256, 276
Moss, Arnold 124, 155

motivação 29, 42, 85, 96, 220, 233, 278
"Mudar a cidade" 271
Mühsam, Erich 233
Mullen, Walter 257
Müller, Traugott 24, 275
Mysteries and Smaller Pieces 38

Na *selva das cidades* 263
narrador, papel do 23, 231, 232, 252, 258, 261, 276
Natan, o Sábio 30, 35, 75, 87, 88, 97, 102, 149, 181, 204, 209
naturalismo 10, 82, 84, 132, 149, 168, 205, 234
nazismo 39, 232, 236, 237, 239, 277, 293
Neher, Carola 28, 223
nervosismo 107
New School for Social Research, Nova York 18, 29, 199
New Way to Pay Old Debts, A 121
Nighbert, Esther 86, 88, 99, 152, 154
Niro, Robert de 193
No Sir! 284
Noite de Reis 33, 36, 133, 134, 141, 144, 153, 157, 170, 181
Nono, Luigi 245-247
North, Sterling 109
Not in My Name 281
nova objetividade 214, 215, 232, 233
nudez 265, 282

objetividade 245
observação 85, 168, 170, 240
O'Casey, Sean 181, 209
Occupy Wall Street 190, 288
Odin Teatret, Holstebro 249, 294
Off-Broadway 31, 38, 295
Olivier, Laurence 29, 39, 222
O'Neill, Eugene 17, 49, 75, 122, 169, 176, 181, 194, 197, 200, 205
ópera 52, 83, 228, 254, 282
Ópera dos três vinténs 47, 55, 239
orçamentos 31, 219

Orfeu 259
Our Town 225

pacifismo 20, 76, 247
palestra 13, 25, 50, 71, 80, 84, 86, 92, 94, 106, 110, 118, 122, 132, 133, 145, 149, 150, 161, 164, 168, 171, 203-206, 250, 253
Paquet, Alfred 22
Paradise Now! 9, 21, 195, 268, 269, 285, 295
Paragraph 218
Paris 28, 45, 70, 121, 132, 224, 257, 264, 265, 294, 297
Partido Comunista Alemão 22, 214
Pássaro no espaço (escultura, Brancusi) 220
Paul, Vicki 150, 153
perspectiva, problemas de 125
perspectivas históricas 203
Picasso, Pablo 113, 256, 292, 296
Pigmaleão 170, 205
Pilar de fogo (balé) 167
Pinóquio 37
Pirandello, Luigi 181, 197, 205, 226-228, 248, 257, 260
Pirelli, Giovanni 247
Piscator, escritos de:
  Actors on Acting; 229, 230, 233
  "Princípios básicos para uma teoria do teatro sociológico"; 27
  "O teatro proletário"; 210
  "O clamor pela arte"; 256, 287
  "O teatro do futuro" 20, 198, 286
  Piscator, Coletivo 25, 252
  Piscator Experiment, The (Ley-Piscator) 218, 224, 225, 259, 278, 280
Piscator, Instituto 234
Piscatorbühne, Berlim 23-26
Playwright as Thinker, The (Bentley) 247
poderoso chefão, O 45
Pogodin, Nikolai 40, 217
Poland/1931 275

política teatral 285, 287
politicamente correto 263, 285
ponte de Waterloo, A 152
Por quanto tempo ainda, prostituída justiça burguesa? 22
Pound, Ezra 176, 262, 296
Prêmio Erwin Piscator 53
preparação do ator, A (Stanislavski) 81, 105
President Theatre 200, 212, 219, 240, 246, 253
Press, Estelle 100, 139
Primavera Árabe 287
Primeira Guerra Mundial 20, 213
príncipe que tudo aprendeu nos livros, O 37
prisões 264, 270, 273
problemas financeiros 36
Professor Mamloch 239
professores 44, 69, 71, 75, 80, 85, 128, 159, 229, 230, 290, 292, 293
Prometheus in the Winter Palace 272
protesto 159, 168, 197, 212, 213, 221, 265, 278, 282, 284, 287, 290
Provincetown Playhouse 17, 200
psicologia:
    dos atores; 82, 137
    do público 117, 128, 129
público:
    confronto com; 21
    desconfiança com relação ao; 47, 232
    participação do; 10, 103
    sociologia do; 82
    relação com os atores; 25, 198, 229
    tipos de 34

quarta parede 226, 230, 232, 233, 241, 257, 258, 285

Racine, Jean 88, 93, 102, 107, 195, 204, 260
ralé, A 173

Rammellzee 276
Ransom, Paul 225
Rasputin 24, 186, 251, 266, 273, 275
Ratos e homens 157, 181
realismo 82, 106, 128, 132, 167, 205, 217, 258, 264,
realismo mágico 32
Red Noir 283
Rei Lear 30, 75, 148, 204, 222
Reich, Bernhard 27, 28
Reinhardt, Ad 81
Reinhardt, Max 28, 91, 112, 148, 221, 228, 260, 277
Rene, Joel 170, 171
República Soviética da Baviera 20, 233
Resist Now! 286
Resistenza 281
responsabilidade social 43, 212, 292
retórica 49, 54, 89, 111, 269
revolta dos pescadores de Santa Bárbara, A 26
Revolução Francesa 149, 169
revolucionários, movimentos 86
Revue Roter Rummel 22
Rexroth, Kenneth 256
Reznikov, Hanon 9, 13, 38, 255, 273, 274, 276, 278, 279, 281, 282
rivalidades 220
rococó 34, 157
Rolland, Romain 108, 121, 122, 148
Rooftop Theatre 200, 212, 219, 240, 248, 253
Roosevelt, Franklin D.; morte de 159, 162, 206, 211
Rosenberg, Mimi 175
Ross, Cherie 125, 167, 175
Ross, Lola 50, 51, 159
Rothenberg, Jerome 275
Rules of Civility and Decent Behavior in Company and Conversation 278
R.U.R. 240

Rússia 22, 26-28, 149, 218, 244, 249, 273

Segher, Anna 26
Salvini, Tommaso 84
Santa Joana 91, 104, 105, 118, 161, 167, 168, 205
Sartre, Jean-Paul 18, 40, 180, 223-226, 238, 239, 276
sátiras 55
Schechner, Richard 9, 255
Schiller, Friedrich 18, 19, 149, 207, 250
Schiller Theater 244
Schmückle, Hans-Ulrich 246
Schwartz, Bernie 37, 47, 61,
Schwartz, Maurice 197
Schwartz, Sidney 124
Schwerner, Armand 276
segredo de Susana, O 52
Segunda Guerra Mundial 28, 54, 146, 262, 280, 281
Segundo auto dos pastores 171, 173, 204
Seis atos públicos 271
Seis sonhos sobre mamãe 269
Seld, Myrna 175
Sete meditações sobre o sadomasoquismo político 212, 258, 270, 288
sexuais, atividades 43, 47
Seymour, Gilbert 116, 134
Shakespeare 33, 77, 89, 93, 114, 124, 132, 133, 170, 181, 197, 204, 281
Shaw, George Bernard 77, 91, 170, 194, 205, 274,
Shaw, Irwin 126, 142, 175
Sheen, Martin 46
Sheppard, Ethel 161
Sindicato dos Escritores Revolucionários 27
sindicatos 28, 30, 31, 231, 240, 270, 271
Sisson, Barbara 84, 101, 109, 111, 139

Sófocles 10, 81, 204, 209, 239, 262, 268, 296
som amarelo, O 274
sonata dos espectros, A 20, 37, 45, 213-215, 225, 256, 258
Sondheimer, Hans 35, 72, 292
Spire, André 121
St. John, Marcus 220
St. Vincent Millay, Edna 137, 200
Stadttheater 252
Stanislavski, Constantin 10, 32, 39, 74, 78, 81, 84, 85, 105, 108, 111, 132, 230, 232, 233, 249, 294, 295
Stavrova, Beatrice 166
Steckel, Leonard 28
Steiger, Rod 11, 47, 53, 61
Stein, Gertrude 10, 256
Strasberg, Lee 11, 31, 69, 230, 293
Stratton, Buddy 171
Strike Support Oratorium 270
Strindberg, August 20, 37, 45, 110, 205, 213, 215, 258
Stritch, Elaine 36, 53, 87, 133, 212, 226
Studio Theatre, Nova York 29-31, 201, 222
sucesso e fracasso 241
Supergatas, As 46, 47
surrealismo 225
Sweeney Agonistes 257, 292, 296

Tablets, The 276
Tannenbaum, Samuel Aron 171
teatralidade 45, 48
teatro alemão 237, 243
teatro de arte 122, 147, 149, 197
Teatro de Arte de Moscou 78, 94
teatro de revista 22, 139
teatro de rua 38, 39, 270, 272, 288
teatro de sombras 33, 211, 263
Teatro do Oprimido 254, 280
teatro do povo, O (Rolland) 121, 122
teatro épico 10, 18, 36, 41, 84, 112, 134, 149, 204, 205, 232, 236, 267, 278, 287

313

teatro experimental 27, 31, 82, 84
teatro espanhol 150, 204
teatro grego 83
teatro-jornal 280
teatro medieval 204
teatro norte-americano 13, 82, 177, 205, 247, 293
teatro político 11, 13, 39, 130, 145, 147-149, 193, 235, 243, 247, 250-253, 260, 261, 264, 278-280, 285
Teatro Proletário, Berlim 21, 22, 274
teatro total 51, 193, 210, 254, 283
tecelões, Os 11, 70, 149, 205, 216
técnicas de projeção 221, 284
televisão 35, 47, 53, 252, 280
tempestade, A 114, 124, 155
Tempestade sobre Gottland 23
Terrores e misérias do Terceiro Reich 238
testes de ator 75, 85
Theater for the New City 38
Theatre Guild 17, 54, 123, 160
Theatre of Erwin Piscator, The (Willett) 21
Theatre Workshop, revista 84
Thirty Years of Treason (Bentley) 250
Toller, Ernst 19, 20, 22, 23, 205, 233, 274, 294
Tolstói, Leon 24, 28, 108, 182, 205, 209, 244, 273
Tomorrow Magazine 20, 198, 286
Tone, Franchot 99, 100
Torres, Henri 121
Townley, Caroline 113, 120
tragédia 47, 77, 81, 96, 127, 136, 140, 158, 174, 204, 205, 242, 268, 273, 276, 278
transformação, A 20, 233
tribunal, O, Königsberg 20
Trotz Alldem! 22
Troya, Ilion 275, 277
Tudor, estilo 166
Tulchin, Hal 113, 124, 143, 159

Turning the Earth 270
turnês 90, 195, 290

Ubu Rei 258
Uivo (poema, Ginsberg) 287
último tango em Paris, O 45
Undertow (balé) 166
União Soviética 10, 11, 27, 147, 217, 218
Unruh, Fritz von 121
Urban Auditorium 121
Urban, Joseph 50, 183, 199, 200, 211
Utopia 280

Vakhtangov, Yevgeny 32, 96, 132, 230, 294, 296
valor dos níveis 173
valor emotivo das áreas 163
Van Grona, Eugene 86, 90, 113, 122, 133, 138, 141, 144, 152, 214
Van Grona, Leni 162
vanguarda 13, 18, 20, 38, 39, 48, 55, 253, 291, 292
Vega, Lope de 134, 138, 150, 181, 204, 210, 211, 248
vida social 288
vigário, O 12, 33, 245, 247
Virgínia 243
Vítimas 38, 276
Volksbühne, Berlim 19, 22, 23, 149, 193, 236, 238, 242, 244, 246, 274
Volpone 113
Volta a Matusalém 274

Waldman, Anne 283
Wallner Theater, Berlim 221
Walsh, Jimmy 88, 98, 107, 133, 163, 165
Wardlaw, Exavier Muhammad 278
Webster, John 114, 120
Webster, Margaret 155
Wedekind, Frank 20
Weigel, Helene 27, 263

Weiler, Margrit 32, 85, 115, 138,
    140, 157, 158, 165, 168, 175, 179
Weisenborn, Günther 237
Weiss, David 139
Weiss, Peter 245, 246, 260
Weiss, Roselyn 134
Wendriner, Henry 36, 44, 48
Wilder, Thornton 97, 226
Willett, John 21, 22, 26-28, 243,
    244
Williams, Tennessee 11, 54, 253,
    293
Williams, William Carlos 10, 261
Winter Soldiers 35, 179
Winterset 155, 205
Wittgenstein, Ludwig 279
Wolf, Friedrich 25, 26, 221, 223,
    237, 239
Wolf-Ferrari, Ermanno 52
Women of Trachis, The 262

You Can't Take It With You 126
Young Disciple, The 260

Zandee, Lijntje 280
Zeitstück 278
Zeittheater 264
Zero Method, The 279
Zimmerman, Charles 87, 101, 114,
    139, 142
Zorina, Vera 124, 155
Zucker, Paul 34, 79, 82, 84, 129,
    131, 292
Zweig, Stefan 121

CRÉDITOS DAS IMAGENS

1. Coleção Alfred J. Balcombe, Institut für Theaterwissenschaft der Freien Universität Berlin. Copyright © Michael J. Balcombe.
2. Tirada do livro *Erwin Piscator: Das politische Theater*, cortesia Officina Edizioni, Teatrino dei Fondi.
3. Tirada do livro *Erwin Piscator: Das politische Theater*, cortesia Officina Edizioni, Teatrino dei Fondi.
4. Coleção Alfred J. Balcombe, Institut für Theaterwissenschaft der Freien Universität Berlin. Copyright © Michael J. Balcombe.
5. Tirada do livro *Erwin Piscator: Das politische Theater*, cortesia Officina Edizioni, Teatrino dei Fondi.
6. Reproduzida por cortesia do Centro de Pesquisas de Coleções Especiais (Documentos de Erwin Piscator) da Universidade do Sul de Illinois em Carbondale.
7. Coleção Alfred J. Balcombe, Institut für Theaterwissenschaft der Freien Universität Berlin. Copyright © Michael J. Balcombe.
8. Reproduzida por cortesia do Centro de Pesquisas de Coleções Especiais (Documentos de Erwin Piscator) da Universidade do Sul de Illinois em Carbondale.
9. Tirada do livro *Erwin Piscator: Das politische Theater*, cortesia Officina Edizioni, Teatrino dei Fondi.
10. Coleção Alfred J. Balcombe, Institut für Theaterwissenschaft der Freien Universität Berlin. Copyright © Michael J. Balcombe.
11. Coleção Alfred J. Balcombe, Institut für Theaterwissenschaft der Freien Universität Berlin. Copyright © Michael J. Balcombe.
12. Coleção Alfred J. Balcombe, Institut für Theaterwissenschaft der Freien Universität Berlin. Copyright © Michael J. Balcombe.
13. Coleção Alfred J. Balcombe, Institut für Theaterwissenschaft der Freien Universität Berlin. Copyright © Michael J. Balcombe.
14. Coleção Alfred J. Balcombe, Institut für Theaterwissenschaft der Freien Universität Berlin. Copyright © Michael J. Balcombe.
15. Tirada do livro *Erwin Piscator: Das politische Theater*, cortesia Officina Edizioni, Teatrino dei Fondi.
16. Coleção Alfred J. Balcombe, Institut für Theaterwissenschaft der Freien Universität Berlin. Copyright © Michael J. Balcombe.
17. Tirada do livro *Erwin Piscator: Das politische Theater*, cortesia Officina Edizioni, Teatrino dei Fondi.
18. Coleção Alfred J. Balcombe, Institut für Theaterwissenschaft der Freien Universität Berlin. Copyright © Michael J. Balcombe.
19. Coleção Alfred J. Balcombe, Institut für Theaterwissenschaft

der Freien Universität Berlin.
Copyright © Michael J.
Balcombe.
20. Coleção Alfred J. Balcombe,
Institut für Theaterwissenschaft
der Freien Universität Berlin.
Copyright © Michael J.
Balcombe.
21. Coleção Alfred J. Balcombe,
Institut für Theaterwissenschaft
der Freien Universität Berlin.
Copyright © Michael J.
Balcombe.
22. Tirada do livro *Erwin Piscator: Das politische Theater*,
cortesia Officina Edizioni,
Teatrino dei Fondi.
23. Reproduzida por cortesia dos Arquivos do Living Theatre.
24. Reproduzida por cortesia dos Arquivos do Living Theatre.
25. Tirada do livro *Erwin Piscator: Das politische Theater*,
cortesia Officina Edizioni,
Teatrino dei Fondi.
26. Reproduzida por cortesia dos Arquivos do Living Theatre.
27. Reproduzida por cortesia da New School, Nova York.
28. Reproduzida por cortesia dos Arquivos do Living Theatre.
29. Reproduzida por cortesia de Kennedy Yanko, kennedyyankoart.com.
30. Reproduzida por cortesia de Cindy Ho.

AGRADECIMENTOS

Agradeço carinhosamente a Garrick Beck, que trabalhou duro por muito tempo para fazer este livro existir.

Brad Burgess, que me guiou para que eu mantivesse meus padrões mais altos em cada frase do livro, e segurou minha mão nos momentos bons e difíceis, e sacrificou muito para me ajudar na criação desta obra.

Tom Walker, que nos últimos quarenta anos nunca deixou de dar seu tempo e talentos ao meu trabalho no palco e fora dele.

Mark Amitin, que trabalhou nobremente por décadas para tornar meu trabalho possível.

Meu amado Hanon Reznikov, que trabalhou comigo em cada página e parágrafo deste livro.

Jay Dobkin, que editou o manuscrito inteiro e pesquisou os detalhes com seus dotes intelectuais extraordinários.

Richard Schechner, cuja filosofia do teatro estendeu e completou todo meu trabalho.

Meu amado Julian Beck, que foi o primeiro a dizer que meu caderno de Piscator devia se tornar um livro.

Toda a companhia do Living Theatre, cuja paciência me sustentou e cuja fidelidade ao trabalho teatral me inspirou.

Cristina Valenti e John Tytell, em cuja crônica de minha vida e obra eu pude perceber os padrões delas.

Gostaria de agradecer especialmente às seguintes pessoas, que contribuíram enormemente com seu tempo, pesquisa e esforço para descobrir e adquirir as fotografias desta publicação. São elas: Michael J. Balcombe, Dagmar Walach; Dirk Szuzies, Karin Kaper, Joanie Fritz Zosike, o Institut für Theaterwissenschaft der Freien Universität Berlin e os Piscator Archives da Akademie der Künste em Berlim; Enrico Falaschi e Officina Edizioni, Teatrino dei Fondi em San Miniato, Itália; James Bantin, Suzanne Aldridge e a Piscator Collection, Morris Library, Universidade de Illinois em Champagne, Illinois; Carmen Hendershott da New School.

SOBRE A AUTORA

JUDITH MALINA nasceu em 4 de junho de 1926, filha do rabino Max Malina e da atriz Rosel Zamojre, que desistiu da carreira ao casar-se, mas jurou que teria uma filha que se dedicaria ao teatro. Judith fundou o Living Theatre com Julian Beck em 1947, uma aventura que, depois da morte de Beck em 1985, ela prosseguiu ao lado de Hanon Reznikov. Após o falecimento dele em 2008, ela continuou a produzir, escrever e dirigir as peças da companhia, realizando sua pesquisa experimental de ação teatral e atividade política em Nova York e em numerosos países. Detentora de prêmios oferecidos por suas conquistas ao longo da vida pela Southern Eastern Theatre Conference, a National Theatre Conference, a Association for Theatre in Higher Education e o New York Innovative Theatre Award, ela conquistou sete vezes o Obie Award como diretora ou atriz. É membro do Theatre Hall of Fame e consta como verbete das enciclopédias *Britannica* e *Larousse*. Em 2008, recebeu a Ordem do Mérito Cultural pelo seu trabalho no Brasil na década de 1970.

Desde a publicação de *O caderno de Piscator*, em 2012, ela escreveu, dirigiu e produziu mais duas peças em Nova York: *Here We Are* (Aqui estamos, 2013), a última produção no Living Theatre da Clinton Street; e *No Place to Hide* (Sem lugar para se esconder, 2014) no Clemente Soto Velez Center e ao ar livre, durante o verão, no qual ela atuou. Além disso, ela dirigiu e atuou na remontagem atualizada de *Sete meditações sobre o sadomasoquismo político* (2012). Protagonizou *The Plot is the Revolution* (O enredo é a revolução) com Silvia Calderoni, para a companhia italiana Motus, apresentando-se tanto na Europa como no teatro La Mama em Nova York (2012-13). Foi dirigida por Theodora Skipitares em *As cadeiras*, espetáculo livremente inspirado em Ionesco, no La Mama (2013-14). Neste último período, Judith Malina participou de numerosas leituras de poesia, protagonizou o filme documentário de Azad Jafarian *Love and Politics* (Amor e política) sobre seu trabalho, que estreou no Tribeca Film Festival em 2011, ano em que visitou a Noruega e a França, dando oficinas no Grusomhetens Theater (Teatro da Crueldade) de Oslo e no Théâtre Studio (Teatro Estúdio de Stanislas Nordey e Rodrigo Garcia) em Paris. Em 2015, ano de sua morte, teve publicados dois livros: *Having Loved* (Tendo amado) em janeiro e *Full Moon Stages* (Cenas da lua cheia) postumamente. Ela faleceu em 10 de abril de 2015.

Fontes Tiempos, Programme
Papel Pólen soft 80 g/m²
Impressão Pancrom Industria Gráfica Ltda.
Data Dezembro de 2017